War, Democracy, Empire: Japan and Asia-Pacific in the Post War World 1919-1930

もうひとつの戦後史

第一次世界大戦後の日本・アジア・太平洋

「20世紀と日本」研究会❖編

千倉書房

まえがき

二〇一八年末から二〇一九年初めにかけての数ヵ月は、のちに「第一次世界大戦」と名付けられることになる戦争の休戦を経てヴェルサイユ講和会議に至る時期から、ちょうど一〇〇周年にあたっている。

第一次世界大戦は人類が初めて経験する総力戦であり、かつてない規模と犠牲者数から「グレイト・ウォー(The Great War)」、あるいはこのような凄惨な戦いが二度とあってはならない(あるはずがない)との思いから「ラスト・ウォー(The Last War)」と呼ぶ者すらあった。

この戦争は四年余り続き、ヨーロッパ・アフリカ・中東の地図を塗り替えたのみならず、アジア・太平洋地域にも大きな変化をもたらし、その波は遠く日本にまで及んだ。

一世紀前、日本は今日一般にイメージされる、一九四五年を起点とした第二次世界大戦後とは別の「戦後」を迎えていたのである。それはまぎれもなく、近代日本にとって一つの分岐点であった。本書は、そのような「戦後」を多角的にとらえようとする試みである。政治外交、経済、国際法、国際機構、安全保障、軍縮、国制、帝国など視点もさまざまである。

戦争と平和の二〇世紀を考える際、本書がその一助となれば、これにすぐる喜びはない。

「20世紀と日本」研究会

もうひとつの戦後史

――第一次世界大戦後の日本・アジア・太平洋

第II部 国際社会の緊密化——国際機構・軍縮・国際法・経済

もうひとつの戦後史

第一次世界大戦後の日本・アジア・太平洋

序章 もうひとつの「戦後」と日本

等松春夫
TOHMATSU Haruo

はじめに——さまざまな「戦後」とは

一般に「戦間期」という普通名詞が「第一次世界大戦から第二次世界大戦の間の時代である一九一九〜一九三九年」と受けとめられているように、日本では「戦後」という言葉は「アジア・太平洋戦争敗北後の一九四五年以降」と捉えられている。二〇一九年現在、敗戦から七四年も国家として戦争を経験してこなかった日本にとって、「戦後」は未だに「現在」であるという特異な状態が続いている。では「戦後」とは、どのように定義されるべきものなのか[1]。

明治維新後の近代日本はいくつもの「戦後」を経験してきた。戊辰戦争の「戦後」、西南戦争の「戦後」、日清戦争の「戦後」、日露戦争の「戦後」であり、それぞれに対処すべき異なる「戦後の課題」が存在した。そして日本にとってもうひとつ重要な「戦後」が存在する。それが本書でとりあげる第一次世界大戦——当時の日本では「世界大戦」または「欧州大戦」の呼称がよく使われた——の後に迎えた「戦後」である。これは現在の「戦後」とは別の意味で特異な「戦後」であった。

すなわち、日本は戦争初期からの参戦国でありながら、戦闘そのものへの関与の度合いは、英国、フランス、ロシア、イタリア、ドイツ、オーストリア＝ハンガリーといったヨーロッパの主要参戦国はもちろんのこと、戦争終盤の一年半にのみ参戦した米国と比べてもわずかであった。もっともわかりやすい指標が戦没者の数である。参戦した欧米諸国の軍人軍属と民間人の犠牲者が一六〇〇万を超えたのとは対照的に、日本の死者は軍人軍属で約四〇〇名、民間人は皆無であった[2]。また、戦勝国・敗戦国を問わず参戦諸国が戦争による疲弊にあえぐ中、日本が米国と並んで大戦に由来する特需により莫大な経済的利潤を得たことも知られている。現代の日本語で通常の語彙になっている「成金」ということばも、この時代の産物である[3]。

その日本では戦争半ばの一九一六年頃より各種のメディアで「戦後論」が盛んであり、雑誌論説と新聞記事を除いた刊行物だけでも一九一六〜一九年の間に四二点を数えた。それらの論議の、いわば集大成として一九一八年には政・財・学・文化など各界の代表的論客が戦後を論じる『戦後の研究――百人一話』が冨山房から刊行され広く読まれた[4]。これに先立って一九一七年六月には寺内正毅内閣（一九一六・一〇・九〜一九一八・九・二九）によって宮中に臨時外交調査会が設置されており、政府もまた「戦後」を見据えた論議を行い始めていたのである[5]。

こうして日本は一見、余裕と主体性を持って「戦後」を迎えられるかに見えた。一九一九年元旦に日本漫画界の草分け北澤楽天（一八七六〜一九五五）が発表して人口に膾炙した時事漫画「平和の第一年を迎へて人類福祉の為に丸めあげんとする新世界」にはこの抱負と自信が現れているようにみえる[6]。そこでは巨大な粘土の塊のような地球を擬人化された日本が英国、米国、フランス、イタリア、ベルギーと並んで支え、「戦後」の新世界を作りあげようとしていた。しかしながら、日本が実際に直面した「戦後」の課題は当初の予想をはるかに超える複雑なものとなった。

その理由としては、第一に戦争が文字通りの世界大戦で参戦国・関与国が非常に多かったことがあげられる。それまでに日本が経験した戦争は内戦または二国間戦争であり、そのため「戦後」の案件も基本的には国内問題として処理するか二国間外交で解決できた。第二に、治乱興亡を繰り返してきたヨーロッパ諸国と異なり、日本がパリ講和会議のような多国間外交に不慣れであったことである。第三には世界大戦の戦域がヨーロッパ中心とはいえ、文字通り地球規模となったため「戦後」の処理案件は膨大な数となり、それらの案件が予想外の形で結びつくこととなったことである[7]。このような問題を抱えながら、「戦後の新世界」との日本の格闘は始まった。

北澤楽天の漫画

ところで、第一次世界大戦終了後の時代を「戦間期」と呼び、第二次世界大戦の序曲のような扱いをすることは、後知恵に基づくものであり、とりわけ一九二〇年代には多くの可能性があったことを否定すべきではない[8]。本章では日本が「戦後」のさまざまな課題にいかに取り組んだかを、本書を構成する各論文を簡潔に紹介しつつ概観したい。なお、本章における「大戦」「世界大戦」とは、特に断らない限り第一次世界大戦を指す。

1 戦後処理の諸相――アジア・太平洋地域の変動

第一次世界大戦はヨーロッパの、とりわけ中・東欧の政治地図をすっかり塗り変えた。ホーエンツォレルン、ハプスブルク、ロマノフの諸王朝が支配した帝国の崩壊は、フィンランド、バルト諸国、チェコスロヴァキア、ポーランド、ハンガリー、ユーゴスラヴィアといった多数の新興国民国家を誕生させた。この背景にはパリ講和会議において米国のウッドロー・ウィルソン（Woodrow Wilson）大統領の主唱した「人民の自決（people's self-determination）」原則があったことは言うまでもない[9]。同様にウィルソンの唱えた敗戦国の「領土非併合（non-annexation）」原則は「人民の自決」原則と重なって、中東にあった旧オスマン帝国の非トルコ系地域とアフリカと太平洋の旧ドイツ植民地に対する委任統治制度（mandate system）を誕生させた。これはパリ講和会議において設立が決定された国際連盟の監督下で、任命された先進国（受任国：mandatory）が上記地域の統治を行うものであった[10]。その結果、中東ではオスマン帝国の支配が終焉を迎え、英国がパレスチナ、トランスヨルダンとイラクを、フランスがシリアとレバノンをA式委任統治という事実上の保護国とした。アフリカの旧ドイツ領も英、仏、ベルギー、南アフリカ（英自治領）にB・C式委任統治領として分配された。委任統治制度、とりわけB・C式は受任国の統治権限が強いため、「仮装された併合（veiled annexation）」とも批判された[11]。

それでは、アジア・太平洋地域においてはいかなる変動があったのであろうか。最大の変化は敗戦国ドイツの勢力の消滅であった。「遅れてきた帝国主義国」ドイツは、「世界政策（Weltpolitik）」を唱えて一九世紀末葉からアフリカ、近東とアジア・太平洋地域に進出した[12]。東アジアでは清帝国から山東省の青島の租借権と膠州湾の使用権を獲得し、太平洋ではミクロネシア諸島の大部分を米西戦争後にスペインから購入、さらには南太平洋ではニューギニア島の東北部分（カイザー・ヴィルヘルムス・ラント）とビスマルク諸島などの周辺島嶼部も支配下に置いた。二〇世紀初頭以来の海軍拡張政策によりアジア・太平洋地域においてドイツはプレゼンスを高めつつあったが、第一次世界大戦の勃発によって挫折する。大戦の最初の年一九一四年に山東省のドイツ拠点は日英共同作戦によって奪取され、太平洋島嶼部のドイツ領も赤道以北は日本、以南はオーストラリア、ニュージーランドという英帝国の自治領の軍によって占領された。これらの地域は後に、それぞれの占領国を受任国とする国際連盟のC式委任統治の下に置かれることとなる。

こうしてアジア・太平洋では連合国に対するドイツの脅威が除去された。しかし、太平洋における米国、英帝国、日本の勢力圏の間の緩衝帯となっていたドイツの勢力圏の消滅は、これら三国の間の対立を誘発しかねない危険な要素に転化した。大井論文（第一章）は、ドイツの退場による戦後のアジア・太平洋地域の軍事バランスの変化と関係各国の関係を概観する。

このような太平洋の軍事バランスの急激な変化をもたらしたもう一つの主要因は、日本のミクロネシアへの進出である。大戦勃発の数ヵ月後、一九一四年一〇月に日本海軍は赤道以北のドイツ領ミクロネシアを無血占領して軍政を敷いた[13]。ミクロネシア諸島は米国西海岸からハワイを経てフィリピンに至る太平洋における米国の勢力圏をつなぐルートを遮断する海域にあり、そのミクロネシア自体の中にあたかも人質のように米領グアムが位置していた。また、日本が占領したミクロネシアに含まれるヤップ島は国際海底電信の中継点となっており、同島の管理には米国とオーストラリアもひとかたならぬ関心を有していた。その結果、大戦末期からヤップ島の管理をめぐり日米豪の間で軋轢が始まった[14]。これはたんにヤップ島管理の問題ではなく、太平洋における日本の勢力圏拡大を牽制したい米国の意図があった。

この時期のもう一つの主要な日米間の懸案は、革命後のロシアへの対処である。結局、英国やフランスを巻き込んでのシベリアへの共同出兵となった。介入の大義名分はロシア軍の捕虜になり内戦に巻き込まれていたチェコ軍団の救出であったが、革命派・反革命派勢力に対する政策や軍事戦略をめぐって日米は一致せず、英仏米軍の撤収後も大軍を残置させ干渉を継続する日本の意図に米国は疑念を強めた[15]。このようにけして平坦とは言いかねる戦争末期から戦後初期にかけての日米関係の安定化に尽力したのが、ローランド・モリス(Roland Morris)駐日大使(在任一九一七〜一九二〇)である。東京のモリスはパリ講和会議に臨む日本の動向をワシントンの国務省に詳細に報告もしている[16]。高原論文(第二章)は、このモリスの活動を多角的に分析し、外交における個人のイニシアティヴの重要性を浮き彫りにする。

なお、モリス大使の離任後であるが、アジア太平洋地域の軍事バランスの変化、ヤップ島の管理、米英日三大海軍国間の軍拡競争の抑止、動乱の続く中国への対応などを検討すべく開かれたのが、一九二一〜二二年のワシントン会議である。アジア太平洋地域の戦後処理を決定する国際会議がロンドン、パリやシンガポールや上海や東京でもなく、米国東海岸のワシントンDCで開催されたことには、戦後の国際社会における米国の地位向上が如実に表れていた。

第一次世界大戦から派生したもう一つの巨大な変動は、革命によるロシア帝国の滅亡とソヴィエト連邦という共産主義国家の誕生である。一九一七年のロシア革命の勃発から一九二二年のソ連邦成立まで、旧ロシア帝国領内とその隣接地域では革命派と反革命派の熾烈な内戦が繰り広げられた。前述のように、この内戦に日本は反革命派を支援して英国、フランス、イタリア、カナダ、米国と共に介入する。一九一八年夏から一九二二年秋まで続いたシベリア出兵である。高額の戦費と第一次世界大戦の人的損害をはるかに上回る数の死傷者、ニコライエフスク（尼港）事件における在留邦人の犠牲、さらには列国に疑念を生じさせたうえでシベリア出兵は完全な失敗に終わった[17]。

しかしながら、満洲とサハリン（樺太）で勢力圏と領土が隣接するソヴィエト革命政権との関係正常化は、好むと好まざるにかかわらず喫緊の課題であった。そのロシア領北サハリンはシベリア出兵の過程で日本陸軍の占領下に置かれており、ここからの撤兵が日ソ交渉の焦点となる。また、世界大戦を境に石油資源の重要性が飛躍的に高まったため、北サハリンの油田開発権の獲得が日本にとっては重要な案件となった[18]。シベリア出兵という第一次世界大戦から派生したもう一つの戦争の「戦後処理」ともいうべき、この日ソ国交樹立の過程をソ連側史料も駆使して分析したのが麻田論文（第三章）である。

一九二五年に日ソは国交を樹立するが、同時に共産主義思想の国内への浸透を警戒して日本では治安維持法が制定されたのだった。

2 国際社会の緊密化――国際機構・軍縮・国際法・経済

「戦後」の大きな特徴の一つは国際連盟の設立に象徴される多国間外交の日常化である。常設の国際機構が存在する前から、一九世紀初めのウィーン会議以来ヨーロッパには大きな問題が発生する都度に多国間で利害の調整を図る会議外交の伝統があった。三三ヵ国から全権七〇名と一〇〇〇人以上の随員が参集し、一九一九年一月から六月まで開催されたパリ講和会議は、多国間会議の歴史のあるヨーロッパでも空前の規模であった。日本は「主タル同盟及ビ連合国（Principal Allied and Associated Powers: PAAP）」の一員として米国、英国、フランス、イタリアと並ぶ五大国の一員として会議に臨んだ。日本は元老西園寺公望（一八四九〜

一九四〇)を首席全権、牧野伸顕(一八六一〜一九四九)元外相を次席全権として約六〇名の代表団を送った。しかし、この種の多国間会議に不慣れな日本の代表団はパリ講和会議において積極的な発言が少なく、欧米諸国から「沈黙のパートナー(silent partner)」と揶揄される[19]。また、同会議における国際連盟設立をめぐる交渉で「人種平等条項」を連盟規約に加える試みが挫折したことは大きな屈辱であった[20]。とはいえ、米英仏伊(米は結局連盟に加入しなかったが)と並んで連盟の常任理事国の地位を保証されたことは、日本国民の「一等国意識」を満足させるものであった。また全会一致の議決方式をとる連盟において白色人種諸国のために日本が一方的な不利を被る危険も避けられる見通しも立った。こうして日本は原加盟国かつ常任理事国という、きわめて強力な地位を国際連盟において獲得したのである。連盟の初代事務次長に新渡戸稲造(一八六二〜一九三三)が就任したことにも日本のプレステージが示されていた。

その国際連盟の事業の核心は戦争の防止であり、その一環として軍備縮小を推進した。一九二〇年には連盟内に軍縮推進のための臨時混成委員会(Temporary Mixed Commission)が設けられ、一九二四年にはそれが改組されて軍縮会議準備委員会(Preparatory Commission for the Disarmament Conference)となった。国際連盟主催の会議開催は一九三二〜三四年のジュネーヴ一般軍縮会議まで待たねばならなかったが、連盟の活動は国際軍縮の機運を盛り上げてワシントン(一九二一〜二二年)、ジュネーヴ(一九二七年)、ロンドン(一九三〇年)の海軍軍縮会議の開催、ロカルノ条約(一九二五年)や不戦条約(一九二八年)の締結を側面から支援した[21]。

連盟の常任理事国としての日本も軍縮の促進には関与していたが、そこで直面した問題はアジア・太平洋地域の安全保障環境の特殊性であった。比較的均質な主権国家群が連盟規約、ロカルノ条約、不戦条約を三本の柱とする重層構造の安全保障体制を構築していたヨーロッパとは対照的に、アジア・太平洋地域の情勢は混沌としていた。「軍閥混戦」と表現された中国の内戦状態、革命の輸出により資本主義諸国の撹乱を図るソ連、四ヵ国条約で太平洋の現状維持が約されたとはいえ英国、フランス、米国、日本という帝国主義列強の利害の錯綜する状況のアジア・太平洋において、ヨーロッパ諸国と同様の軍縮を推進することは日本にとって不安であった。種稲論文（第四章）は、連盟理事国としての軍縮推進の義務感と、帝国としての安全保障確立の狭間で揺れ動く日本を描く。

軍縮と並び連盟が促進した安全保障上の活動の一つが国際法の整備である。連盟に続いて一九二二年にハーグに常設国際司法裁判所（Permanent Court of International Justice: PCIJ）が設立されたことにも、戦後の世界で法による平和の維持の意識が高まっていたことが示されていた[22]。周知のように、第一次世界大戦の勃発原因の一つは秘密外交の横行によっていかなる協定や密約が結ばれているか判断できなくなった列強が疑心暗鬼に陥り、サラエボ事件を機に過早な軍事動員に踏み切ったことにあった。各国間の結んだ条約や協定が公開されていれば相互不信から生じる紛争を未然に防げたかもしれない。また、各国が結ぶ条約があらかじめ公開され、登録されていれば、既存の条約や一般国際法に反する新しい条約が結ばれることもないであろう。このような考えに立脚して連盟は条約の公開と登録を各国に要請し、これが膨大な『国際連盟条約集』（League of Nations Treaty Series: LNTS）となった。このような機運を背景に戦後、先進諸国では新時代にふさわしい国際法確立の模索が続けられ、その潮流が戦争違法化に向かったことが知られている[23]。

世界大戦勃発に三年先立つ一九一一年に幕末以来の不平等条約の完全撤廃に成功していた日本は、欧米列強と対等な完全な主権国家として「戦後」を迎えた。明治以来の文明開化政策のもと、西洋文化の受容を推進してきた日本では国際法の研究と教育が普及し、国際法に精通した研究者や実務家も育っていた。創立直後のＰＣＩＪに京都帝国大学教授の織田萬（一八六八〜一九四五）が判事として派遣されたのはその一例である。

国際法をはじめ欧米の先進的制度を受容・移入するにあたり、日本が常に意識してきたのが「文明国標準」という観念であった[24]。戦勝国として国際連盟の常任理事国となった日本は、西洋で発達した近代国際法の一方的な受容・消化ではなく、戦後の世界で新しい国際法の創造に能動的に関与しようとした。高橋論文(第五章)は新しい国際法創造にかける日本の熱意と努力を描いている。

大戦は世界経済にも大きな変動をもたらした。欧州列強が戦争に忙殺されて国際貿易から後退し、その穴を埋めたのが日本であった。その結果として日本は空前の経済的利益をあげる。開国以来、赤字だった貿易収支は黒字に転じ、一九一四年から一九一八年にかけて日本が獲得した外貨は一四億円にのぼった。また、一九一三年に二五億ドルであったGNPは大戦を挟んで一九二一年には三倍近い七二億ドルに増大した[25]。このような経済力の向上に伴い、日本は円をアジアの国際基軸通貨にすることを目論む。一九一八年に始まったシベリア出兵により、満洲からシベリアにかけて日本のプレゼンスが広まったこともこの構想を後押しした。

小野論文(第六章)は、円を東アジアの国際基軸通貨へすることへ向けての日本のさまざまな努力を描く。結局、シベリア出兵の失敗からアジア大陸における日本の影響力は低下した。また、戦後にヨーロッパ諸国の経済が復興し、国際貿易に復帰すると日本の優位は失われていく。とりわけ、アヘン戦争以来東アジアで経済活動を展開してきた英国が上海に蓄積した力にとって代わることはかなわなかったのである。一時的な戦時好況に沸いた日本経済は、その後複雑な戦後経営をせまられることとなった[26]。

その中国では大戦勃発の三年前にあたる一九一一年に辛亥革命がおこり、清王朝が崩壊して中華民国が成立した。しかしながら、その後は政権内部の権力闘争と各地に割拠した軍閥が抗争する「支那南北戦」「軍閥混戦」と呼ばれる内政の混乱が続いていた。中華民国の首都は北京に置かれたが、北京政権は中国全土を実効支配下に置いているとは言い難かった。それでも各国は北京政権を中華民国の正統政府として承認した。そして北京政権のもとで中華民国は一九一七年八月にドイツとオーストリアに宣戦布告して連合国陣営に加わった。戦争の帰趨に中国が果たした軍事的貢献はほとんどなかったが、参戦によって中華民国は連合国の一員となり、一九一九年のパリ講和会議にも参加することとなる。このとき北京政府から派遣された辣腕の外交官、顧維鈞(一八八八〜一九八五)らの活動もあり、中華民国は国際社会において実力以上の存在感を各国に印象付けることに成功する[27]。そして、前述のワシントン会議においては中国に権益を有する国々と中華民国によって九ヵ国条約が結ばれ、中国の内政の混乱に乗じて特定国が排他的な勢力圏を拡大することが禁じられた。このように参戦は戦後の中国の国際的地位と、中国をめぐる列強間の関係に大きな変化を与えたのである[28]。

中華民国の参戦に二年先立つ一九一五年に、日本はいわゆる対華二一ヵ条要求を北京政権に通告し、中国人からの猛烈な反発と列強からの不信を招いていた[29]。この要求には日露戦争で獲得した満蒙権益を固めることと並んで、戦後に山東省の旧ドイツ権益を獲得することと、中国全土への経済的浸透を意図する性格があった。しかし、一九一九年の「五・四運動」にみられるような中国ナショナリズムの高揚と、パリ講和会議以後明らかになったウィルソン主義的な「新外交」の潮流を敏感に感じ取った日本は、大戦後の対中国政策を大きく切り替えた。満蒙権益を維持しながらも、中国のその他の地域に対しては従来の帝国主義的な進出を控え、中国に権益を有する欧米列国と歩調を合わせながら経済協力を深化させるという路線である。換言すれば満蒙では「旧外交」を維持しながら、中国本土には「新外交」で臨む政策と言えよう。この政策を推進したのが加藤高明、浜口雄幸、若槻礼次郎の三内閣で外相を務めた幣原喜重郎（一八七二〜一九五一）であった[30]。西田論文（第七章）は戦後の経済提携を軸とした日中関係改善の試みを分析する。

3 総力戦・デモクラシー・帝国

第一次世界大戦が戦場における軍隊間の戦いのみならず、銃後における生産、労働力の動員、科学技術、政治宣伝など国民国家の有するあらゆる力が投入された総力戦となり、戦争の形態が大きく変貌したことはいうまでもない。それは戦場という戦争の本来の舞台でも同様であり、とりわけヨーロッパの西部戦線において顕著であった。そこでは英仏海峡からスイス国境にわたって七〇〇キロに及ぶ長大な戦線が形成され、英・仏・ベルギー軍と独軍あわせて数百万の大軍が四年以上にわたる凄惨な消耗戦を繰り広げながら、容易に決着がつかない様相を呈した。日本陸軍は戦争初期から多数の観戦武官をヨーロッパに派遣して、新しい戦争の実相をつかむべく情報の収集と分析に努めた。その成果は戦争中から戦争直後にかけて多数の「臨時軍事調査委員報告」としてまとめられた[31]。いずれの報告にも共通するのは、従来の戦争と比較して戦場における砲兵火力の桁違いの増大とそれに伴う膨大な弾薬消費量であり、強固に構築された重層的な防御陣地を突破することの困難の指摘であった。

実は日本陸軍は世界大戦に先立つ一〇年も前にこのような戦争の変化を部分的ではあれ経験していた。日露戦争における一九〇四年の旅順要塞の攻略戦である。堅固に構築され、多数の重砲と機関銃で守られた要塞陣地に対し、十分な砲兵火力を準備できなかった日本陸軍は歩兵による突撃を繰り返した。その結果、半年におよぶ攻防戦で、日本陸軍は約六万名の死傷者を出す。それでも日本軍の弾薬消費量は砲弾三二万発、小銃弾四二〇〇万発に達した。この教訓を踏んで一九一四年秋の青島攻略戦で日本陸軍は多数の大口径火砲を集めて青島要塞に対して圧倒的な火力戦を挑み、実質的に一週間で陥落させてしまい、日本軍の死傷者は四〇〇名にも満たなかった[32]。しかし、短期間にもかかわらず消費した砲弾は四万三〇〇〇発(一六〇〇トン)に及び、このような戦いが資源小国日本にとって例外的なものであることが陸軍首脳には強く自覚されていたのである[33]。

事実、その後のヨーロッパ西部戦線の展開は世界の軍事専門家の予想をはるかに超えるものとなった。一九一六年二月から一二月まで続いたヴェルダン攻防戦では仏軍と独軍の死傷者は八〇万名以上、消費された砲弾は二七〇〇万発(一三六万トン)であった。また、一九一六年夏から秋にかけてのソンム会戦では、攻撃初日に英軍は日露戦争の旅順攻防戦の全期間の日本軍死傷者に匹敵する六万の損害を被った。

水野広徳(一八七五～一九四五)のように、日露戦争当時と桁違いの消耗戦となった大戦の実情を観察して、日本は今後総力戦を戦う準備をするのではなく、軍縮と戦争回避の道を進むべきであると考えるに至った帝国軍人もいた[34]。しかし、帝国陸海軍の軍人たち、とりわけ陸軍のエリート中堅軍人たちは、戦争の回避ではなく将来の総力戦にそなえる道を模索し始める。長期化して膨大な兵力と物資の消耗が予想される将来の戦争において、資源小国である日本の軍隊は果たして勝機を見出せるのか。この日本陸軍の苦悩を用兵ドクトリンの検討を通じて考察したのが齋藤論文(第八章)である。

結局、日本陸軍は日露戦争と世界大戦の教訓を十分に認識していながら、用兵ドクトリンの抜本的な改正はできずに終わった。貧弱な基礎国力のため「無い袖は振れなかった」のが実情であったが、建軍から半世紀を経た陸軍が「戦う組織」から官僚組織に変貌していたためでもあった。そもそも用兵ドクトリンとは国家の政治的決定に基づく総合的な国防政策から演繹されるものである。この時期の日本陸軍が政治的策動に走ることがなかったのは、立憲政体下で軍に対する事実上の文民統制が機能していたからかもしれない。

第一次世界大戦の「意外な」結末の一つは、何らかの形でデモクラシーを奉じる国々が権威主義的な政治体制の国々に対して勝利を収めたことであった。ホーエンツォレルン王朝のドイツ、ハプスブルク王朝のオーストリア＝ハンガリー、オスマン王朝のトルコは敗戦によって体制が崩壊し、総力戦の圧力に耐えられなかったロシアのロマノフ王朝は革命によって滅亡した。結局、立憲君主制政体の英国、共和政体のフランスと米国が最後の勝者となった。この深刻な事実は君主制国家の日本にとって看過できないものであった。とはいえ大日本帝国憲法（明治憲法）下で天皇を主権者に戴く日本が、フランスや米国のような共和政体を取ることはありえなかったため、政治体制と総力戦の観点から参考になるのは英国であった。

折から、第一次世界大戦の時期は、日本国内において後に「大正デモクラシー」と呼ばれることとなる政治運動が隆盛を迎えていた。明治維新以来の権威主義的な政治体制を「藩閥官僚政治」として批判し、普通選挙制度の実現、政党政治と帝国議会に立脚する、より民主的な政治体制の確立をめざすものであった[35]。しかしながら、明治憲法において天皇主権を定めている以上、「民主主義（democracy）」という語は使用しにくく、当時の代表的な論客でもあった政治学者、吉野作造（一八七八～一九三三）東京帝国大学教授はこの運動を支える政治思想を「民本主義」と称した[36]。また、明治憲法の天皇主権と民本主義的な要求を両立させる憲法学説として東京帝国大学の美濃部達吉（一八七三～一九四八）や京都帝国大学の佐々木惣一（一八七八～一九六五）らにより「天皇機関説」が支持された。一九三〇年代後半には「国体に反する」として右翼勢力から糾弾される「天皇機関説」であるが、大戦後の日本において広く受け入れられた学説であった[37]。

若き摂政裕仁は一九二一年に半年にわたりヨーロッパ諸国を歴訪し、大戦後の君主制の実情を肌で感じ取った。とりわけ大戦を勝ち抜いて君主制を維持していた英国に深い感銘を受ける。第一次世界大戦を戦い抜き、国民の敬愛を一身に集めるジョージ五世国王（George V：在位一九一〇～三六）は以後、祖父明治天皇（在位一八六七～一九一二）と並んで未来の昭和天皇（在位一九二六～一九八九）のロール・モデルとなった。君塚論文（第九章）は英国との比較によって「戦後」日本における立憲君主制の模索を描く。

若き摂政裕仁が範にしようとした英国もまた、世界大戦を契機に大きな変革を迫られていた。明治維新以来、欧米列強の筆頭として、また大陸に近い島嶼に本拠を置く地政学的な類似性を持つ国家として、英帝国は日本が強く意識してきた存在であった。とりわけ、日英同盟（一九〇二～一九二三）のもとで日露戦争に勝利をおさめ不平等条約の改正に成功した記憶はいまだに鮮明であった。

しかし、その英帝国の本国は西ヨーロッパの沖合に浮かぶ日本本土の三分の二程度の面積の島に過ぎない。大国としての力の源泉は世界中に散在する植民地にあった。世界大戦を辛うじて勝ち抜いた英国ではあったが、それは米国の参戦とカナダ、ニューファンドランド、オーストラリア、ニュージーランド、南アフリカという白人自治領とインドという植民地の全面的協力があって初めて可能であった[38]。大戦による英国の国力の消耗は深刻で、戦後の国際社会で米国に抗して大国としての地位を保つためには、自治領と植民地の協力が不可欠であった。いっぽう、その自治領や植民地からは英本国に対して自立を要求する動きが高まる。大国として依然、国際政治をリードしながらも、足元では帝国の統治構造の再編成を進めねばならなかった英国を、同じ島帝国であった日本はどのように見ていたのか。等松論文（第一〇章）は帝国からコモンウェルスへと変容していく英国と日本の関係を概観する。

おわりに――「戦後」から「戦前」へ

第一次世界大戦後の時代を「戦間期」、すなわち第二次世界大戦への準備期間ととらえることの問題性を本章の冒頭で指摘した。とはいえ、現実には一九三九年秋にヨーロッパで再び大国間戦争が始まる。日本にとってはヨーロッパの戦争に先立って、一九三七年夏の日中戦争の勃発がすでに本格的な戦争の始まりとなっていた。では、いったい「戦後」はいつ終わり、「戦前」はいつ始まったのであろうか。

一九二一～二二年のワシントン会議における四ヵ国条約の締結を受けて日英同盟は一九二三年に終了したが、両国関係が急速に悪化することはなかった[39]。敗戦国ドイツとの間には政治的なしこりは多少残ったが、経済文化交流は深まっていく[40]。一九二四年のジョンソン＝リード法（Johnson-Reed Act：いわゆる排日移民法）の制定は日米関係を緊張させたが、それ以上に深刻化することはなく、むしろ日本の対米経済依存は強まっていった[41]。前年一九二三年の関東大震災に際して諸外国中最大の救援物資を米国が送ってくれたことや、野球、音楽、映画といった米国のポピュラー・カルチャーの国内における人気も対米感情が決定的に悪化することを防いだのかもしれない[42]。日本を含む資本主義諸国にとって異質で国際社会の撹乱要因であったソ連との国交も一九二五年に樹立され、両国は距離を置きながらも安定した通商関係を維持していた[43]。一九二八年の不戦条約の締結においては、条約文中の「人民の名において」という文言をめぐって国内で摩擦が生じたが、それでも日本が同条約の批准を拒むことにはならなかった[44]。

この間、一九二五年に普通選挙法が制定されて同法に基づく最初の総選挙が一九二八年に実施され、「大正デモクラシー」運動がめざした「憲政の常道」が定着したかに見えた。一九二六年には摂政裕仁が第一二四代天皇に即位、一九二八年には即位の大礼が挙行され、日本国中が祝賀の空気に包まれた。そして、一九三〇年のロンドン海軍軍縮条約の締結と批准は日本にとっての「戦後」の頂点であった。民政党という政友会に比較して「民主的」な政党の組織する内閣が、海軍の強硬派(いわゆる艦隊派)の頑強な抵抗にもかかわらずロンドン軍縮条約を成立させたことは、天皇主権の明治憲法下でも民主主義と軍への文民統制がかなりの程度機能することを証明したといえよう。それだけに、統帥権干犯論争と右翼テロリストによる濱口雄幸(一八七〇~一九三一)首相の狙撃事件以降、国内の政治的空気が急速に悪化していったことは、米国発の世界大恐慌と並んで中国情勢の急転が大きい。

欧米諸国との関係の安定化とは対照的に、中国の政情は急速に変化していた。蔣介石率いる国民革命軍による北伐の進展と権益回収行動は、在満洲・在華権益喪失の危機感を日本に発生させ、田中義一内閣(一九二七~二九)の山東出兵(一九二七~二八)や関東軍内の過激派による張作霖爆殺事件(一九二八)を引き起こす。また、一九二八年末には張作霖を継いだ張学良(一九〇一~二〇〇一)が国民党に合流し(易幟)、翌年秋には蔣介石の支持も得てソ連が経営する北満の中東鉄道回収を試みて中ソ(奉ソ)戦争が勃発した。この戦争における張学良軍の惨敗とソ連の中東鉄道権益の維持成功は新興ソ連赤軍の実力を関東軍に強く印象付けた。ここから関東軍は、南満洲に日本が持つ権益維持のため張学良政権と極東ソ連軍の双方に対して抜本的な対策を講じる必要を痛感する[45]。この路線がやがて満洲事変へとつながっていったことは言うまでもない。

一九三一~三二年にかけての関東軍の満洲占領と「満洲国」建国の強行は、国際連盟規約、九ヵ国条約、不戦条約によって支えられた「戦後秩序」そのものへの日本の挑戦であった。そして一九三三年三月には、連盟総会におけるリットン調査団の調査に基づく報告書の採択を不服として日本は国際連盟からの脱退を宣言し、戦後の国際秩序を維持する大国としての地位を保証していた常任理事国の地位を放擲した。

一九三三年五月には国民政府軍と関東軍の間で塘沽《タンクー》停戦協定が結ばれ、満洲事変は終息した。新たな「戦後」の始まりである。しかし、「戦後」が「戦争の終結とその処理に基づく秩序が受け入れられ維持されている状態」をさすとすれば、このとき日本にとっての第一次世界大戦の「戦後」は終わりを告げ、新たな「戦前」が始まったのである。

註

1——もっとも『経済白書』が「もはや戦後ではない」と記したのは敗戦から一一年後の一九五六年のことであり、同年の秋に日本は国際連合への加盟を果たした。また、その前年一九五五年には保守・革新系政党の大統合が行われ、自民党と社会党が対峙するいわゆる「一と二分の一」の五五年体制が成立した。この状況は一九九〇年頃の冷戦終結まで続くこととなる。更には一九五五年に日ソの国交が回復された結果、翌一九五六年には最後のシベリア抑留者が帰国した。この意味で、一九五五〜五六年頃が「戦後」の一つの区切りであったと言えよう。

2——H・P・ウィルモット（五百籏頭眞・等松春夫監修・山崎正浩訳）『第一次世界大戦の歴史大図鑑』創元社、三〇七頁。大戦における日本の損害は一九一四年秋の陸軍による山東省青島の攻略作戦および一九一七〜一八年に地中海のマルタ島に派遣された海軍の第二特務艦隊の船団護衛作戦で生じた。

3——大戦中の日本経済の発展と「成金」の発生については以下を参照。井上寿一『第一次世界大戦と日本』講談社、二〇一四年、第Ⅳ章「経済」。

4——ヤン・シュミット「第一次世界大戦期日本における『戦後』論——未来像の大量生産」山室信一ほか編『現代の起点　第一次世界大戦』第1巻〈世界戦争〉岩波書店、二〇一四年、一六一〜一七二頁。

5——臨時外交調査会は首相を総裁に外相、内相、陸相、海相といった閣僚のほか、一部の枢密顧問官や国務大臣経験者から構成された。国務大臣経験者には原敬（政友会）と犬養毅（立憲国民党）が含まれており、政党政治が確立されつつあった時代に挙国一致の戦後政策の立案をめざしていたといえよう。雨宮昭一『近代日本の戦争指導』吉川弘文館、一九九七年、第二章第二節「外交調査会と戦争指導」参照。

6――北澤楽天『楽天全集』第五巻「世界外交戦争漫画集」アトリエ社、一九三〇年、一三〇頁。

7――たとえば、ソ連とルーマニアの間のベッサラビア帰属問題と日ソ国交樹立交渉とのつながり（本書の第三章を参照）や、後年のことであるが国際連盟による米国へのアルメニア委任統治要請案件と日本のミクロネアシア委任統治資格問題などは連動していた。これは「第一次世界大戦の戦後処理」という括りでこれらの問題が処理されたためであった。

8――一九三九年の第二次世界大戦の勃発という事実から遡及して一九二〇年代すべてを「戦間期」または「戦争への準備期」とみることは時代錯誤であろう。第二次世界大戦の勃発には偶発的な要素も多く、第一次世界大戦の戦後処理の必然的な結果とは言えない。フレッド・ディキンソン「第一次大戦後の日本の『構想』」伊藤之雄／川田稔編『20世紀日本と東アジアの形成』ミネルヴァ書房、二〇〇七年、一三六～一三八頁。大戦はむしろ日本が再建・再出発（reinvention）する契機であった。Frederick R. Dickinson, *War and National Reinvention: Japan in the Great War, 1914-1919*, Cambridge, Mass: Harvard University Asia Center, 1999, pp. 245-247.

9――ウィルソンの民族自決構想については以下を参照。草間秀三郎『ウィルソンの国際社会政策構想――多角的国際協力の礎石』名古屋大学出版会、一九九〇年、六九～八〇頁。Erez Manela, *The Wilsonian Moment: Self-Determination and the International Origins of Anticolonial Nationalism*, Oxford: Oxford University Press, 2009, pp. 19-34.

10――パリ講和会議における委任統治制度の形成過程については以下を参照。マーガレット・マクミラン『ピースメイカーズ――1919年パリ講和会議の群像』上巻、芙蓉書房出版、二〇〇七年、一三二～一四三頁。

11――国際連盟規約第二二条に規定された委任統治制度においては統治をおこなう国（受任国）は「適切な先進国」とされていたが、実際には戦時中に該当地域を軍事占領していた国々がほぼそのまま受任国に任命された。また、軍事占領さえもしていなかったフランスがシリアとレバノンの受任国となった。そのため現実には戦勝大国が戦利品として敗戦国植民地を分割するための方便ではないかという批判が生じた。

12――ヨーロッパの内陸国であったドイツが、海外植民地を求めて通商の拡大と海軍力の拡張を始めたことをドイツは「世界政策」と称した。当初はアフリカ植民地の獲得とオスマン・トルコへの援助を通じて中東に浸透することを図ったが、アジア・太平洋への進出も行われた。ドイツの東アジア関与については田嶋信雄・工藤章編『ドイツと東アジア一八九〇～一九四五』東京大学出版会、二〇一七年を参照。

13――日本海軍のミクロネシア占領に関しては以下を参照。平間洋一『第一次世界大戦と日本海軍――外交と軍事の連接』慶應義塾大学出版会、一九九八年、五七～七〇頁。

14――ヤップ島管理をめぐる国際紛争に関しては以下を参照。中村美子「ヤップ論争――一九二〇年代日米関係の一例として」『アメリカ研究』第四号（一九七〇年三月）一〇二～一二〇頁。等松春夫『日本帝国と委任統治――南洋群島をめぐる国際政治1914～1947』名古屋大学出版会、二〇一一年、六四～七三頁。

15――日米の相互不信については細谷千博『両大戦間の日本外交』岩波書店、一九八八年、四七～七四頁および高原秀介『ウィルソン外交と日本――理想と現実の間　1913-1921』創文社、二〇〇六年、一一二～一一七頁参照。

16――ＮＨＫ〝ドキュメント昭和〟取材班編『ドキュメント昭和』１「ベルサイユの日章旗」、角川書店、一九八六年、一〇三～一〇七頁。

17――シベリア出兵では日本は七万三〇〇〇名の兵力を投入し、軍人・軍属のみで三三三三名の戦没者を出し、尼港事件による民間人の死者を加えるとさらに多くなる。また、戦費は七億四一〇万円であった。麻田雅文『シベリア出兵――近代日本の忘れられた七年戦争』中央公論新社、二〇一六年、二三八～二四〇頁。第一次世界大戦とシベリア出兵を合わせた日本の戦費については以下を参照。小野圭司「第1次大戦・シベリア出兵の戦費と大正期の軍事支出――国際比較とマクロ経済の視点からの考察」防衛省防衛研究所『戦史研究年報』第一七号（二〇一四年三月）、三四～四二頁。

18――第一次世界大戦をはさんで産業と軍事における主要燃料は石炭から石油に変わり始め、帝国の領域内で石油が産出しない日本は石油の安定供給先の確保に苦慮することとなった。石油貧国日本の苦衷については以下を参照。中嶋猪久生『石油と日本――苦難と挫折の資源外交史』新潮社、二〇一五年。とりわけこの問題に強い関心を持っていたのは重油燃料を大量に消費する日本海軍であり、石油資源確保のためにソ連との提携まで視野に入れていた。駄場裕司「日本海軍の北樺太油田利権獲得工作」、海軍史研究会編『日本海軍史の研究』吉川弘文館、二〇一四年、三三～六〇頁。

19――ＮＨＫ〝ドキュメント昭和〟取材班編『ドキュメント昭和』１「ベルサイユの日章旗」、一二一～一四六頁。

20――廣部泉『人種戦争という寓話――黄禍論とアジア主義』名古屋大学出版会、二〇一七年、七四～八七頁。

21――F.S. Northedge, *The League of Nations: its life and times 1920-1946*, Leicester: Leicester University Press, 1986, pp.113-136. 西川純子「戦間期の軍縮――ウィルソンからフーバーまで」横井勝彦『軍縮と武器移転の世界史――「軍縮下の軍拡」はなぜ起きたのか』日本経済評論社、二〇一四年、四三～五四頁。

22――国際連盟には結局加盟しなかったが、「法による平和の維持」構想にもっとも熱心であったのは米国であり、PCIJの設立にも密接に関与していた。三牧聖子『戦争違法化運動の時代――『危機の20年』のアメリカ国際関係思想』名古屋大学出版会、一〇五～一一五頁。

23――祖川武志『国際法と戦争違法化――その論理構造と歴史性』信山社、二〇〇四年参照。

24――近代日本における「文明国標準」観念の位置付けについては以下を参照。酒井一臣『近代日本外交とアジア太平洋秩序』昭和堂、二〇〇九年、序章「文明国標準の帝国日本」。西洋起源の国際法は「文明国標準」のエッセンスであった。

25――大戦中の日本経済の躍進については以下を参照。三和良一・原朗編『近現代日本経済史要覧』東京大学出版会、二〇〇七年、4「1914～1930」。

26――中村隆英『明治大正期の経済』東京大学出版会、一九八五年、第四章補論「第一次大戦『戦後経営』」参照。

27――NHK〝ドキュメント昭和〟取材班編『ドキュメント昭和』1「ベルサイユの日章旗」、一一三～一一六頁。

28――中谷直司「第一次世界大戦後の中国をめぐる日米英関係――大国間協調の変容」小林道彦・中西寛編『歴史の桎梏を越えて――20世紀日中関係への新視点』二〇一〇年、千倉書房、九一～一一一頁。

29――二十一カ条要求が通告された経緯については奈良岡聰智『対華二十一カ条要求とは何だったのか――第一次世界大戦と日中対立の原点』名古屋大学出版会、二〇一五年を参照。その中国ナショナリズムへの刺激については小野寺史郎「中国ナショナリズムと第一次世界大戦」山室信一ほか編『現代の起点　第一次世界大戦』第1巻〈世界戦争〉、一八一～二〇一頁参照。列強の反応については千葉功『旧外交の形成　日本外交一九〇〇～一九一九』勁草書房、二〇〇八年、二八九～三〇四頁参照。

30――この時期の幣原外交の一般的背景に関しては以下を参照。服部龍二『幣原喜重郎と二十世紀の日本――外交と民主主義』有斐閣、二〇〇六年、八三～一二六頁。

31——陸軍省と参謀本部が大戦中から直後にかけてヨーロッパに派遣した将校の数は三〇六名に及んだ。葛原和三「帝国陸軍の第一次世界大戦史研究——戦史研究の用兵思想への反映について」防衛省防衛研究所『戦史年報』第四号（二〇〇一年）、三四〜三六頁。黒沢文貴『大戦間期の日本陸軍』みすず書房、二〇〇〇年、第一章「日本陸軍の第一次大戦研究」、二三〜七五頁。明治初期にクレメンス・メッケル（Klemens Wilhelm Jacob Meckel 1842-1906）を招聘して以来、プロイセン＝ドイツ陸軍を範として育成されてきた日本陸軍には親独派が少なくなく、敵国ドイツの勝利を予想する者さえいた。

32——片山杜秀『未完のファシズム——「もたざる国」日本の運命』新潮社、二〇一二年、六〇〜六九頁。

33——石井寛治『帝国主義日本の対外戦略』名古屋大学出版会、二〇一二年、一三六〜一四〇頁。軍部が一九二〇年代に軍縮を受け入れたのには、資源小国日本が米英ソという資源大国との軍拡競争には耐えられないという現実的な認識があった。

34——水野広徳は日露戦争に参加し『此の一戦』『次の一戦』を書いた大海軍論者であったが、第一次世界大戦後は非戦論に転向し、大佐で退役して評論家となる。以後一貫してリアリズムに基づく非戦・平和論を展開した。木村久邇典『帝国軍人の反戦——水野広徳と桜井忠温』朝日新聞社、一九九三年参照。

35——大正デモクラシー期の政治・社会状況一般については以下を参照。成田龍一『大正デモクラシー』岩波書店、二〇〇七年。

36——吉野作造の民本主義に関しては以下を参照。三谷太一郎『新版　大正デモクラシー論　吉野作造の時代』東京大学出版会、一九九五年、一四三〜一五四頁。

37——天皇機関説と立憲政治については以下を参照。伊藤之雄『政党政治と天皇』講談社、二〇〇二年、一九〇〜一九四頁。

38——自治領・植民地の英本国への戦争協力については小川浩之『英連邦——王冠への忠誠と自由な連合』中央公論新社、二〇一二年、四七〜四八頁参照。

39——米国との協調なしには円滑な国際政治の運営は困難であるとの現実認識が、日英両国に共有されていた。細谷千博・イアン・ニッシュ監修／木畑洋一他編『日英交流史1600-2000』1〈政治・外交I〉、東京大学出版会、二三九〜二四三頁。

40――ヴァイマル共和制のドイツでは旧植民地の回復運動が盛んで、旧アフリカ植民地のみならず日本の委任統治下に置かれたミクロネシアも返還要求の対象であった。しかしながら、日英同盟解消後に英国から先進技術を提供してもらえなくなった日本海軍は技術先進国のドイツに接近し、陸軍のみならず海軍にも親独派が形成されていった。相澤淳『海軍の選択――再考・真珠湾への道』中央公論新社、二〇〇二年、第二章「ドイツへの傾斜」四六～八三頁参照。また、民間における文化交流も盛んであった。一例としてドイツ東洋文化協会（ＯＡＧ）の活動が挙げられる。スヴェン・サーラ／クリスティアン・Ｗ・シュパング「第一次世界大戦後の日独関係におけるドイツ東洋文化協会（ＯＡＧ）の役割」杉田米行編『１９２０年代の日本と国際関係――混沌を超えて「新しい秩序」へ』春風社、二〇一一年、八九～一一二頁参照。

41――排日移民法で生じた日米摩擦の収拾については廣部『人種戦争という寓話』、二〇一七年、一一七～一一九頁を参照。

42――関東大震災における米国の対日救援活動については以下を参照。波多野勝・飯森明子『関東大震災と日米外交』草思社、一九九九年、第三章「大援助到達す！」、一三五～一八八頁。

43――国交樹立後の日ソの通商関係と文化交流については富田武『戦間期の日ソ関係１９１７‐１９３７』岩波書店、二〇一〇年、五一～六一頁参照。

44――不戦条約の文言をめぐる論争については以下を参照。酒井一臣『帝国日本の外交と民主主義』吉川弘文館、二〇一八年、第三章「不戦条約再考――『人民の名に於いて』論争の意味」。

45――等松春夫「中ソ戦争と日本」筒井清忠編『昭和史講義２――専門研究者が見る戦争への道』筑摩書房、二〇一六年、五九～六〇頁。

第I部

戦後処理の諸相

——アジア・太平洋地域の変動

第1章

「ドイツの退場」以後のアジア・太平洋

——帝国主義と軍事バランスの変容

大井知範
OI Tomonori

はじめに

第一次世界大戦という歴史の転換点から一〇〇年の節目を迎え、欧米では膨大な数の研究や関連著作が世に出されている。第一次世界大戦とはいったい何であったのだろうか、歴史をどのように変える出来事であったのか、その関心は未だ尽きることがない。とはいえ、第一次世界大戦が変えたのは主役を演じたヨーロッパの歴史だけではない。この「グローバルな戦争」は世界全体に大きなインパクトを残し、日本を取り囲むアジア・太平洋地域もその例外ではなかった[1]。

大戦がこの地域にもたらした重大な影響の一つに、大国政治《パワーポリティクス》の構成メンバーを変えた事実が挙げられる。そこでまず想起されるのはロシアの後退であろう。しかし、大戦前にこの国が関わっていたのは大陸部のアジアであり、太平洋の海域世界をめぐる秩序編成には深く関与していなかった。何よりも、ロシアはまもなくソ連と名を改め東アジアの大国政治の舞台に復帰する。

第一次世界大戦の前と後で地域秩序の構成国を見比べたとき、最も大きく異なるのはドイツという大国が消滅した事実ではなかろうか。大戦前、この国は「アジア」にも「太平洋」にも勢力を拡張し、地域政治の主要なプレーヤーの一つであった。一方、我々が「ワシントン体制」と呼ぶ戦後秩序は、日本、アメリカ、イギリスを中心とする勝者の国際体制であるゆえ、敗戦国であるドイツはそこに含まれていない。それゆえ、ドイツはこの地で有した領土を手放し、失われた軍事力を再び配置することもなかった。アジア・太平洋におけるドイツのプレゼンスは第一次世界大戦を境に忽然と姿を消したのである。

この事実はアジア・太平洋にいったい何をもたらしたのだろうか。それは単に残された植民地の処分という物理的な変更にとどまらず、アジア・太平洋における秩序のあり方そのものを変える一因であったのではないか。特にこの地域の権力政治に目を向けたとき、ドイツの消滅が招いた政治力学の変動を軽視することはできない。なぜなら、そこで生じたパワーの配置とバランスの変化が、アジア・太平洋における次の戦争を条件づける土台となるからである。

以上のような問題意識のもと、本章では第一次世界大戦を「ドイツの退場」という文脈から読み直すことで、大戦後のアジア・太平洋がいかなる意味で大戦前とは異なる世界であったのかを明らかにする。まず東アジアに関していえば、前世紀から続く帝国主義の強固な体制は、第一次世界大戦と「ドイツの退場」によってどのような変質を迫られたのだろうか。単にドイツが有した植民地の消滅だけではなく、その軍事力の撤退というもう一つ別の視点から大戦後を眺めたとき、それは東アジアにいかなる作用をもたらしたのか。ここでは帝国主義体制の中軸にいたイギリスの視点から考えてみたい。次に、視線を南の海域へ移し、太平洋に広がるドイツのプレゼンスが消滅した意味をイギリスとアメリカの立場から探っていく。ドイツの植民地と軍事力を「実体」として捉えたとき、それは周辺国にとってどの程度の脅威を与える存在であったのか。

またその消滅は、地域における大国相互の脅威認識や軍事バランスにどのような影響を与え、第一次世界大戦後の太平洋はいかなる意味で大戦前とは異なる国際環境になったのだろうか。従来顧みられなかった「ドイツの退場」を議論の中心に据えることで、アジア・太平洋の歴史のなかで第一次世界大戦が持った意味を再検討してみたい。

1 アジア・太平洋におけるドイツのプレゼンス

では、第一次世界大戦前にドイツがアジア・太平洋に有した領土および軍事的なプレゼンスとは具体的に何か。本論に入る前にまずその中身を確認しておこう。一八八四年以降、ドイツは太平洋で島嶼植民地を順次獲得し、それは「ドイツ領サモア」と「ドイツ領ニューギニア」の二つの行政区域で構成された。後者はさらに、ニューギニア北東部(カイザー・ヴィルヘルムス・ラント)、ビスマルク諸島、ソロモン諸島の一部(ブーゲンビル、ブカ)、カロリン諸島、パラオ諸島、マリアナ諸島(グアムを除く)、マーシャル諸島(ナウルを含む)といった西太平洋の島々から成り立ち、全陸地面積は二四万㎢におよんだ[2]。一方東アジアにおいては、ドイツ海軍が一八九七年に中国山東省南岸の膠州湾を強行占領し、翌年清朝との条約締結を通じてその一帯を租借した。ここにドイツは商業都市と軍港を兼ねた青島《チンタオ》の街を建設し、さらには山東省の内陸につながる鉄道とその周辺部の鉱山利権を手にした。条約の規定では租借地の主権は中国に残り、契約期間も九九年間と定められていたが、行政、警察、軍事などの実効的な支配権を握ることで、ドイツはこの地を事実上の「植民地」として統治した。

こうして築かれた膠州湾の租借地にドイツは常備軍を配備した。陸上では、青島に駐屯する「海軍第三海兵大隊」と「海軍膠州領砲兵大隊」の合計約二〇〇〇名の将兵が主力を担った。また、義和団戦争後の北京議定書で認められた華北駐兵権を行使するため、ドイツ海軍は「東アジア海軍分遣隊」を新たに編成し、北京の公使館や海に至る鉄道ルートの警備を担当した[3]。

一方海上では、青島を母港とする艦隊がアジア・太平洋における軍事プレゼンスの主体となった。膠州湾占領直後の一八九七年末、ドイツは八隻の巡洋艦を主軸とする「東アジア巡洋艦隊」を新設し、以後情勢の変化に合わせてその構成艦数は増減を繰り返す[4]。艦種の面でも、巡回区域の特性に合わせて砲艦、河川砲艦、水雷艇などが新たに配備され、中国各地の居留民保護や青島防衛に合わせた態勢が整えられた。一九一〇年代前半の東アジア巡洋艦隊は、装甲巡洋艦二隻、小型巡洋艦三隻、砲艦四隻、河川航行用砲艦三隻、水雷艇二隻、補給艦一隻の合計一五隻で構成されていた。さらに太平洋では、南洋管区に「オーストラリア・ステーション（Australische Station）」の名称が与えられ、一～二隻の小型巡洋艦が島嶼植民地を巡回しながら治安維持を担当した。ちなみに、同時期のアジア・太平洋地域におけるヨーロッパ列強の海上戦力と比較すると、巡洋艦と水雷艇をそれぞれ一〇隻程度持つイギリスとオセアニア自治領の連合勢力には及ばないものの、巡洋艦の保有数が一～二隻にとどまる仏露墺伊の軍事力をドイツは十分上回っていたことがわかる[5]。

このように、二〇世紀初頭のアジア・太平洋に構築されたドイツの支配地と戦力は決して小さなものではなかった。これらは、一九一四年夏の大戦勃発後わずか数ヵ月以内に地域から一掃されることとなる。

2 「ドイツの退場」と東アジア帝国主義体制の変容

一九一四年八月、ヨーロッパで勃発した大国間の戦争は日本の参戦を受けて東アジアにも波及し、日英連合軍とドイツ軍のいわゆる「青島包囲戦争（Die Belagerung von Tsingtau）」を引き起こした。青島に籠城したドイツ軍は、二ヵ月にわたり果敢に抵抗を試みるも、圧倒的な兵力の差を前に降伏を余儀なくされる。また、同地を母港とする巡洋艦隊は無謀な戦いを避けるため太平洋を脱出したが、南大西洋で遭遇したイギリス艦隊の攻撃を受け海底に沈んだ。単騎インド洋で神出鬼没の通商破壊戦を挑んだ小型巡洋艦「エムデン（SMS Emden）」も、ほどなく連合軍の網にかかり活動を終えた。

こうして、ドイツのプレゼンスは一九一四年のうちに東アジアから消滅した。大戦自体の敗北によりドイツが東アジアへ回帰する道も最終的に断たれ、ドイツ抜きの戦後政治がこの地域で始まることになる。ただし、勢力の実体そのものは消えたとしても、ドイツによって創り出された近代都市や諸権益は中国にそのまま残されていた。一九世紀末には英露の勢力圏の「隙間」に過ぎなかった未開発地帯がドイツの統治時代を経て今や高い経済的価値を有する土地へ変貌していたのである。それゆえ、新たな占領者である日本と主権を有する中国（北京政権）の間で山東権益の事後処理をめぐる熾烈な外交戦が展開されることになる。つまり、パリ講和会議とワシントン会議における「山東問題（Shantung Question）」、一九二〇年代後半の山東出兵や済南事件は、ドイツによって蒔かれた種に起因する国際紛争でもあったのである[6]。

このように、第一次世界大戦後の東アジアにおける「ドイツの退場」は、中国分割競争の一角を占めた勢力の消滅を意味し、列強間で保たれていたパワー・バランスに変化をもたらした。そのため、イギリス、日本、アメリカを軸に戦後秩序の再調整を進めざるを得なくなり、それを象徴したのが一九二一～二二年のワシントン会議とそこで結ばれた諸条約であった。従来のようなドイツやロシアが参与した多角的な勢力均衡システムは、大戦の結果、多くの問題をはらみつつも新たな「協調的帝国主義（cooperative imperialism）」へ移行することになったのである[7]。

しかし、ここでもう一つ忘れてならないのは、第一次世界大戦が中国のナショナリズムを刺激し、列強諸国間のヨコだけでなく帝国主義列強と中国の間のタテ関係にも重要な変更を迫ったという現実である。「ドイツの退場」と租借地の返還は、中国からしてみれば列強に奪われた領土を回収する第一歩であった。それ以降、漢口と九江のイギリス租界の回収や一連の国権回収運動、不平等条約改正の動きが続き、東アジアの帝国主義体制は大戦前とは異なる展開を見せ始める。もちろんそれは、後年の国民党・国民革命軍による北伐など中国自身の動きに由来するものであったが、帝国主義体制を支えた構成メンバーの退場が支配者と被支配者間の力のバランスに変化をもたらしていた事実も見逃せない。

その新たな現実は上海で起きたいわゆる五・三〇事件のなかに見て取れる。一九二五年五月、在華紡に向けられた中国人労働者の争議は、租界警察の発砲事件を機にイギリスを標的としたストライキとボイコットへ拡大した。この激しい反英運動に対し、他の列強は傍観する姿勢を取ったため、イギリスは独力で事態に対処する必要に迫られた。しかしながら、大戦で疲弊したイギリスはそれに要する十分な軍事力を欠き対応に苦慮することになる[8]。

イギリスがこうした孤立無援の状態に陥る様子は大戦前にはあまり見られなかった。一九〇〇年の義和団事件に際して列強諸国が共同出兵して事態に対処したことからもわかるように、第一次世界大戦前の中国においては列強諸国による「共同帝国主義（collective imperialism）」とでも呼ぶべきものが存在していた。たとえば、一九一一年の辛亥革命や一九一三年の第二革命といった中国内戦の際、イギリスの揚子江権益は自国の軍隊のみならず、およそ一〇ヵ国におよぶ列強の軍事的な協働によって防備されていた。イギリスと危機意識を共有するドイツも、ヨーロッパにおける本国間の軋轢や軍拡競争を脇に置いて、中国のイギリス人社会の防衛に手を差し伸べた[9]。もちろん、ドイツ軍出動の真のねらいが自国民の保護にあったとしても、コスモポリタンな居留地社会の現状に鑑みればそれは同時にイギリス人を保護するという意味を併せ持った。したがって、イギリスにしてみれば、ドイツは競争相手であると同時に、世界規模の帝国主義体制のもとでは死活的利益を共有するパートナーでもあったといえる。しかし、ときには頼みの綱ともなったドイツの軍事プレゼンスは、第一次世界大戦を機にすべて消え去っていた。「ドイツの退場」が持つ意味を身に染みて感じていたのは、実はそれを追い払ったイギリス自身であったのかもしれない。

大戦後のイギリスの危機感は、一九二六年に国民党の北伐が本格化した際により切実に表れた。上海の共同租界に危険が迫ったとき、単独での防衛能力を欠くイギリスは列強との協調や日本の派兵に期待を寄せた。しかし、中国への内政不干渉を掲げる幣原外交下の日本政府は砲艦外交に協力せず、アメリカも不関与の姿勢を貫いた。前年の五・三〇事件に続き孤立したイギリスは、再び単独で派兵し事態に対処しなければならない状況に追い込まれる。つまり、ワシントン体制下で主軸を担うはずの日本とアメリカが秩序の維持に消極的な姿勢を見せ、イギリスが中国ナショナリズムの矢面に立たされる事態が繰り返されたのである[10]。

そもそも、大戦後の軍事費削減のあおりでイギリスが東アジアに割ける兵力の規模には限りがあった。そこに、大戦を境に東アジアから退場してしまったドイツ、オーストリア＝ハンガリー、ロシアの常駐兵力を欠く新たな現実が加わり、イギリスにしてみれば日本の軍事力への依存度は高まった[11]。もっとも、このときすでに日英同盟はなく、もう一つの頼みの綱であるアメリカも中国での軍事プレゼンスは小さいままであった。このように見ると、「ドイツの退場」は中国ナショナリズムの昂揚と帝国主義陣営の弱体化を導き、帝国主義を外からも内からも掘り崩す隠れた要因であったのかもしれない。

こうして、第一次世界大戦は東アジアにおける列強間の勢力バランスを変化させたのみならず、帝国主義の支配者集団と被支配者の間の関係にも重大な変更を迫った。ワシントン体制下における日米英の三国協調システムは、時折示威行動を共にして連携を図ることもあったが、基本的には集団で武力を行使し利益を守るという理念は内在していなかった[12]。それに対して、前に述べたように、一九〇〇年から一九一四年まで続いた「八ヵ国連合軍体制」、ないしは「北京最終議定書体制」とも呼べるような体制下では、中国騒擾時に各国の軍事責任者が実地に会議を重ね、選任された統一指揮官のもと列国の軍隊は頻繁に合同作戦を展開した。そしてこの軍事協働体制の維持に特に力を入れていた国の一つがドイツであった[13]。一八九七年の膠州湾占領事件と一九〇〇年の義和団戦争派兵以来、ドイツは常に東アジアの帝国主義支配体制の最前線にいた。ゆえに、この地域からの「ドイツの退場」は、世紀転換期から続いた一つの強固な軍事体制の終わりを告げる合図ともなったのである。

3　「ドイツの退場」以後の太平洋

❖消えたイギリス帝国にとっての「脅威」

第一次世界大戦の勃発後、中国に駐留するイギリス艦隊はオーストラリア自治領海軍と連携し、太平洋に行方をくらましたドイツ巡洋艦隊の航跡を追った。さらに日本の参戦という好条件を得たイギリス海軍は、ドイツ艦隊を太平洋から追い出し無防備なまま残された島嶼植民地を占領した[14]。これら赤道以南の島々は、大戦後に国際連盟の委任統治領としてイギリスと自治領が管理権を引き継ぎ、日本が継承した赤道以北の島嶼とともに「ドイツの退場」以後の新秩序を構成する。

このような事実を鑑みると、太平洋のイギリス帝国にとって「ドイツの退場」が意味したものは明確である。つまり一般的な見方では、イギリスは大戦を機にドイツの海上勢力と島嶼植民地を太平洋から一掃し、オセアニア自治領が長年さらされていた脅威を除去することに成功したとされている。またその一方で、イギリス帝国は日本という新たな脅威に直面することにもなり、「ドイツの退場」はこの地域に次の大戦の舞台を用意することになる。

しかしながら、そもそも太平洋におけるドイツの植民地帝国とはどのような実体を持つものであったのだろうか。その島嶼植民地はイギリスにとっていかなる意味で脅威の対象であったのだろうか。第一次世界大戦後がどういう意味で新たな時代であったのかを考えるうえでも、大戦前におけるドイツのプレゼンスとイギリスが直面した脅威の内実を正確に捉えておく必要がある。

一八八〇年代の初頭以来、オーストラリアではドイツの太平洋進出を危惧する声が広がっていた。とりわけ、一八八四年一一月のドイツによるニューギニア北東部の併合は、自治領住民の危機感を高め、イギリスによる同島南東部の併合という対抗措置が講じられた[15]。また、「ドイツの入場」に対する自治領諸国の警戒心は、領土や経済面でのドイツの伸張のみならず、軍事面の脅威の増大に対しても向けられた[16]。二〇世紀初頭にドイツが大規模な建艦計画を発動した際、イギリスおよびオセアニア自治領は帝国防衛問題を深慮し、在外海軍の再編に向けて対策を練るようになっていたのである[17]。

ところが、「ドイツの退場」以前のミクロな日常に目を向けたとき、こうしたマクロな戦略環境の陰に隠れた「もう一つの現実」が浮かび上がってくる。太平洋のドイツ海軍とオセアニア自治領は、日常的に親密な交流関係にあり、頻繁に訪れるドイツの軍艦をイギリス人社会は歓迎し友好的に接遇していたのである。また、補給や艦艇の修理、通信の面でも、ドイツが太平洋で欠いていたインフラと物資をイギリス人社会は気前よく援助し、ドイツ海軍の地域における活動を根本から支えていた。つまりドイツの植民地帝国は、イギリス帝国の協力があったからこそ太平洋で存続できたといっても過言ではない[18]。

このように考えると、大戦中にイギリスが一掃したドイツの脅威とは、イギリスにとって必ずしも現実味を持つものであったとはいえない。まず、ドイツが太平洋で保有した実際の軍事力に注目してみよう。イギリスやオセアニア自治領が恐れたドイツの東アジア巡洋艦隊は、その名の通り活動の領域をもっぱら東アジアに向けていた。この艦隊は、一九一〇年代初めに一部が南洋植民地全域を巡回訪問したり、反乱鎮圧のためにカロリン諸島のポナペ島へ出動したりする事例もあったが、太平洋の自国領に常駐することもイギリス帝国に向けて示威行動を行なうこともなかった[19]。

また、イギリスとの戦争を想定した局地的な通商破壊戦は確かに机上で練られてはいたものの、それがどこまでドイツ海軍の中枢で真剣に検討されたかは疑わしい[20]。というのも、神出鬼没のシーレーン攻撃を可能にする基地網や港湾インフラが太平洋のドイツ植民地には構築されておらず、艦隊の行動を後方支援する態勢が欠如していたからである。つまり、軍事的な運用の面で東アジアと太平洋の結合関係は弱く、艦隊と作戦基地は一体的なものとはなっていなかった。アジア・太平洋におけるドイツの軍事プレゼンスは、一部の人々の認識とは裏腹に、本質的な意味においてイギリス帝国の深刻な脅威ではなかったのである[21]。

同じことは、アジア・太平洋におけるもう一つの植民地大国であったフランスにとってもいえる。タヒチ、マルケサス諸島、ニューカレドニア、インドシナなど地域に大小さまざまな植民地を有したフランスは、一九世紀後半に強まるドイツの経済進出を危惧し始めていた。その活発な商業活動が自国の既得権益を脅かし、ドイツ植民地の拡大につながる事態が懸念されたのである。しかし、現地に駐留する海軍や商人層に見られたこうした警戒感は、北アフリカへの膨張に力を注ぐ本国では共有されなかった。第一次世界大戦前のアジア・太平洋において、独仏両国はすでに勢力圏の棲み分けを終え関係が比較的安定していたからである。

そして何よりも、ドイツがこの地域に配置していた軍事力がフランス植民地の侵略を可能とする水準になかったことも危機感を和らげていたといえる[22]。

❖イギリス帝国の新たな脅威

すでに述べた通り、太平洋の島嶼部におけるドイツの軍事力は他の列強に対抗するための軍事力ではなく、主として自国植民地の治安を維持する目的で存在していた[23]。とはいえ、イギリス帝国が太平洋で安穏に浸っていたわけでないことは、一九一三年に「オーストラリア自治領海軍(Royal Australian Navy: RAN)」が創設されている事実に見て取れる。つまり、イギリス帝国では万一の危機に備える態勢が着実に整えられていたわけであるが、それはドイツという直接的な脅威ではなく、もう一つの潜在的な脅威の方に向けられたものであった。あるドイツ軍艦の艦長はその現実を以下のように観察している。

> ドイツによる侵略の恐怖はシドニーにはともかく存在しており、高位の階層のなかでもこれが小さくない事実はイギリス本国における状況と同様であります。しかし分別のある者たちは、最も身近に迫る必然の敵が日本であることに次第に気づき始めているようであります[24]。

一九一三年当時、日英同盟が継続していたにもかかわらず、オーストラリアの安全保障にとって最大の脅威はすでに日本となっており、日本の南進を前提とした海軍戦略の検討が始まっていたのである。ドイツを最大の仮想敵としていたイギリス本国と日本を最大の想定敵とするオーストラリアの間で認識のズレがあったものの、未だドイツの軍事プレゼンスがそこにあったがゆえ一応の戦略的な摺合せは可能となっていた[25]。

しかし、「ドイツの退場」が主要な想定敵の一方を消失させることとなり、イギリス帝国が仮想する軍事的な脅威は日本に一本化されていく。大戦後、自治領へ外遊中の前海軍軍令部長がまとめたいわゆる「ジェリコ・レポート（Jellicoe Report）」（一九一九年）のなかには、日本との戦争に備える提言が並び、太平洋の自治領諸国による八・八艦隊の創設を説く主張も盛り込まれた。その対日防衛の一つの鍵となるのがシンガポールの軍事機能の強化であった。イギリス本国の海軍本部は、自治領混成艦隊の建設案には反対するも、日本を想定敵とする作戦立案の必要性は認めていた[26]。それゆえ、対日戦争時に本国から送る主力艦隊の拠点基地、つまり帝国防衛の要としてイギリスはシンガポールに目を向けたのである。とはいえ、その基地化は日本との戦争を真剣に考慮した措置ではなく、自治領に安心感を与えるためのある種のパフォーマンスであったため、実質的な整備は以後進まなかった[27]。このように、戦争勃発の可能性に対する楽観的な見通し（「一〇年ルール」）に立つイギリス本国と、日本の潜在的脅威を間近に感じる自治領諸国との間には温度差があったのである。

いずれにせよ、日本、イギリス、自治領の間に挟まっていたドイツが退場したことにより、日本とイギリス帝国の版図は地理的にも心理的にも接近した。たしかに、日本はドイツから継承した赤道以北の南洋群島において委任統治規則を遵守し、大戦前にドイツが事実上そうしていたようにこの地域を非武装化した。しかし、日本とドイツでは南洋と本国の地理的距離という点で雲泥の差があり、同じ「非武装化」といっても意味合いが異なる。太平洋に隣接する日本は、本国の主戦力を速やかかつ大規模に地域一帯へ投射することができた。しかも日本は、海上戦力だけでなく陸地領域の占領を可能にする強力な陸軍も併用する力を持ち、欧州の国家でないために戦力を分散させることなく太平洋における事態に専心できた。一方のドイツは、太平洋のイギリス領を攻撃するためには本国から遠路を経て増援部隊を送り込まなければならず、それはヨーロッパでイギリスやフランスと対峙する戦力を弱体化させる恐れがあった[28]。

こうしてイギリス帝国は、大戦後にそれまでとは異なる脅威に真正面から対峙することになったわけであるが、それは単に相手の軍事力の大きさが変わったという意味だけにとどまらない。仮想敵となる相手が同じ文明の国から異文明の国へと質的にも変化していたのである。前述したように、ドイツとイギリスはオセアニアを舞台に友好的な関係を構築し、特に、一九一〇年代にクイーンズランド州(State of Queensland)総督や豪州艦隊司令官が示した継続的な友情と厚意をドイツ側は繰り返し称賛していた。そしてそれに深く影響したのが、儀礼、饗宴、音楽、スポーツなど交流を支える共通の文化的な基盤であった[29]。

当時、ヨーロッパではドイツとイギリスの間で熾烈な軍拡競争や外交的な抗争が展開されたことは周知の通りである。しかし、近年の諸研究が明らかにするところでは、文化的な関係や社会レベルの面で、両国の間にはこの時代も親近感や同胞意識が強く内在していた。たとえば、一八世紀のイギリス・ハノーファー朝誕生から続く王室家系の親近性、エリート層の間の日常的な交流と友情の芽生え、学術的なネットワークと協力関係、大衆文化に見られる敬慕と模倣の心情など、両国社会の間には良好な相互認識とつながりもあったのである[30]。とりわけ、その傾向はヨーロッパを離れたときに強まり、非ヨーロッパ世界における帝国主義的な活動の現場では、英独両国人の間に密接な協力関係が育まれ、互いを信頼できるパートナーとする心情が広がっていた[31]。

一方の日本は、イギリス人から見て戦略的なパートナーではあっても、文化的、宗教的、人種的な同胞とは呼び難かった。オーストラリア人は地理的にはアジアに近い場所に住むが、人種や利害関係の面ではヨーロッパ人であり、必然的に日本よりも同じ西洋の構成員たるドイツに親和性があった[32]。太平洋におけるドイツやフランスとの関係は、オセアニア自治領から見れば同じ社会・文化基盤に立った競争であり、ゆえに帝国主義秩序という共通の土台を守るために協調することもあった。それに対して日本は、単に利権や勢力圏をめぐる競争相手ではなく、オーストラリアにとって自身の生存そのものを脅かす主体と映っていた。また、「黄禍論」を挙げるまでもなく、そこでは日本が文明を西洋と異にするという事実そのものが脅威を倍加する作用を持った。こうして、太平洋における「ドイツの退場」は、競争と共存の地域秩序から文化的な同質性を減じ、この海がもはや西洋の専有物ではなくなった現実をヨーロッパ人に突きつける第一歩となったのかもしれない。

❖「ドイツの退場」とアメリカ

ドイツがアジア・太平洋を去った後、地域にもたらされた力の空白を懸念したのはイギリス帝国だけではなかった。ハワイ、グアム、フィリピンを領有しこのときすでに西太平洋まで勢力を拡げていたアメリカは、自国植民地に近接するドイツ領の行方を気にかけていた。特に、ヤップ島の処分にアメリカは敏感に反応し、日本による委任統治を認めた講和会議の決定に異を唱えた。アメリカ政府が同島の国際管理化を主張した背景には、ドイツが築いた海底ケーブル網の存在があった。つまり、ヤップ島は西太平洋における海底電信ケーブルの一大中継拠点であり、グアム、北米大陸、中国大陸、オランダ領東インドをつなぐ結節点となっていた[33]。「ドイツの退場」をめぐる日米の綱引きは、大陸部の山東半島だけでなくミクロネシアの島嶼部をめぐっても展開されていたのである。

そもそも、アメリカは一八九八年の米西戦争に勝利した際、なぜグアムとフィリピンだけでなくスペイン領ミクロネシアの全島を確保しなかったのであろうか。地図に表されているように、カロリン諸島とマリア

図1　アジア太平洋におけるドイツの主な植民地（第一次世界大戦直前）

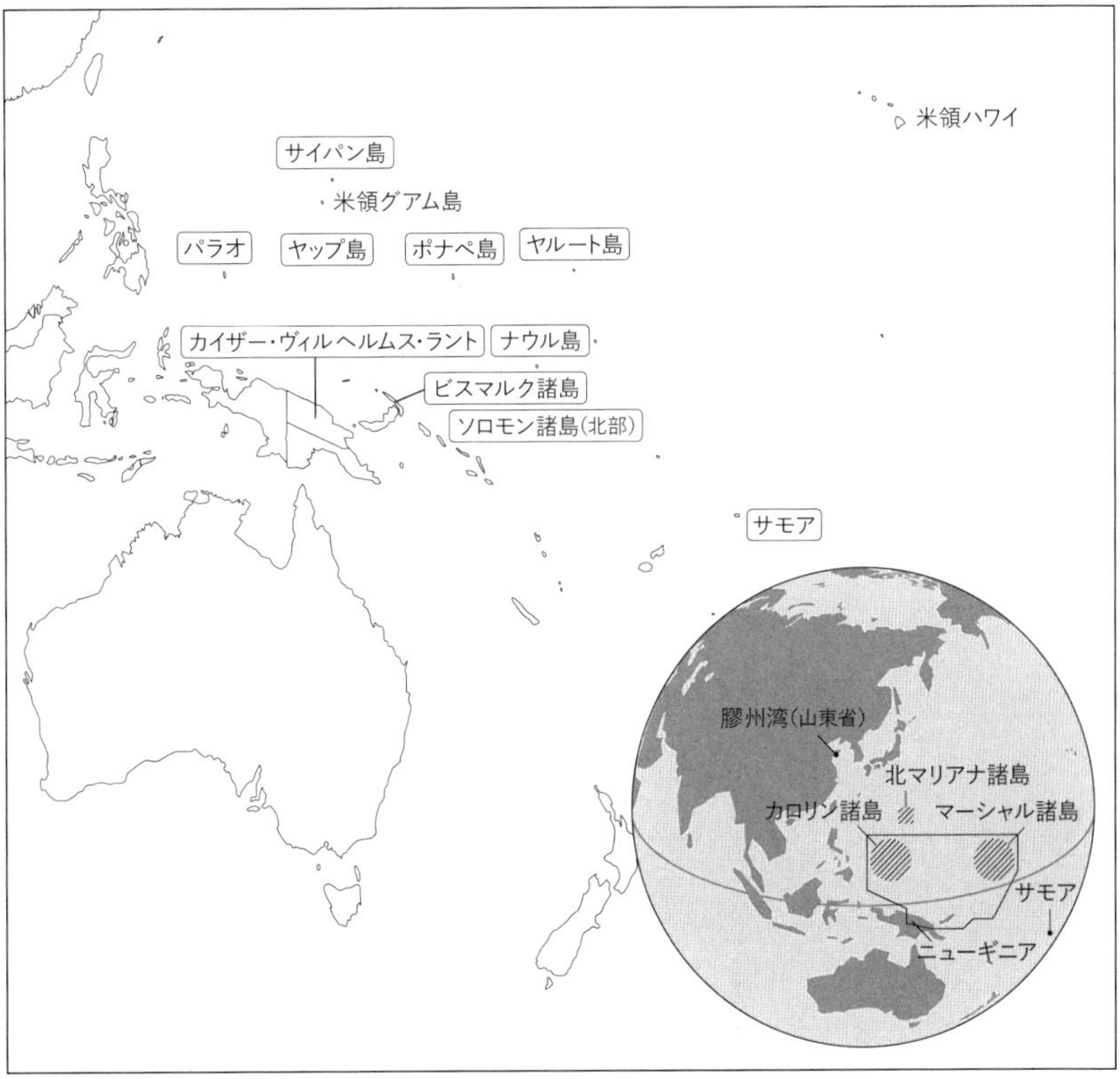

ナ諸島はアメリカ本土、ハワイ、フィリピンを結ぶルート上に位置しており、この地域をドイツが支配することによってアメリカの領土は事実上分断されることになる。それゆえ、アメリカ海軍の内部にはミクロネシアの獲得を望む声もあったが、財政上の問題で政府はこれらスペイン領の獲得を自重した。ただ一つの例外となったグアムは、スペイン統治時代からアメリカ艦船の給炭地として利用されており、海軍の現地調査により拠点としての適性が明らかになっていた。そうした経緯から同島は海軍省が主導権を持つ形でアメリカ領に組み込

まれることになったのである。

このように、グアムを除いてアメリカがミクロネシアを放置した結果、一八九九年にそのほぼ全域がスペインからドイツへ売却された。アメリカは、自身が獲得しなければドイツがこの地に進出する事態を予測していたものの、それが軍事的な脅威になるとは感じていなかった。実際、ドイツはマリアナ諸島やカロリン諸島へ守備隊を配備することはなく、わずかな数の文官を介した軍事色の薄い支配を進めることになる。具体的には、サイパン、ポナペ、ヤップの三島に管区行政署を設置し、行政官、医師、警察隊長のほかに非西洋人の警察隊一〇名程度が配置されるだけで、スペイン統治時代に見られた複数の常駐砲艦もこの地域から姿を消した[34]。加えて、島民が所有する武器は半強制的に取り上げられ、武器の輸入と所持は法令により禁じられた。もちろん、反乱発生時には「オーストラリア・ステーション」や東アジア巡洋艦隊から艦艇を派遣することもあったが、ミクロネシアに軍港や要塞は建設されず事実上の「非軍事化」措置が採られていた。それゆえ、大国との戦争時には敵艦隊の襲来に対し無防備であることから、駐在するドイツ人は戦わずして島の内陸部へ退避するよう取り決められていた[35]。

このように、太平洋におけるドイツのプレゼンスは、実体として見るとイギリスにとってと同様、アメリカにとっても深刻な脅威ではなかった。たしかに、ドイツ海軍は対米戦争を想定した西海岸や米領島嶼への攻撃ならびに封鎖計画を立案し、フィリピン・米大陸間の海底ケーブルを切断する構想も抱いていた[36]。しかし前述のように、そのための有効な手段がドイツには備わっていなかったのである。それゆえ、すでに第一次世界大戦以前からアメリカにとって太平洋側での最大の脅威は、実効性のある攻撃手段を有する日本となり始めていた。アメリカ海軍の「オレンジ・プラン」はまさにこの新たな脅威に対処するための準備計画であった[37]。

では、「ドイツの退場」はこの地域に何をもたらしたのであろうか。日本はミクロネシアの支配をドイツから奪い取ることには成功したが、委任統治の規定およびワシントン海軍軍縮条約第一九条により島々を軍事化することはできなかった[38]。また、アメリカも一九条に基づいてグアムとフィリピンの軍備制限を受け入れたことで、西太平洋は大戦前よりもいっそう平和的な地域になったように表面上は見えた[39]。

しかし実際のところ、ドイツ統治時代と大きく異なる環境がもたらされたことを忘れてはならない。つまり、ミクロネシアの支配者が遠方の国ドイツではなく本土の近接する日本へと代わり、その持てるすべての力がいつでもこの地へ投射可能な状態に置かれた事実である。現に、一九二二年に日本海軍による軍政が終わり南洋庁による民政へ移行した後も、日本の南洋群島に対する姿勢は経済に特化していたわけではない。ミクロネシアを軍事戦略の要地と捉える思考も続き、それは一九三〇年代後半に現実化する[40]。海の回廊とも軍事基地網ともなり得るミクロネシアと日本の強大な軍事力が潜在的に結びついたことで、フィリピン、グアム、ハワイを抱えるアメリカは大戦前とは異質の脅威にさらされることになったといえる。日本に対する戦略的攻勢を基軸とした「オレンジ・プラン」は、いまや守勢も含めた計画へと修正せざるを得なかったのである[41]。

こうして、「ドイツの退場」以後のミクロネシアは、非武装ないしは現状維持で日米間の合意が得られながらも両国の軍事戦略が交差する接触面となった。サイパン、テニアン、トラック、ラバウルといった太平洋戦争でも名を残す戦略上の要地がいずれも旧ドイツ領であったことはその事実を物語っている[42]。いうなれば、第一次世界大戦前の西太平洋におけるドイツ領は、意図せざる日米の緩衝地帯をなしていたのかもしれない。このドイツのプレゼンスが消えたことで、日本とアメリカの領土は遮断物なしに隣接し、軍事的にもいっそう互いを仮想敵として意識する関係に入っていったのである。

4 「ドイツの退場」と軍事バランスの変動

これまで見てきたように、太平洋における「ドイツの退場」はこの海を新たな帝国主義的な競争と大国政治の舞台へと変えた。それまで北への伸張に目を向けていた日本は、第一次世界大戦後、海軍力の強化を背景に軍事的な「南進」を現実問題として構想するようになった[43]。一方南からは、オーストラリアが自前の海軍を持つ帝国主義アクターとして「北進」を画策し、イギリス帝国の太平洋戦略に従来とは異なる要素が加わった[44]。さらに東では、アメリカがハワイ真珠湾基地の強化を進め、アメリカ海軍の「西進」がいよいよ現実味を帯びる事態となった。これら三国の進路には、それまでドイツ領の南洋群島が横たわっており、それが三者の前進に対する抑制効果を働かせていたと見ることもできる。

では、第一次世界大戦勃発時に世界第二位の海軍大国であったドイツの凋落と太平洋からの退場は、日英米三国を中心とする太平洋のパワー・バランスにいかなる変化をもたらしたのか。大戦前の状況も振り返りながら、アジア・太平洋の海軍を取り巻く構図の変化を追ってみよう。

二〇世紀初頭、ドイツは工業力の飛躍を背景に急激な経済成長を遂げ、それに見合う国際的な地位を得るため覇権国のイギリスに建艦競争を挑んだ。このドイツの挑戦に対し、イギリスはひるむことなく軍備拡張で応戦し、新型の「ドレッドノート(Dreadnought)」級戦艦や巡洋戦艦の保有数で圧倒的な優勢を保ち続けた。その結果、大戦勃発に至るまで両国の戦力差は縮まることなく歴然たる開きが維持されたのである[45]。

ところが、地球の裏側に目を移すと英独両国の間には奇妙な戦力の均衡が見られた。東アジアでは英独の主力艦(装甲巡洋艦と小型巡洋艦)の保有数はほぼ同じであり、三国協商と三国同盟を構成する諸国の常駐艦数を合算しても前者の連合がわずかな優位を保つにすぎなかった。対象地域を太平洋へ広げると、自治領各国の保有艦がイギリスの戦力に加算され、とりわけ大戦直前に最新鋭の巡洋戦艦「オーストラリア（HMAS Australia）」が加わることでイギリス側の優位性は増した。とはいえ、その保有領土と海岸線の圧倒的な違いに鑑みれば、アジア・太平洋におけるイギリスとドイツ、および三国協商と三国同盟の戦力バランスはそこまで大きな差はなかったといえる[46]。

ただし、これに日英同盟を加味すると状況は大きく変わることになる。ドレッドノート級戦艦と巡洋戦艦を筆頭に多数の艦艇を有する日本を加えれば、その軍事バランスの崩壊は火を見るより明らかであった。イギリスはこの日英同盟に依存できたからこそ、アジア・太平洋の帝国防衛に必要な戦力を最小限に保つことができたといえる。そして、ドイツも敢えてこの遠隔地で勝負を挑むことはせず、戦力の配置を本国周辺に集中したため、イギリスとドイツの在外艦隊の間に実質的な力の均衡状態が生まれたのである。

第一次世界大戦はこの軍事バランスのあり方を大きく変えることになる。世界第二位のドイツ海軍が表舞台から去り、新たにアメリカと日本が海軍の勢力図において主たる地位へ上りつめようとしていた。終戦時、イギリスは主力艦（戦艦と巡洋戦艦）の保有数において米日仏伊の合計を上回る圧倒的な優位を保っていた。しかし、日米両国の建艦計画が軌道に乗る一九二五年までに、イギリスはアメリカに追いつかれ日本との差も縮まる事態が予想された。特に、排水量四万t以上、主砲一五〜一六インチの「超弩級（Super-dreadnought）」戦艦の保有数に限ってみると、イギリスはアメリカと日本に圧倒される恐れもあった[47]。それゆえ、さらなる建艦競争に対応する余力のないイギリスは、軍縮条約によって列国の建艦を抑制すべく国際会議に望みを託すことになるのであった。

こうした勢力図の変化は、日英米が主役を担うアジア・太平洋の軍事バランスにも反映されることになる。そこでのイギリスの劣勢はより明白であった。イギリス海軍が地域配備の基準値を算出する相手は、このときすでにドイツから日本へ転じていたが、軍拡路線を突き進む日本海軍との均衡維持は当初から絶望的であった。イギリスはさらに、この地域で存在感を増すアメリカの動向にも目を向けなければならなかった[48]。大戦直後からアメリカ海軍が主力艦を大西洋から太平洋側へ移し始めていたからである。一九二二年、アメリカは太平洋艦隊と大西洋艦隊を統合した「合衆国艦隊（United States Fleet）」を創設し、その主戦部隊である「戦闘艦隊（Battle Fleet）」を太平洋側に配置した。加えて、西海岸とハワイの基地機能が強化され、太平洋で定例の大規模演習が実施されるなど、アメリカ海軍の太平洋重視路線は際立つようになるのである[49]。

とはいえ、パナマ運河の開通で優位性を得たアメリカ海軍も、日本とイギリスを同時に相手にできる能力までは有していなかった。それゆえ、想定敵を失った日英同盟の矛先が自身に向く事態をアメリカは恐れ、ワシントン会議で両者の結合を断ち切ろうと試みる。さらにアメリカは、対米比率七割を求める日本の主張を六割に抑え込み、主力艦の保有数で日本に対し十分なハンディを得ることになった[50]。しかしながら、その代償としてフィリピンとグアムの防備制限を受け入れたため、対日戦略上の絶対的な優位性を失っていた事実も忘れてはならない。

一方、西太平洋の防備制限を定めたワシントン海軍軍縮条約第一九条はイギリスにとっては有利に作用した。というのも、そこではイギリスの制限範囲が東経一一〇度以東と規定されたことで、シンガポール（東経一〇三度）は制限の対象から除外され、同条項はアジア・太平洋におけるイギリスの軍事力を底上げする効果を持ったからである。ところが、前述のように財政上の理由からイギリスはシンガポールの基地機能を強化せず、同地の存在は心理的な意味を持つにとどまった。

こうして、「ドイツの退場」により生じた海軍バランスの変化はワシントン会議を通じて調整され、日米英のバランス・オブ・パワーは条約で一応固定化されることとなった。加えて、英米関係の懸案事項たる海軍問題が軍縮条約を通じて解決され、両国の海軍が距離を縮め始めたことも重要な変化であった[51]。両者の接近はミクロな日常レベルにも反映されていた。第一次世界大戦前、東アジアでイギリス海軍とドイツ海軍が協調関係にあった事実はすでに述べた。「ドイツの退場」により揚子江のイギリス海軍は「盟友」を失うことになったが、大戦後、その交流のパートナーとしてアメリカ海軍が存在感を増すことになる[52]。

同様に、海軍の日常世界は太平洋の島嶼部においても様変わりし始めていた。第一次世界大戦前、活発に行なわれていた列国軍艦の他国植民地への寄港や交流は、委任統治領の「非軍事化」という建前のもと制限が加えられ、軍艦の訪問が果たしていた信頼醸成の機能は低下した。とりわけ、秘密主義を貫く日本が外国艦船の入港を頑なに断ったことで、南洋群島はドイツ統治時代に見られたような列国の海軍が行き交う開放的な交流の舞台ではなくなった[53]。大戦前、大国の熾烈な抗争が展開されつつも日常レベルで協調と友好が維持された太平洋は、一見平穏を保ちつつも秘密主義と相互不信が潜む空間へと変貌したのである。

おわりに

本章では、第一次世界大戦がアジア・太平洋の国際秩序にもたらした構造的な変化を「ドイツの退場」という契機に注目して探ってきた。

東アジアでは、大戦によりドイツの勢力圏と軍事力が駆逐されたゆえ、イギリスをはじめとする戦勝国の視線から見ると帝国主義の手強い競争相手が消えたようにも映る。しかし、大戦後に中国で進む事態を冷静に分析すると、列強諸国は帝国主義体制の「味方」となる軍事力を放逐していたのであり、その依って立つ支配構造を自ら弱体化させていた様子が見て取れた。

一方太平洋では、脅威の認識と現実を見比べたとき、イギリス帝国とアメリカにとって大戦前のドイツの地域勢力は実体を伴う脅威ではなかった。むしろ「ドイツの退場」は、日本という新たな不安要素と向き合う事態を英米に迫り、大戦前とは異なる軍事バランスの構築が必要となった。その解として導き出された「ワシントン体制」は、一見すると日米英の均衡を担保する安定した国際秩序にも見える。しかし実のところ、三者が直接正面から対峙する空間を遮っていたドイツのプレゼンスが消滅したことで、太平洋は潜在的に大国間戦争の場たる意味を強め始めるのであった。

もちろん、この地域で起きた変動はすべてが「ドイツの退場」に起因するものではなく、それ以外の多くの要因も複雑に作用していた。とりわけ、「ドイツの退場」に日本の南進が組み合わさることで、英米両国は第一次世界大戦後の新たな脅威と真剣に向き合う必要に迫られていた。こうして見てみると、大戦前のドイツが意図せずして大国の間に一種の緩衝地帯を作り出し、さらには太平洋における非武装の重石となっていた側面はやはり否定できない[54]。二つの大戦を過度に直結させる単線的思考は慎まなければならないが、「ドイツの退場」は結果としてアジア・太平洋から「不純物」を取り除き、次の大国間戦争の土壌をならすことになったようにも見える。

ただし、ドイツ領が緩衝地帯であったというのはあくまで結果論であり、その植民地支配を正当化する論拠にはならない。実際ドイツの貪欲な植民地主義は第一次世界大戦で尽きることなく、ヴァイマル時代においても植民地の回復をめざす動きが続いた。さらにその間、国際秩序の局外者となりながらも、ドイツは経済や外交の面で東アジア回帰の道を探り続けた。とはいえ、ナチス＝ドイツの対外膨張の矛先がヨーロッパ東方とアフリカに優先的に向けられたため、ついにドイツはアジア・太平洋へ「再入場」することはなかった[55]。

しかし、実はこれこそイギリスとアメリカが最も恐れた事態であったのではなかろうか。両国にとって危険度が高いのは、ドイツのプレゼンスがアジア・太平洋に広がる状態ではない。力が分散されることなくドイツの全資源がヨーロッパと大西洋に集中投下され、そのようなドイツとアジア・太平洋に専心する日本が結びつく事態こそが一番の脅威であった。事実、日独同盟という恐怖のシナリオは、すでに第一次世界大戦前からイギリスとオーストラリアの指導者層で真剣に憂慮されていた[56]。大戦の直後、イギリス海軍にとって日本とペアになる「二正面禍」は、アメリカ、フランス、イタリアと想定されていた。しかし一九三〇年代になると、再軍備の道を進むドイツ、もはや自国の同盟パートナーではない日本、この両国の接近に対する恐怖心がイギリスで高まっていくのである[57]。一方、アメリカはすでに第一次世界大戦前から日本とドイツの「二正面禍」に気を揉み、大戦中も両者による挟撃の可能性を危惧していた[58]。大戦直後、その脅威の対象はイギリスと日本の連合に変わるが、やがてドイツと日本が再び最大の警戒を要する組み合わせとなる[59]。

このように、イギリスがグローバルな帝国である以上、そしてアメリカが二つの大洋に国土を囲まれている以上、自身に敵対するヨーロッパと東アジアの二大国が結ぶ同盟は悪夢以外の何物でもなかった。英米両国にとっては、アジア・太平洋における脅威というものは単独の懸念材料というより、ヨーロッパの脅威と掛け合わされたときに真の危険性を持つものであった。しかも、アジア・太平洋からドイツが去ったことで、日独の利害衝突の場が消え、世界において両国が棲み分けを図る環境が整っていた。第一次世界大戦の終結は、平和への回帰であるとともに、実はグローバルな「世界」大戦を本当の意味で実現させる条件を置き残していたのかもしれない。

註

1――Santanu Das, ed., *Race, Empire and First World War Writing*, Cambridge, 2011; Robert Gerwarth/ Erez Manela, eds., *Empires at War, 1911-1923*, Oxford, 2014; Guoqi Xu, *Asia and the Great War: A Shared History*, Oxford, 2017.

2――Horst Gründer, *Geschichte der deutschen Kolonien*, 4. Aufl., Paderborn/ München/ Wien/ Zürich, 2000, S.169-170.

3――Hans H. Hildebrand, *Die organisatorische Entwicklung der Marine nebst Stellenbesetzung 1848 bis 1945*, Bd.3, Osnabrück, 2000, S.38-39.

4――Heiko Herold, *Reichsgewalt bedeutet Seegewalt. Die Kreuzergeschwader der Kaiserlichen Marine als Instrument der deutschen Kolonial- und Weltpolitik 1885-1901*, München, 2013, S.290-294, 301.

5――Neville Meaney, *The Search for Security in the Pacific 1901-14* [*A History of Australian Defence and Foreign Policy 1901-23*, vol.1], Sydney, 2009 [first published in 1976], pp.271-274.

6――清水秀子「山東問題」『国際政治』第五六号、一九七七年、古瀬啓之「第一次世界大戦後の山東問題とイギリス　ワシントン会議期を中心に（一）」『三重大学法経論叢』第三三巻第一号、二〇一五年。

7――William Matthew Kennedy, "A Pacific Scramble? Imperial Readjustment in the Asia-Pacific, 1911-22," in Andrew Tait Jarboe/ Richard S. Fogarty, eds., *Empires in World War I: Shifting Frontiers and Imperial Dynamics in a Global Conflict*, London, 2014.

8――後藤春美『上海をめぐる日英関係一九二五－一九三二年――日英同盟後の協調と対抗』東京大学出版会、二〇〇六年、五六～六八頁。

9――拙稿「東アジア国際秩序における海軍の協働　辛亥革命時の国際連携とドイツ東アジア巡洋艦隊」『専修史学』第六〇号、二〇一六年。

10——後藤『上海をめぐる日英関係』、九一、九九－一〇七頁。

11——櫻井良樹『華北駐屯日本軍——義和団から盧溝橋への道』岩波書店、二〇一五年。

12——細谷千博「ワシントン体制の特質と変容」同、斎藤真編『ワシントン体制と日米関係』東京大学出版会、一九七八年。

13——Mechthild Leutner/ Klaus Mühlhahn, hrsg., *Kolonialkrieg in China. Die Niederschlagung der Boxerbewegung 1900-1901*, Berlin, 2007; 拙稿「東アジア国際秩序における海軍の協働」。

14——Hermann Joseph Hiery, *The Neglected War: The German South Pacific and the Influence of World War I*, Honolulu, 1995.

15——Roger C. Thompson, "Australische und neuseeländische Reaktionen auf die deutsche Kolonialisierung des Pazifiks," in Hermann Joseph Hiery, hrsg., *Die deutsche Südsee 1884-1914. Ein Handbuch*, 2. Aufl., Paderborn/ München/ Wien/ Zürich, 2002, S.739-742.

16——Johannes H. Voigt, *Australia-Germany: Two Hundred Years of Contacts, Relations and Connections*, Bonn, 1987, pp.93-94; Ian McGibbon, "German Naval Visits to New Zealand," in James N. Bade, ed., *The German Connection: New Zealand and German-speaking Europe in the Nineteenth Century*, Auckland/ Melbourne/ New York/ Toronto, 1993, p.19.

17——Thompson, "Australische und neuseeländische Reaktionen," S.742-744; John Bach, *The Australia Station: A History of the Royal Navy in the South West Pacific, 1821-1913*, Kensington, 1986, pp.184-197; Nicholas Lambert, "Economy or Empire? The Fleet Unit Concept and the Quest for Collective Security in the Pacific, 1909-1914," in Greg Kennedy/ Keith Neilson, eds., *Far-Flung Lines: Essays on Imperial Defence in Honour of Donald Mackenzie Schurman*, London/ Portland, OR, 1997, pp.55-83; Meaney, *The Search for Security*; 横井勝彦「イギリス海軍と帝国防衛体制の変遷」秋田茂編『パクス・ブリタニカとイギリス帝国』ミネルヴァ書房、二〇〇四年、一〇三～一一〇頁。

18——拙稿「第一次世界大戦前のドイツ海軍と太平洋のイギリス植民地　海軍を媒介とする帝国支配者の協調」『現代史研究』第六一号、二〇一五年、同「太平洋におけるドイツ植民地帝国の電信ネットワーク　コミュニケーション環境から見たグローバル帝国の実像」『政治経済史学』第五八八号、二〇一五年。

19——拙稿「第一次世界大戦前のアジア・太平洋地域におけるドイツ海軍　東洋巡洋艦隊の平時の活動と役割」『政

経論叢』(明治大学)第七七巻第三・四号、二〇〇九年。

20——Andreas Leipold, *Die deutsche Seekriegsführung im Pazifik in den Jahren 1914 und 1915*, Wiesbaden, 2012.

21——陸上戦力の面を見ると、ドイツは南洋植民地にメラネシア系の現地人警察部隊(Polizeitruppe)を一〇〇〇名弱編成していたが、ドイツ兵はこの地に陸上配備されていなかった。これは、ドイツ兵約二五〇〇人、現地人部隊約五〇〇〇人を有したアフリカ植民地と異なる体制であり、太平洋では軍隊の常駐よりも徴募による警察力の現地調達が進められていた。Peter J. Hempenstall, *Pacific Islanders under German Rule. A Study in the Meaning of Colonial Resistance*, Canberra, 1978, p.23; Werner Haupt, *Die deutsche Schutztruppe 1889/1918. Auftrag und Geschichte*, Utting, [2001], S.35, 134, 139, 146; Walter Nuhn, *Kolonialpolitik und Marine. Die Rolle der Kaiserlichen Marine bei der Gründung und Sicherung des deutschen Kolonialreiches 1884-1914*, Bonn, 2002, S.168-194; Thomas Morlang, *Askari und Fitafita. ››Farbige‹‹ Söldner in den deutschen Kolonien*, Berlin, 2008, S.111-113.

22——Robert Aldrich, "Frankreich und Deutschland im südlichen Pazifik," in Hiery, hrsg., *Die deutsche Südsee*.

23——Alexander Krug, *"Der Hauptzweck ist die Tötung von Kanaken." Die deutschen Strafexpeditionen in den Kolonien der Südsee 1872-1914*, Tönning/ Lübeck/ Marburg, 2005.

24——BArch. RM3/3028, Kommando S.M.S. Planet, 10. 7. 1910, Nr.137, Bl.274.

25——Ian Cowman, "'The Vision Splendid': Australian Maritime Strategy, 1911-1923," in David Stevens, ed., *In Search of A Maritime Strategy: The Maritime Element in Australian Defence Planning since 1901*, Canberra, 1997.

26——W. David McIntyre, *The Rise and Fall of the Singapore Naval Base, 1919-1942*, London, 1979, pp.21-23.

27——Wm. Roger Louis, *British Strategy in the Far East, 1919-1939*, Oxford, 1971; 山本文史『日英開戦への道——イギリスのシンガポール戦略と日本の南進策の真実』中央公論新社、二〇一六年。

28——James Neidpath, *The Singapore Naval Base and the Defence of Britain's Eastern Empire, 1919-1941*, Oxford, 1981, pp.219-220.

29——拙稿「第一次世界大戦前のドイツ海軍と太平洋のイギリス植民地」。

30——Sonja Levsen, *Elite, Männlichkeit und Krieg. Tübinger und Cambridger Studenten 1900-1929*, Göttingen, 2006; Thomas Weber, *Our Friend 'The Enemy': Elite Education in Britain and Germany before World War I*, Stanford, 2008;

Dominik Geppert/ Robert Gerwarth, eds., *Wilhelmine Germany and Edwardian Britain: Essays on Cultural Affinity*, Oxford, 2008; Jan Rüger, "Revisiting the Anglo-German Antagonism," *The Journal of Modern History*, 83-3, 2011; Richard Scully, *British Images of Germany: Admiration, Antagonism & Ambivalence, 1860-1914*, Basingstoke, 2012; Heather Ellis/ Ulrike Kirchberger, eds., *Anglo-German Scholarly Networks in the Long Nineteenth Century*, Leiden/ Boston, 2014.

31——Ulrike Lindner, *Koloniale Begegnungen. Deutschland und Großbritannien als Imperialmächte in Afrika 1880-1914*, Frankfurt a. M./ New York, 2011.

32——Michael Graham Fry, "The Pacific Dominions and the Washington Conference, 1921-22," *Diplomacy and Statecraft*, 4, 1993, p.94.

33——Timothy P. Maga, "Prelude to War? The United States, Japan, and the Yap Crisis, 1918-22," *Diplomatic History*, 9-3, 1985; 外務省編『日本外交文書』大正八年第三冊上巻、外務省、一九七一年、五一六〜五四七頁、同書、大正九年第三冊上巻、一九七三年、四一一〜五〇一頁、同書、大正九年第三冊下巻、一九七四年、六四三〜七七六頁、中村美子「ヤップ論争　一九二〇年代日米関係の一例として」『アメリカ研究』第四号、一九七〇年、稲田真乗「日本海軍のミクロネシア占領とヤップ島問題」『早稲田大学大学院法研論集』第九〇号、一九九九年、等松春夫『日本帝国と委任統治——南洋群島をめぐる国際政治一九一四-一九四七』名古屋大学出版会、二〇一一年、六四〜七三頁、拙稿「太平洋におけるドイツ植民地帝国の電信ネットワーク」。

34——Dirk Anthony Ballendorf, "Die Deutschen und die Amerikaner in den Marianen 1899-1914," in Hiery, hrsg., *Die deutsche Südsee*, S.748-750; Helmut Christmann/ Peter Hempenstall/ Dirk Anthony Ballendorf, *Die Karolinen-Inseln in deutscher Zeit. Eine kolonialgeschichtliche Fallstudie*, Münster/ Hamburg, 1991, S.11-12.

35——Ebenda, S.56-59.

36——Thomas Baecker, "Blau gegen Schwarz. Der amerikanische Kriegsplan von 1913 für einen deutsch-amerikanischen Krieg," *Marine Rundschau*, 69-6, 1972, S.347-360; Peter Overlack, "German War Plans in the Pacific 1900-1914," *The Historian*, 60-3, 1998, pp.579-593.

37——Edward S. Miller, *War Plan Orange: The U.S. Strategy to Defeat Japan, 1897-1945*, Annapolis, 1991; William R.

Braisted, "The Evolution of the United States Navy's Strategic Assessments in the Pacific, 1919-31," *Diplomacy and Statecraft*, 4, 1993; W・R・ブレイステッド著、麻田貞雄訳「アメリカ海軍とオレンジ作戦計画」細谷、斎藤編『ワシントン体制と日米関係』。

38――Mark R. Peattie, *Nan'yō: The Rise and Fall of the Japanese in Micronesia, 1885-1945*, Honolulu, 1988, Ch.1-2; Gerd Hardach, "Südsee und Nanyō. Deutsch-japanische Rivalität in Mikronesien, 1885-1920," in Josef Kreiner/ Regine Mathias, hrsg., *Deutschland-Japan in der Zwischenkriegszeit*, Bonn, 1990.

39――南洋群島での軍事施設の建造を禁じる非軍事化規定は、国際連盟規約第二二条ならびに委任統治条項によってすでに第一次世界大戦講和時に定められていた。しかし、査察制度の不備ゆえ列国間で相互の疑念を生んだため、ワシントン海軍軍縮条約第一九条によって非軍事化が担保され、一方この条項によってアメリカもフィリピンとグアムの現状強化を制限された。等松『日本帝国と委任統治』、三六〜三七、一四三頁。

40――今泉裕美子「南洋群島の日本の軍隊」坂本悠一編『地域のなかの軍隊七　帝国支配の最前線　植民地』吉川弘文館、二〇一五年、我部政明「日本のミクロネシア占領と『南進』(二・完)　軍政期(一九一四年から一九二二年)を中心として」『法学研究』(慶應義塾大学)第五五巻第八号、一九八二年、八二〜八三頁。

41――秦郁彦『太平洋国際関係史――日米および日露危機の系譜　一九〇〇‐一九三五』福村出版、一九七二年、一八二〜一八六頁。

42――Peattie, *Nan'yō*, pp.36-38.

43――波多野澄雄「日本海軍と『南進』　その政策と理論の史的展開」清水元編『両大戦間期日本・東南アジア関係の諸相』アジア経済研究所、一九八六年、同「日本海軍と南進政策の展開」杉山伸也、イアン・ブラウン編『戦間期東南アジアの経済摩擦――日本の南進とアジア・欧米』同文館出版、一九九〇年。

44――Roger C. Thompson, *Australian Imperialism in the Pacific: The Expansionist Era, 1820-1920*, Carlton, 1980.

45――Matthew S. Seligmann/ Frank Nägler/ Michael Epkenhans, eds., *The Naval Route to the Abyss: The Anglo-German Naval Race 1895-1914*, Farnham, 2015.

46――Meaney, *The Search for Security*, pp.271-274.

47――Neidpath, *The Singapore Naval Base*, pp.22-26.

48——B. J. C. McKercher, ed., *Anglo-American Relations in the 1920s: The Struggle for Supremacy*, Basingstoke, 1991; G. H. Bennett, *The Royal Navy in the Age of Austerity 1919-22: Naval and Foreign Policy under Lloyd George*, London, 2016, pp.80-85.

49——Peter Doepgen, *Die Washingtoner Konferenz, das Deutsche Reich und die Reichsmarine. Deutsche Marine Politik 1921 bis 1935*, Bremen, 2005, S.57.

50——麻田貞雄「日本海軍と軍縮　対米政策をめぐる政治過程」細谷、斎藤編『ワシントン体制と日米関係』。

51——Doepgen, *Die Washingtoner Konferenz*, S.67-71.

52——ケンプ・トリー著、長野洋子訳『長江パトロール——中国におけるアメリカ海軍』出版協同社、一九八八年、一四八〜一五三、二三四頁。たとえば、北伐中の国民革命軍が南京で引き起こした一九二七年の外国人襲撃事件、いわゆる「南京事件」に際して、イギリスとアメリカの海軍は共同防護体制を敷き事態に対処している。同書、二四四〜二五九頁。

53——平間洋一「戦間期の日米関係（II）　ミクロネシアと日米海軍」『政治経済史学』第二五七号、一九八七年、三〇頁、等松『日本帝国と委任統治』、一三〇〜一三一頁。

54——同書、四七、九〇頁。

55——Gründer, *Geschichte der deutschen Kolonien*, S.213-231; Gregory Weeks, "Die Rolle der „Ostmark" in der deutschen Kolonialpolitik 1918-1945," Diss., Uni. Graz, 2002, S.38-43; 田嶋信雄、工藤章編『ドイツと東アジア　一八九〇―一九四五』東京大学出版会、二〇一七年。

56——Meaney, *The Search for Security*, p.161, 172, 197-200, 209, 263.

57——Neidpath, *The Singapore Naval Base*, pp.130-135.

58——Ute Mehnert, "Deutsche Weltpolitik und amerikanisches Zweifronten-Dilemma. Die „japanische Gefahr" in den deutsch-amerikanischen Beziehungen 1904-1917," *Historische Zeitschrift*, 257-3, 1993; 拙稿「第一次世界大戦下のヨーロッパから見た東アジア　ドイツが注目した連合国の背面」『東アジア近代史』第二二号、二〇一八年。

59——William R. Braisted, "The Evolution of the United States Navy's Strategic Assessments in the Pacific, 1919-31," in Erik Goldstein/ John Maurer, eds., *The Washington Conference, 1921-22: Naval Rivalry, East Asian Stability and the Road* to *Pearl Harbor*, London, 1994, pp.102-105.

参考文献

後藤春美『上海をめぐる日英関係一九二五－一九三二年――日英同盟後の協調と対抗』東京大学出版会、二〇〇六年

等松春夫『日本帝国と委任統治――南洋群島をめぐる国際政治一九一四－一九四七』名古屋大学出版会、二〇一一年

横井勝彦「イギリス海軍と帝国防衛体制の変遷」秋田茂編『パクス・ブリタニカとイギリス帝国』ミネルヴァ書房、二〇〇四年、八七～一一四頁

Bennett, G. H., *The Royal Navy in the Age of Austerity 1919-22: Naval and Foreign Policy under Lloyd George*, London, 2016.

Cowman, Ian, "'The Vision Splendid': Australian Maritime Strategy, 1911-1923," in David Stevens, ed., *In Search of A Maritime Strategy: The Maritime Element in Australian Defence Planning since 1901*, Canberra, 1997, pp.43-66.

Goldstein, Erik/ John Maurer, eds., *The Washington Conference, 1921-22: Naval Rivalry, East Asian Stability and the Road to Pearl Harbor*, London, 1994.

Hiery, Hermann Joseph, *The Neglected War: The German South Pacific and the Influence of World War I*, Honolulu, 1995.

Meaney, Neville, *The Search for Security in the Pacific 1901-14 [A History of Australian Defence and Foreign Policy 1901-23*, vol.1], Sydney, 2009 [first published in 1976].

Neidpath, James, *The Singapore Naval Base and the Defence of Britain's Eastern Empire, 1919-1941*, Oxford, 1981.

第2章

ローランド・モリス駐日米国大使と日米関係

高原秀介
TAKAHARA Shusuke

はじめに

二〇世紀初頭、日露戦争を経た日本は朝鮮統治を開始し、東アジアにおいて列強として頭角を現し始めた。一方、一九世紀最末期、米国は米西戦争後、フィリピン統治に着手し、太平洋国家として台頭するに至った。日米対立の要因は、主として中国問題と太平洋の安全保障問題にあったものの、第一次世界大戦は皮肉にもこれらの諸問題をめぐる両国の対立を顕在化させつつも、同時にそれを抑制するという二面性のある機能を有していた。換言すれば、大戦による東アジア・太平洋での「力の真空状況」は日米間の緊張を高める一方、両国が協商側で参戦したために、戦時協力の必要性から究極的な関係悪化を回避し得たといえよう。ウッドロー・ウィルソン政権の米国は、大戦下における日本の大陸膨張政策と太平洋での勢力圏拡大に警戒を強め、大戦終結後はその姿勢をより明確に打ち出した[1]。

米国の対日不信と警戒感が強まる中で、ウィルソン政権の対日政策決定に重要な役割を果たしたのが、一九一七年から一九二〇年まで駐日大使を務めたローランド・スレイター・モリス（Roland Sletor Morris）である。モリスは、ウィルソンと古くから面識があり、大統領が政治任用で駐日大使に選んだ人物であった。その在任中に作成された数多くの詳細な対日分析報告は、ウィルソン大統領による対日認識の形成に極めて大きな影響を与えたと考えられる。ただ、ウィルソン自身の存在感があまりに大きいために、既存の研究は第一次世界大戦期の米国の東アジア政策を分析する際に政策決定者個人レベルでの検証が不十分になりがちであった。政権内部はともかく、とりわけ相手国に駐在する大使となると、駐華公使は例外としても先行研究は皆無に近い[2]。米国の対日認識の悪化は、もとより日本の政策や戦略そのものに起因するところが大きい。だが、その背後で、日本の政策決定の動向や現地情勢をワシントンに克明に伝えたモリス大使の報告がどのような内容であり、それが大統領の対日政策決定に影響を及ぼし得る情報であったかを分析することもまた重要である。よって、本章ではモリス駐日大使がいかなる対日認識を醸成し、その対日分析と報告を通じて、第一次世界大戦期のウィルソン政権の対日政策においてどのような役割を果たしたかを解明したい。

1　生い立ち

一八七四年三月一一日、モリスはワシントン州オリンピアで生まれた[3]。モリス家はかつて醸造業を手がけたフィラデルフィアでも最古の由緒ある家系の一つであり、その直系の先祖であるアンソニーはフィラデルフィア開市時にウィリアム・ペン（William Penn）の片腕となり第二代市長を務めている。父トーマスは、技師としてユニオン・パシフィック鉄道やノーザン・パシフィック鉄道の建設に従事した。父の仕事の関係もあって、オレゴン州ポートランドの名門ビショップ・スコット・アカデミー（Bishop Scott Academy）で予備教育を受けたあと、一八九二年にニュージャージー州ローレンスビル高校を卒業した[4]。その後、プリンストン大学に入学したモリスは、当時同大学で教鞭を執っており、後に駐日大使館一等書記官となるホィーラー(Post Wheeler)のもとで英文学を専攻し、この頃同大学で「法律学と政治学」を講ずるウィルソンと運命的な遭遇をした。一八九六年に大学を卒業したのち、一八九九年には後年教授職に就くことになるペンシルバニア大学法科大学院に進学した。大学院修了後の一九〇四年、モリスはベンジャミン・フランクリン(Benjamin Franklin)の子孫を含む他の三人の弁護士とともに、フィラデルフィアに法律事務所を開設した。現在、この事務所は、デュエイン・モリス(Duane Morris)弁護士事務所と呼ばれ、世界でも有数の法律事務所となっている。

モリス家が先祖代々そうであったように、彼もまた私的生活にとどまらず、公的生活(パブリックへの貢献)に強い関心と使命感を抱いていた。フィラデルフィアで弁護士業を営みながら、モリスは、選挙での民主党勝利を支援する活動団体であった「七〇人委員会(Committee of Seventy)」を前述の三人の弁護士とともに共同で創設した。慈善事業や教会での活動にとどまらず、モリスはフィラデルフィアでの民主主義の普及のために意欲的に尽力した。当時、全国各地で革新主義運動の旋風が巻き起こる中、フィラデルフィアは全米で最も汚職にまみれた、救いようのない政治マシーンに牛耳られた都市として、マックレーカー(汚職や腐敗を暴くマスコミ業界)によって糾弾されていた。この状況を打開すべく、モリスはフィラデルフィアを中心にペンシルバニア州の民主党政治に深く関与する決意を固めた。一九〇八年にはペンシルバニア州民主党財政委員長に就任し、モリスは同州の有力な民主党員として、政界での活躍によって注目を集める存在となったのである。

2 駐日大使任命へ

一九一三年にウィルソン政権が発足すると、諸外国に派遣する大使の人選が始まった。国務長官のウィリアム・ブライアン(William J. Bryan)は、忠実な民主党員を官吏任命の条件とした。これに対し、ウィルソン大統領は、米国のアジア関与にあたって、駐華公使の任命にこだわりを見せた。中国はアジアにおける未開のフロンティアであり、建設的な関係を築いていくためには、キリスト教を信仰し、現地情勢に明るい人物を選ぶ必要があった。ハーバード大学前総長のチャールズ・エリオット(Charles W. Elliot)やYMCA指導者のジョン・モット(John Mott)などが候補に挙がったが、いずれも辞退の申し出があり実現には至らず、最終的には当時注目されていた国際政治学者のポール・ラインシュ(Paul S. Reinsch)が駐華公使に就任した[5]。

一方、ウィルソンが駐日大使についてこだわりを見せた証拠は特段伺われない。アンドリュー・ジャクソン(Andrew Jackson)政権期(一八二九~一八三七)以来の伝統的な猟官制(spoils system)に従い、大統領選挙での貢献への返礼として、当時ペンシルバニア州の民主党代表であったジョージ・ガスリー(George Guthrie)元ピッツバーグ市長が駐日大使に抜擢されたことはごく自然な流れであった。むしろ、駐華公使の場合のように、行政部の強い意向により人選が進められ、厳しい条件ゆえに任命が難航したこと自体が極めて異例であった。このことは、ウィルソン政権が概して国務省官僚に対する信頼を欠いていた点とも符合する[6]。

ガスリー大使は、カリフォルニア州外国人土地法問題をきっかけとした一九一三年の日米危機(War Scare)や、一九一五年の対華二十一ヵ条問題をかろうじて乗り切った。だが、両国間の懸案処理に伴い心労が重なったためであろうか、一九一七年三月八日、彼は東京・駒沢のゴルフ倶楽部で脳卒中を起こし客死した。ガスリー大使の遺骸は丁重に扱われ、日本海軍の一等巡洋艦「吾妻《あずま》」によりサンフランシスコに送られた[7]。

ガスリーの死去を受けて、駐日大使館ではホィーラー一等書記官が代理大使を務める一方、後任の大使を急遽任命する必要が生じた[8]。ウィルソン政権は早速その人選にあたった。当時、米国は欧州大戦への参戦の是非をめぐって重要な局面に差し掛かっていた。このため、参戦後の連合国間の協力深化を念頭に、対日関係の再調整が急務となっていた。そもそもガスリー大使の人選がペンシルバニア州の民主党人脈を通じて進められたこともあり、後任選びも共通の政治的立場を前提とした同様の方式がとられた。ガスリーの人選にあたったミッチェル・パーマー(A. Mitchell Palmer)民主党全国委員会委員とヴァンス・マコーミック(Vance McCormick)同委員会委員長・戦時貿易局局長の提案により、当時同州民主党でガスリーの次の地位にあったモリスに白羽の矢が立った[9]。この提案をマコーミックから受けたウィルソン大統領は、パーマー宛の書簡の中で「私はモリスの駐日大使任命を真剣に検討している。私にとって大変興味深い提案である。というのも、私は彼と面識があり、彼のことを高く評価しているからだ」と語っている[10]。モリスの駐日大使任命に関して大統領に迷いはなかった[11]。一方、駐日大使への就任について非公式に打診を受けたモリスは、大統領宛の返書の中で、「この時期にあなたの政権に仕え、あなたが重責を担っている時に尽力しお力になることができ、これ以上の幸せを想像できません。上院の承認が得られましたら、あなたと我が国に対して能力の限り最善を尽くすことをお誓い致します」と述べている[12]。八月一〇日、上院はモリスの駐日大使指名を承認した[13]。九月一八日、モリスはエドワード・ハウス(Edward M. House)顧問と政権の対日政策の基本方針を確認したのち、同月二五日、日本に向けて出発した[14]。

3 戦時外交における役割

✣モリスの駐日大使着任(一九一七年一〇月三〇日)

欧州では、世界大戦が拡大の一途を辿る中、アジア・太平洋では日本が参戦後中国での権益確保を試み、旧ドイツ領ミクロネシアの軍事的支配を着実に進めていた。そのような状況において、米国や連合国が戦争をすみやかに遂行し、あわせて中国での門戸開放を堅持するために、駐日米国大使の役割は極めて重要となっていた[15]。

一九一七年一〇月二五日に東京到着後、同月三〇日、モリスは皇居での信任状奉呈式を経て、駐日大使に着任した。翌日以降、モリスが東京駐在の連合国の大使(露・仏・英)と面会したところ、日本政府が一一月七日の正式発表以前に公表しないことを条件に、石井・ランシング協定の内容を連合国の大使に伝えていたことが判明した。モリスによると、連合国の各国大使は協定の成立を概ね歓迎したが、駐日英国大使サー・ウィリアム・グリーン(Sir William Conyngham Greene)だけは「特殊利益」という文言が将来問題を引き起こしかねないのではないかと懸念を示したという。

また、モリスは、駐在武官や参事官など、米国大使館職員の情報収集能力の高さを称賛するとともに、AP通信東京支局長など、在日米国人との対話からも得るものがあると指摘している[16]。

✣石井菊次郎訪米使節団への対応(一九一七年九〜一一月)

モリスの東京赴任に半年先立つ一九一七年四月六日、米国は世界大戦に参戦し、対独戦に全力を傾注する必要に迫られていた。したがって、アジア・太平洋の現状維持は必須条件であり、日米関係の改善は最も差し迫った課題であった。その問題解決にとって絶好の機会となったのが、石井菊次郎特使(前外相・子爵)を団長とする使節団の訪米に他ならなかった。

一九一七年九月~一一月にかけて、石井使節団がワシントンを訪れた。一行はハワイ・ホノルルを経由し、八月一三日にサンフランシスコに到着後、国務次官補ブレッキンリッジ・ロング(Breckinridge Long)と市長の出迎えを受けた[17]。

その後石井らは鉄道を利用してワシントンへ向かい、石井・ランシング協定の交渉に携わり、一一月初旬に同協定は成立した[18]。モリスは、国務長官のランシング(Robert Lansing)宛に報告書を送り、第一に、日本が目的とした特殊利益の定義(満蒙における日本の優越性)を石井が広義に解釈する一方で、米国が重視した地理的な解釈(中国大陸に対する日本の地理的近接性)を切り離そうとしており、第二に、交渉での石井による成果がかなり誇張されたものであると分析している[19]。

その一方で、モリスは日本国民が米国による戦時協力への取り組みについて理解不足であることを難じている。その改善策として、訪米中の石井使節団の映像を日本で幅広く公開できるよう、映像フィルムの提供をランシングに催促した。「戦争はまだ日本人の生活や考え方に明らかに関係する事柄となっていない。他方、あらゆるアメリカ的な事物について関心が高まりつつあるように思われる[20]。」モリスは、徴兵、訓練、部隊での生活、産業の拡大といった米国での戦備強化の実態を紹介することによって、日本国民が世界危機に真剣に向き合おうとする米国の姿勢を理解できるとした。戦時協力で日本に犠牲を促す単なるアピールや要求は無益であり、日本の世論に戦争の問題について情報を提供し、米国の戦争目的に対する共感を得ることが肝要であると彼は考えたのである。

❖日米船鉄交換契約の締結（一九一八年二〜五月）

一九一七年四月、米国は参戦に伴い、総動員体制を整えていった。社会・思想面での統制も進んだが、特に軍事・経済面での政府による統制は大規模に実施された。七月には、陸軍省と海軍省による軍需物資の購入を調整するために戦時産業局（War Industries Board）が創設された。

当時、英国の海上封鎖に対抗し、ドイツ海軍は潜水艦によって多くの商船を撃沈した。そのため、連合国側では船舶の確保が最重要課題となっていた。そこで、ウィルソン政権は同年八月二日に鉄材輸出禁止令を発令し、連合国側のための軍需品を除き、鉄材の輸出を禁じた。米国は鉄材の供給先として、国内需要と欧州の連合国向けを優先したのである。

一方、日本は連合国向けの船舶や自国商船等の建造に不可欠な鉄材を必要としていた。元来、日本は造船用鉄材を英国、ベルギー、ドイツから輸入していたが、大戦勃発に伴い、戦場となったベルギーや敵国のドイツはもとより、一九一七年四月には英国も禁輸を決定したため、輸入が困難となった。したがって、供給先を米国に求めるに至ったという経緯があった[21]。

ところが、その唯一の供給先であった米国が発した鉄材輸出禁止令は、日本の造船業界を直撃した。日本は米国に発注した造船用鉄材を受け取ることができず、鉄材の九割を米国からの輸入に頼っていた日本は危機的状況に直面した。神戸や大阪、および東京では、造船・海運・鉄鋼などの業界団体が米国鉄材輸出解禁期成同盟会を結成し（一九一七年八月）、米国主要都市の商工会議所やU・S・スティール初代社長で国防会議鉄鋼委員長のゲイリー（Elbert H. Gary）、さらにはランシング国務長官やウィルソン大統領宛にも直接書簡を送り、輸出禁止令の撤廃を求める運動を活発に展開するに至った[22]。

先の石井とランシングによる日米交渉でも、日米間の戦時協力が重要な議題となり、船鉄交換の方式について大枠で合意しており、後日詳細を詰めることになっていた[23]。

だが、日米の政府間交渉は不調に終わり、一九一八年二月には行き詰まった。交渉が不調に終わった主な理由は、米国側が大量の船舶を即時に提供するよう求めたのに対し、日本側がこれに難色を示したところにあった。

米国側、特に敵国に対する輸出入を統制するワシントンの戦時貿易局(War Trade Board)は、鉄材の対日供給を最小限にする一方で日本製の船舶を最大限に確保することを戦略的に狙っており、太平洋地域における日本商船のシェア拡大を脅威とみなしていた。さらに、戦時産業局と船舶院(Shipping Board)による主導権争いのために、米国の国内事情から日本向け造船用鉄材の供給方針が固まらないなど、問題解決を一層複雑にした[24]。

その結果、鈴木商店の金子直吉と川崎造船所の松方幸次郎ら、造船業界の代表者たちとモリス駐日大使による直接交渉が試みられることになった。一九一八年三月一八日、金子は急遽上京し、東京ステーションホテルを拠点としつつ、台湾総督府民政長官時代以来親交があった後藤新平内務大臣の紹介状(娘婿・鶴見祐輔による代筆のもの)を手にモリスとの交渉に臨んだ。会談で金子は、ワシントンやリンカーンの逸話を例に米国の指導者の事績を讃える一方、現在の米国が友好国への鉄材の供給という連合国の一員としての義務を果たしていない点を糾弾し、造船労働者の失業状態が思想険悪の危機に繋がりかねないとしてモリスに善処を求めた[25]。これに対し、モリスは、日本側ができる限りより多くの船舶を年内に米国に提供できるよう要請した[26]。日本政府は交渉には直接関与せず、日本側は米国での平均建造費用よりも安価な価格を呈示しつつ、民間主導でモリス大使との協議を進めた。そして、同年四月下旬には日米船鉄交換契約(第一次交換契約：船舶一五隻に対し、鉄材一二万七八〇〇トンの交換契約)が、五月中旬には日米船鉄交換契約(第二次交換契約：

船舶三〇隻に対し、船舶重量一トンにつき鉄材半英トンの交換契約）が成立した[27]。具体的には、日本が米国に合計四五隻の船舶を提供する見返りに、米国は造船用材料二五万九五〇トンを提供するという内容であった[28]。契約合意に際し、七月一日、業界団体は日米船鉄交換同盟会を組織し、これをもって米国鉄材輸出解禁期成同盟会は解散した[29]。モリスは、一九一八年二月初旬から五月中旬まで交渉に携わり、鉄材不足に悩む日本と船舶不足に窮する米国は互いに妥協を迫られることになったのである。

4　シベリア情勢の視察特使として

モリスが駐日大使に着任して間もない、一九一七年一一月七日、ロシアでは十月革命（ボルシェビキ革命）が勃発した。

当初米国は、同年三月の二月革命を転機とした新生ロシアの民主化に期待を寄せていた。ウィルソンは、帝政ロシアの崩壊が、専制国家の衰退と民主主義政体の優位性を体現する現象と見なした。ロシアの体制転換は、米国が対独参戦を決断するうえで、強い原動力・イデオロギー的契機となった。

ところが、十月革命をきっかけとしたロシアの戦線離脱、そして翌一九一八年三月三日のブレスト・リトフスク条約に基づくドイツとの単独講和によって、ウィルソンの対露認識は極度に悪化した。ウィルソンは、レーニンのボルシェビキ政府が、そもそも民主的手続きによらない武力による権力掌握によって誕生した政権であり、専制国家ドイツと単独で自国本位な取引をした点を問題視したのである。

ボルシェビキ政権の発足によって、米国の対露政策は抜本的修正を迫られた。そのなかで、シベリア・極東方面における対露政策の文脈においても、モリスの役割への期待が高まることになった。具体的には、共同出兵前には連合国によるロシアへの軍事干渉の是非が、また出兵後にはその実態と将来方針、そしてロシア政局の動向把握などがその重要な任務となった。とりわけ、モリス自身によるシベリアでの現地視察は、三回に亘って実施され、米国のシベリア出兵政策を左右する有力な判断材料を提供するなど、重要な役割を担ったといえよう。

モリスによる一回目のシベリア現地視察は、一九一八年九月から一一月にかけて行われた。その目的は、シベリア共同出兵後における現地での実態調査であった。一九一八年八月の共同出兵開始後、日華共同防敵軍事同盟(一九一八年五月)を口実に、日本の出兵範囲と規模が日米合意を逸脱して拡大した。ウィルソン大統領はこの事態を極めて深刻に受け止めた。そこで、モリスは現地での実態を把握するために、特使としてウラジオストックなどを訪問し、調査に従事した。モリスは、チェコ軍とロシアの反共勢力を支援する際には、英仏軍と協力するために、米軍をオムスク近辺まで送るべきであると提案した[30]。モリスによる一回目のシベリア現地視察を踏まえて、一九一八年一一月一六日、米国政府は対日抗議通牒を発し、改善を求めた[31]。米国による対日姿勢の硬化を深刻に受け止めた日本の原敬内閣は、金子堅太郎を通じて日本側の事情をモリスに説明し、大規模な減兵方針を打ち出すなど、対米協調姿勢を明確に示し始めたのである。

モリスによる二回目のシベリア現地視察は、一九一九年一月から三月にかけて実施された。その目的は、シベリア・東支鉄道国際管理協定の成立(一九一九年一月)に先立ち、ウラジオストックで準備の打ち合わせを行うことにあった[32]。米国は、ロシアの再建にはその大動脈であるシベリア・東支鉄道の安全な運行管理が不可欠であり、共同出兵参加国による協力の確立が急務と考えていた。モリスは、国務省宛ての文書のなかで、「内田(康哉)外務大臣から日本の減兵措置について報告があり、兵力縮小の結果、約二万名が共同管理に従事することになる」と伝えるとともに、「我々の提案に極めて近いこの日本の新しい提案は、(米国鉄道隊の）スティーヴンスの見解に歩調を合わせようとする、日本外務省による誠実な努力の賜物であると私は確信している」と述べ、シベリア・東支鉄道国際管理協定の成立が難局を打開するための画期的な処方箋になるとみなしている[33]。なお、二回目の視察後、三月三一日に田中義一陸軍大臣がモリスを訪ね、コサック勢力（セミョーノフやカルムィコフ）への対処をめぐる日米の政策不一致を認め、今後は日本側も善処する旨告げた。モリスは、この会見の印象について、「シベリアで支配的な影響力を有する日本陸軍の参謀本部が歩み寄りを見せつつあり、グレーブス将軍と協力し、地方のコサック指導者を支援する以前の政策を修正する用意がある」ことを示すように思われると指摘して、日本側の方針転換への注意を喚起している[34]。

確かに、シベリア・東支鉄道国際管理協定の成立は、シベリア情勢の状況改善に期待を投げかけるものであった。だが、現実には、鉄道の共同管理を掲げた同協定の成立は、米派遣軍によるロシア人諸勢力間の抗争への不介入を一層徹底させ、結果的に日本の現地派遣軍との摩擦を増大させるという新たな問題を惹起した[35]。

五月六日の報告でモリスは、英仏や日本がコルチャーク政権を承認するならば、米国もそうすべきであり、「シベリアでの統一行動は、とられる行動の性質以上に重要である」と述べる一方、「コルチャーク政権が反動的な勢力に従属的でないことを証明するまで承認を延期することが望ましいと思う」と判断に迷う本心を吐露している[36]。一方、五月一六日、パリ滞在中のウィルソン大統領は、ワシントンの国務長官代理ポーク（Frank L. Polk）を通じ、コルチャーク承認の是非についてモリスの見解を質した[37]。この要請を受けて、六月一一日のモリス報告では、日本側が派遣軍相互の調和と協力を目的にシベリアでの守備担当範囲の廃止を求めているものの、日本側が主張するような現地の軍当局ではなく、協定での合意に従い、ウラジオストックの連合国間委員会に優越権があると明言している。そして、「このような日本側の認識は、シビリアン・コントロールを通じたシベリアでの日本軍との協力が本来的に困難であることを明らかにしている」と分析しつつ、互いに平行線をたどる日米「両国間の理解は、両国各々のコルチャークとの関係しだいとなるだろう」と結論づけている[38]。

現地情勢の改善が看取されないなか、モリスによる三回目のシベリア現地視察は、一九一九年七月から一〇月にかけて行われた。その目的は、シベリア情勢の調査・分析、特にコルチャーク政権の実態を把握する点にあり、モリスは特使としてオムスクに派遣された。具体的には、西シベリア・オムスクの反ボルシェビキ勢力であったコルチャーク政権は承認するに値するかどうかを調査することがその目的であった。モリスは、ウラジオストックの情勢を報告するとともに、直ちにコルチャーク政権を承認するよう求めた。くわえて、シベリアの避難民救済のための経済支援や、シベリア横断鉄道の継続的運行に必要な二万五〇〇〇名以上の米軍の追加派兵の計画立案を提案した[39]。

5　大戦後の日米関係再構築に向けて

✤大戦終結までの日本とその対米認識

モリスは、寺内正毅内閣の内務大臣であり、次期外務大臣となる後藤新平と会見を行い、一九一八年一月一〇日、その結果について分析を送っている。後藤は、寺内内閣の閣僚の中でもっとも平和志向が強いとはいえ、親独派として注意が必要であり、米国がドイツの要求を受け入れない場合には、ドイツは後藤を仲介役に日本との単独講和を狙う可能性がある、と警鐘を鳴らしている[40]。ちなみに、モリスはこの後藤との会見内容について、グリーン駐日英国大使と情報を共有する一方、グリーンを通じて後藤の発言内容を知った英国政府は閣議でこの件を議論しつつ、同盟国日本が抱く対英不信を払拭すべく神経を尖らせていた[41]。

寺内内閣を継いだ原内閣の対米認識についても、モリスは分析と評価を行っている。原内閣は寺内前政権下で権力を握ってきた軍部支配を放棄しようと試みつつあると評価し、「外務省は日本のマスコミによる攻撃の対象とされてきた」ために、「世論を恐れ、重要で不可欠な情報を国民にひた隠しにしている」と説明している。また、日本の反米意識の背景についても検証を試みている。「反米の宣伝は影響力が大きい軍関係者により触発されたもの」であり、「講和会議で徴兵制廃止の議論が起こって以来」、その傾向が一層強まったとしている。その一方で、「反米の新聞記事は全てが軍関係者の慣例ということではなく」、「もう一つの重要な要因として」、「日本人は軍事的・経済的発展に伴う米国の動機に疑念を抱いており、米国による太平洋支配を恐れている」と説く。モリスによれば、とりわけ軍関係者が強調するのは、米国による世界最大の海軍工廠の建設や英米による常備軍の拡大が、軍縮や徴兵制の廃止、国際連盟との首尾一貫性を欠く点であった[42]。

❖パリ講和会議への対応

モリスはまた、パリ講和会議へ派遣される予定の日本全権団の動静について、実務的報告を行っている。たとえば、日本全権団の概要を紹介するだけでなく、一部の委員については個別にその職務経験にまで言及している。モリスは、日本全権団の主要なメンバーは「中庸なリベラル」であり、現在の国際政治状況に「共感する傾向があろう」と概観する。一方、個別の職務経験については、全権委員随員の木村鋭市書記官が「シベリアや満州での日本軍の極秘外交アドバイザーを務め、東支鉄道に関する日本の政策に深く関与している有能な若者」であり、藤岡（萬蔵）陸軍歩兵大尉がシベリアの浦塩派遣軍司令官「大谷（喜久蔵）将軍の部下」であったこと、また「珍田(捨巳元駐米大使)、永井(来陸軍歩兵大佐・駐仏大使館付武官)、野村(吉三郎海軍大佐・前駐米大使館付武官)は米国事情に明るい専門家」として紹介されている[43]。また、別途パリに向かう西園寺公望全権代表一行の動きや、戦後世界秩序への違和感を吐露した近衛文麿による論考「英米本位の平和主義を廃す」の要旨を伝えている[44]。

さらにモリスは、パリ講和会議での日本の政策方針について、詳細な分析と評価を行っている。日本は連盟の設立に当惑しつつも現実を受け入れる一方、世論が支持する人種差別撤廃案を前面に掲げながら、旧ドイツ権益の確保に余念がないと観察している[45]。また、ごく少数のリベラルな連盟支持論はあるものの、「移民問題は別途扱われるべきとする牧野伸顕の宣言には幅広い不満があり」、主張が容れられなければ日本は連盟不加入も辞せずとさえ主張する向きもある、と述べている[46]。

✣日米移民問題解決への努力(モリス・幣原会談)

一九世紀末、中国人排斥に続いて起こった日本人排斥運動は、日本人の低廉な労働力を脅威とみなした失業中の白人労働者を中心にカリフォルニアで始まった。二〇世紀初頭の共和党政権期には、米国連邦政府がカリフォルニアでの排日機運の緩和に努める一方、日本政府は日本人移民による渡航の自主規制(紳士協定)により事態の打開をめざした。しかし、この間にもカリフォルニア州議会では多数の排日法案が提出され、支持を集めた。一九一三年に民主党のウィルソン政権が発足してからは、州権論を唱える共和党知事ハイラム・ジョンソン(Hiram Johnson)の説得に失敗し、日本人の土地所有を禁じた法案(カリフォルニア州外国人土地法)が成立した。それでもなお、日系二世名義での土地保有や借地利用により、現実には日本人農家の規模は拡大し続けた。大戦終結後、カリフォルニアではこの状況が問題視され、排日論が急速に再燃した。

一九一九年には、ウィルソン政権の求心力が失われつつある中、排日土地法の欠陥を補うための修正案(イ
ンマン法)が州議会に提出(翌一九二〇年成立)されるなど、排日問題は日米間の懸案事項となり、対策が急がれたのである。

かかる難局を打開すべく、一九二〇年九月、モリスの提案により、モリス・幣原(喜重郎)会談が始まった。この非公式会談は、一九二一年一月まで合計二三回開催された[47]。日本側の狙いは、主に米国内で将来排日運動が発生するのを防止し、米国の排日差別条項を撤廃させることにあった。一方、米国側は、日米紳士協定を改訂できるようにすること、つまり、日本人移民に対する入国規制の強化を目的とした。

最終的にモリスと幣原は、日米間の懸案であった米国での排日問題を解決するため、合意に達した。その具体的内容は、幣原が日米紳士協約の改訂により対米渡航禁止の範囲拡大を受け入れる一方、モリスは在米日本人の差別待遇の是正を約するものであった。だが、共和党が多数を占める連邦議会と行政部であるウィルソン政権が対立しており、仮に正式協議を経て条約案がまとまったとしても、求心力を失ったウィルソン政権の任期中に本懸案を処理することは結局困難との判断に米国政府は傾斜し始めた。かくして、米国政府の消極的姿勢により、最終的に条約の締結には至らなかったのである。

6　日米友好促進の萌芽——日米協会初代名誉会長として

駐日大使着任後、モリスはガスリー大使の後任として、一九一七年五月一一日に発足した日米協会の初代名誉会長に就任した。モリスは、日米協会での活動を通じて、日本の政財界の指導者や学者らと幅広く親交を深めた。日米協会の会員には、日本側のカウンターパートとなった、名誉副会長の渋沢栄一をはじめ、

金子堅太郎、高峰讓吉、新渡戸稲造、姉崎正治、などが在籍していた。また、ニューヨーク日本協会(Japan Society of New York)を中心に、全米の大都市に設置された日本協会と連携しながら、訪日した米国のエリート層や、指導的な立場にある在日米国人との交流の機会を日本に設けた[48]。

モリスは、一九一七年一一月三〇日に日米協会で行った演説において、「まさに日米協会の存在そのものが、日米二国間の息の長い友好関係を十分裏付ける証左である」と述べ、ちょうど六〇年前に初代駐日領事タウンゼント・ハリス(Townsend Harris)が最初の外国の全権代表として下田に赴任したことを想起すべきと語っている[49]。

おわりに

一九二一年一月、モリスは駐日大使の職を辞するに際し、米国政治・社会科学会(the American Academy of Political and Social Science)の機関誌である、*Annals of the American Academy of Political and Social Science*に「日米関係の背景」(The Background of the Relations Between Japan and the United States)と題する論稿を寄せている。この論文に見るモリスの対日認識は以下のようなものであった。

まず、①日米の経済関係が過去三年で急速に拡大している点を指摘しつつ、②主要国が、新四国借款団を通じて中国の財政問題の解決に取り組むことが重要であり、③日米主導で東支鉄道の国際管理体制を確立する必要性を説いている。これらを前提に、彼は日米協力には大きな希望と可能性があるとした。

そしてモリスは、日米関係の現状と未来について楽観的に分析しつつ、以下のように述べている。

「国家間に問題点や疑問点があるということは、決して両国関係が友好的ではないという証拠にはならない。むしろ、それは相互利益が拡大し身近になっていることの証左である。」[50]

他方、公式の文書には見当たらないものの、モリスとウィルソン大統領の関係を示すエピソードが残されている。ウィルソンは主治医の海軍軍医少将キャリー・グレイソン(Cary Grayson)との極めて私的会話のなかで、モリスについて、次のように述べている。

「ローランド・S・モリスは、他のどの米国の外交官よりも、最も明快かつ簡潔な報告を私に送ってくれる。」[51]

ウィルソン大統領がモリス大使の仕事ぶりを激賞し、しかも第三者である側近の主治医に語っていることを重く受け止めるべきであろう。このような発言にみられるように、モリス駐日大使は、ウィルソンが対日政策を遂行する際に不可欠な現地情報の提供者として、最も信頼を寄せた人物であったといえるであろう。

モリスは、特に国務省本省宛の政策文書や大使館文書に散見されるように、東アジア・太平洋における日本の帝国主義的野心を警戒し、軍関係者の動向に注意を払っていたものの、その見解や主張をあえて声高に唱える手法をとらなかった。むしろ、彼は両国間に横たわる困難な諸懸案を冷静かつ実務的に処理すべくその全勢力を傾けたのである。その一方で、大戦終結を境に原内閣による日本の対米協調姿勢が次第に顕著となるなか、「日米関係の背景」と題する論考をまとめ、ペリー来航以来の友好的な両国関係のあゆみと将来展望を総括しつつ、日米協力や日米友好の可能性に対する希望を失わなかった。

第一次世界大戦期の日米は、ともに連合国側に与しながらも、東アジア・太平洋における利害をめぐる両国間の対立はくすぶり続けた。本章でみたように、モリスは、その困難な局面において両国関係の調整を持ち前の巧みな手腕によって精力的にこなした。

くわえて、まさにモリス駐日大使こそが、ウィルソン大統領が対日政策を遂行する際に、最も信頼を寄せた人物に他ならなかった。多様な外交チャンネルが混在し情報が錯綜するなかで、モリスの正確で緻密な情勢分析と大統領に対する彼の忠誠心は、ウィルソンの信頼に十分応えるものであった。モリス大使による詳細な対日分析報告は、ウィルソン大統領による対日認識の形成に少なからぬ影響を与えたことは想像に難くない[52]。

換言すれば、モリスは大統領の強い信頼に裏付けられた実務能力に長けた有能な駐日大使として、第一次世界大戦中から戦後にかけて、日米関係の調整と発展のために重要な橋渡し役を担ったと結論できよう。

註

1——高原秀介『ウィルソン外交と日本』創文社、二〇〇六年、二九四〜二九六頁。

2——プガチュの著作に代表されるように、駐華公使ラインシュに関する研究が多いのに対して、駐日大使としてのモリスの役割に焦点を絞った研究は管見の限り国内外ともに皆無である。既存の先行研究は移民問題に関する幣原・モリス会談を扱ったものにほぼ限定される。Noel Pugach, *Paul S. Reinsch, Open Door Diplomat in Action* KTO Press, 1979; Kell F. Mitchell, Jr., "Diplomacy and Prejudice: The Morris-Shidehara Negotiations, 1920-1921," *Pacific Historical Review* Vol. 39, No. 1 (February 1970): 85-104; 簑原俊洋『カリフォルニア州の排日運動と日米関係』有斐閣、二〇〇六年、第四章。

3――モリスの経歴の概要については、以下が手がかりとなる。Ellis Paxson Oberholtzer, *Philadelphia: a history of the city and its people: a record of 225 years*, Philadelphia, 1912, pp. 270-273.

4――*The National Cyclopedia of American Biography* Vol. 43, p. 458.

5――Pugach, *op. cit.*, pp. 54-60.

6――国務省では、長期にわたる共和党政権期に同党寄りの高級官僚が多く任命された。このため、ブライアン国務長官はメリットシステムの普及に難色を示すとともに、それに代わる民主党員の任命に拘泥した。一方、ウィルソン大統領は民主党側の要望に理解を示しつつも、同時に潜在的な改革組織の正当な要求を満たすために明確な方針を示さず、国務長官に比べて党派性を持ち込むことにより抑制的であった。Warren Ilchman, *Professional Diplomacy in the United States, 1779-1939*. Chicago, 1961, chapter 3; Seward W. Livermore, "Deserving Democrats' The Foreign Service under Woodrow Wilson," *South Atlantic Quarterly*, Vol. 69, No. 1 (Winter 1970): 144-160.

7――New York Times, March 11, 1917.

8――For the Press, March 8, 1917, Subject Files, Box 28, Frank L. Polk Papers, Sterling Memorial Library, Yale University.

9――パーマーは、一九一二年の大統領選前の民主党全国大会で、ペンシルバニア州代議員の票固めを行い、ウィルソンの勝利に貢献した。その貢献への返礼として、ウィルソンは陸軍長官のポストを提示したものの、パーマーはクエーカーであることを理由に辞退し、党内政治に関与し続けた。一方のマコーミックは、パーマーと同じくペンシルバニア州出身で当時民主党全国委員会委員長（一九一六～一九一九）、および戦時貿易局長（一九一七～一九一九）［輸出入の統制を管轄］の任にあった。二人にとって、ペンシルバニア州民主党の有力者として、ガスリーの次に位置していたのがモリスであった。

10――Wilson to Palmar, March 31, 1917, in Arthur S. Link, ed., *The Papers of Woodrow Wilson* (hereafter cited as *PWW*), Vol. 41, Princeton, 1983, p. 510.

11――ちなみに、モリス自身は、日本には何の縁もゆかりもなかったが、妻オーガスタの祖父エドワード・シッペン（Edward Shippen）は、地元フィラデルフィアで弁護士業を営む傍ら、教育委員会の委員長を務めた経験があり、その際、最初の日本人留学生受入の際に世話役として奔走したといわれる。一世紀後、日本政府は彼に感謝の意を表し、記念品を贈呈した。

12——Morris to Wilson, July 31, 1917, in *PWW*, Vol. 43. Princeton, 1983, pp. 333-334.

13——Wilson to Morris, August 2, 1917, in *ibid.*, p. 347.

14——House to Wilson, September 18, 1917, in *PWW*, Vol. 44. Princeton, 1984, p. 213.

15——当時の新聞、北京ガゼット紙は、「米国の外交官職のなかで、駐日大使のポストほど重要かつ困難なものはない」と指摘している。*Peking Gazette*, August 29, 1917.

16——Morris to Lansing, November 16, 1917, 710, Tokyo Post Files, RG84, U.S. National Archives (hereafter cited as USNA).

17——Carnegie Endowment for International Peace, *The Imperial Japanese Mission to the United States, 1917*. Washington, D.C., 1917, p. 6.

18——この間、並行して協議された日米海軍協力協定については、平間の研究を参照。平間洋一『第一次世界大戦と日本海軍』慶應義塾大学出版会、一九九八年、第三章、高原、前掲書、六一〜一〇二頁。

19——Morris to Lansing, November 16, 1917, 710, Tokyo Post Files, RG84, USNA.

20——Morris to Lansing, December 28, 1917, 840.6, Tokyo Post Files, RG84, USNA.

21——Jesse E. Saugstad, *Shipping and Shipbuilding Subsidies: A Study of State Aid to the Shipping and Shipbuilding Industries in Various Countries of the World*. Washington, D.C., U.S. Government Printing Office, 1932, p. 331; 森川政則「一九一六年のイギリス輸出入禁止政策と日本外交」『阪大法学』五五巻、三・四号、二〇〇五年一一月、一一一五〜一一一七頁。

22——日米船鉄交換同盟会編『日米船鉄交換同盟史』日米船鉄交換同盟会、一九二〇年、一〜八九頁。

23——高原、前掲書、八五〜八七頁。

24——戦時産業局長のバルーク(Bernard Baruch)は、戦時下の経済動員の一環として、国内需要を最優先すべき鉄材全般を同局で管理する方針を示した。また、戦時貿易局(War Trade Board)も、新規に生産された鉄材について米国からの輸出許可を拒むことによって、戦時産業局の方針に足並みを揃えた。これに対し、船舶院院長のハーレー(Edward Hurley)は、戦時産業局との連携失敗により船鉄の対日供給が遅延してきたことを理由に挙げて、同局の介入を迂回する方針をとった。このため、船鉄供給をめぐる米国側の方針についてすみやかに意見集約ができず、結果的に日本への船鉄供給はますます困難となっていた。Jeffrey J. Safford, *Wilsonian Maritime Diplomacy, 1913-1921*. New Brunswick, NJ: Rutgers University Press, 1978, chapter 6; William J. Williams, "American Steel and Japanese Ships: Transpacific Trade Disputes during World War I," *Prologue*, Vol. 25, No.3 (Fall 1993): 249-257.

25——白石友治編纂『金子直吉伝』金子柳田両翁頌徳会、一九五〇年、一〇七〜一一五頁、三一九〜三二〇頁、藤本光城『松方・金子物語』兵庫新聞社、一九六〇年、一五四〜一六二頁、脇山信雄「第一次世界大戦期の造船材料——日米船鉄交換をめぐって」『長崎造船大学研究報告』第八号、一九六七年一〇月、一七四〜一八一頁。

26——モリスは、日本からの船舶提供の遅早が米国による船鉄の対日供給しだいであり、建造には少なくとも六ヶ月を要すると報告している。Morris to Lansing, March 30, 1918, Box 5, Roland S. Morris Papers, Manuscript Division, Library of Congress (hereafter cited as MDLC).

27——第一次交換契約は、既成船舶または建造中の船舶と既約の鉄材との交換となる一方、第二次交換契約は、米国製鉄材の新規提供を受けて建造した船舶を提供する契約であった。モリスは、船鉄交換契約の交渉締結を記念して、交渉相手となった鈴木商店の金子直吉に艦上時計を贈呈している。契約合意を祝し、モリスへの感謝を込めて、五月二八日に伊藤博文ゆかりの料亭であった神戸常盤花壇において歓迎祝賀会が挙行された。日米船鉄交換同盟会編、前掲書、一七六〜一七八頁。

28——Saugstad, *Shipping and Shipbuilding Subsidies*, pp. 331-332.

29——日米船鉄交換同盟会編、前掲書、一四五〜一五一頁。

30——Morris to Lansing, September 23, 1918, Box 5, Roland S. Morris Papers, MDLC.

31——U.S. Department of State, *Foreign Relations of the United States, 1918, Russia, II*. U.S. Government Printing Office, 1932, pp. 433-435.

32——麻田雅文『中東鉄道経営史——ロシアと「満州」一八九六-一九三五』名古屋大学出版会、二〇一二年、五〇〜五五頁。

33——Acting Secretary of State Frank L. Polk (excerpt from Morris) to the American Mission in Paris, January 10, 1919,

Woodrow Wilson Papers, Series 5B, Reel 389, MDLC; American Embassy, Paris to the American Mission in Paris, January 14, 1919, Woodrow Wilson Papers, Series 5B, Reel 389, MDLC.

34——Polk (excerpt from Morris) to the American Mission in Paris, April 5, 1919, Woodrow Wilson Papers, Series 5B, Reel 399, MDLC.

35——Polk (excerpt from Morris) to the American Mission in Paris, March 13, 1919, Woodrow Wilson Papers, Series 5B, Reel 395, MDLC.

36——Polk (excerpt from Morris) to the American Mission in Paris, May 6, 1919, Woodrow Wilson Papers, Series 5B, Reel 404, MDLC.

37——Polk to Morris, May 16, 1919, Box 28, Subject Files, Frank L. Polk Papers, Sterling Memorial Library, Yale University.

38——Polk (excerpt from Morris) to the American Mission in Paris, June 11, 1919, Woodrow Wilson Papers, Series 5B, Reel 411, MDLC.

39——Morris to Lansing, August 11, 1919, Box 5, Roland S. Morris Papers, MDLC.

40——Lansing to Wilson, April 25, 1918, (including Morris to Lansing, January 10, 1918), Woodrow Wilson Papers, Series 2, Reel 95, MDLC.

41——トムズによれば、米国務省が行き過ぎた対日不信に傾斜しがちであったのに対し、英国の外相バルフォア(Arthur Balfour)は極力バランスのとれた対日評価に努め、戦時下における対日関係の重要性を米国に説く役割に徹したという。ただし、それは、英国が置かれた境遇、すなわち日本の膨張政策に懸念を示しつつも、対日友好関係を軽視できない「強いられた黙認」を前提としていた。Ian Nish, *Alliance in Decline: A Study in Anglo-Japanese Relations, 1908-23*. London: Athlone Press, pp. 236-237; Balfour to Milner, January 19, 1918, The National Archives, London, FO 800/203 ff. 293-4 in Jason Tomes, *Balfour and Foreign Policy*. Cambridge: Cambridge University Press, 1997, pp. 240-224; 菅原健志「アーサー・バルフォアと第一次世界大戦における日本の軍事支援問題」『国際政治』一六八号、二〇一二年二月、四四〜五七頁。

42——Acting Secretary of State William Phillips (excerpt from Morris) to the American Mission in Paris, March 27, 1919, Woodrow Wilson Papers, Series 5B, Reel 389, MDLC

43——Morris to Lansing, November 29, 1918, 763.72119/2830, RG59, USNA.

44——Polk (excerpt from Morris) to the American Mission in Paris, January 8, 1919, Woodrow Wilson Papers, Series 5B, Reel 388, MDLC.

45——Polk (excerpt from Morris) to the American Mission in Paris, March 20, 1919, Woodrow Wilson Papers, Series 5B, Reel 396, MDLC.

46——Phillips (excerpt from Morris) to the American Mission in Paris, April 4, 1919, Woodrow Wilson Papers, Series 5B, Reel 389, MDLC

47——第一次世界大戦期の幣原外交全般については、以下を参照。服部龍二『幣原喜重郎』吉田書店、二〇一七年、第三章、西田敏宏「幣原喜重郎と国際協調」伊藤之雄・中西寛編『日本政治史の中のリーダーたち』京都大学学術出版会、二〇一八年、三六六〜三七〇頁。

48——"Japan Society of New York," *Banker's Magazine*, August 1919, pp. 216-218.

49——Speech by Morris at the Japan-American Society, November 30, 1917, Box 13, Roland S. Morris Papers, MDLC.

50——Roland S. Morris, "The Background of the Relations Between Japan and the United States," *Annals of the American Academy of Political and Social Science*, Vol. 93, Present-Day Immigration with Special Reference to the Japanese (January 1921): 1-6.

51——From the Diary of Cary T. Grayson, December 9, 1918 in *PWW*, *Vol. 53*, Princeton, 1986, p. 343.

52——本章で引用したように、モリスからワシントンの国務省本省に送られた膨大な報告の一部は、重要な情報もしくは政策提言としてパリの講和会議全権宛に転送され、ウィルソン自身の個人文書に収められている(つまり、大統領がモリスの報告内容に直に目を通している)という事実を軽視すべきではない。(一九九七年・SHAFR年次大会での筆者とBetty M. Unterbergerとの会話、一九九七年六月二二日、於　米国ジョージタウン大学)

参考文献

Roland S. Morris Papers, Seeley G. Mudd Library, Princeton University

Roland S. Morris Papers, Manuscript Division, Library of Congress
Woodrow Wilson Papers, Manuscript Division, Library of Congress
CONFIDENTIAL U.S. DIPLOMATIC POST RECORDS. JAPAN, PART 1, 1914-1918. Frederick, MD: University Publications of America, 1983.
CONFIDENTIAL U.S. DIPLOMATIC POST RECORDS. JAPAN, PART 2, 1919-1929. Frederick, MD: University Publications of America, 1983.
Link, Arthur., ed., *The Papers of Woodrow Wilson*, 69 vols. Princeton University Press, 1966-1994.
U.S. Department of State, *Foreign Relations of the United States, The Lansing Papers, 1914-1920*. U.S. Government Printing Office, 1939-1940.
———, *Foreign Relations of the United States 1919, The Paris Peace Conference, Volume I-XIII*. U.S. Government Printing Office, 1942-1947.
U.S. Department of State, *Report of the Honorable Roland S. Morris on Japanese Immigration and Alleged Discriminatory Legislation against Japanese Residents in the United States*. Washington, D.C.: U.S. G.P.O., 1921.
Dickinson, Frederick R. "Toward a Global Perspective of the Great War: Japan and the Foundations of a Twentieth-Century World," *American Historical Review* Vol. 119, No. 3 (October 2014): 1154-1183.
高原秀介『ウィルソン外交と日本』創文社、二〇〇六年
等松春夫『日本帝国と委任統治』名古屋大学出版会、二〇一一年
奈良岡聰智『対華二十一ヵ条要求とは何だったのか』名古屋大学出版会、二〇一五年
細谷千博『ロシア革命と日本』原書房、一九七二年

第3章 ソ連との「戦後処理」
――日ソ国交樹立の再検討(一九二四～二五年)

麻田雅文
ASADA Masafumi

はじめに

本章は、日本とソ連が初めて結んだ政府間条約である日ソ基本条約の締結交渉を手がかりに、一九二〇年代半ばにおける日ソ関係の変容を検証する。日ソ基本条約はシベリア出兵の「戦後処理」であったが、その後の二〇年間の両国関係の基礎を築いただけではなく、ソ連の対アジア外交そのものを変容させた。

一九二五年の日ソ基本条約の締結は、日ソ外交の正式な起点だが、注目度は高くない。その理由を推測するに、戦後の日ソ関係の起点である日ソ共同宣言(一九五六年)の陰に隠れていることが大きい。また、現在の日露関係の最大の懸案である、北方領土問題とのかかわりが薄いことも一因だろう。

もっとも、先行研究がないわけではない。日本の外務省が編纂した『日「ソ」交渉史』は、詳しくこの条約の成立過程を追っている[1]。戦後の代表的な研究としては、小林幸男の著作があげられよう[2]。しかし、両書とも日本側の史料にのみ依拠し、ソ連側が何を考えていたのか判然としない。

ロシア側でも、この条約について一般史書では言及されるが、専門の研究書や論文は皆無に等しい。日本ではレオニード・クタコフ（Леонид Николаевич Кутаков）の研究が参照されることが多いが、ソ連を正当化することに心血を注ぐこの本は、その偏向ゆえに、学術的な引用には慎重にならざるを得ない[3]。

しかし、ロシアではここ一〇年で史料公開が進み、交渉の担い手たちの戦略を知ることが容易になった。本章ではソ連側では、誰がどのような理由で日本との関係構築を望んだのかを、新史料をもとに検証する[4]。ロシアでも、最近公開された史料をもとに論文などが書かれても良さそうだが、管見の及ぶ限り見当たらない。なぜ、ロシアの学界ではこの条約が不人気なのだろうか。それもまた条約の成立過程を検証することで見えてくるだろう。

なお、読みやすさを考慮し、引用文の一部には句読点を補った。［ ］内は筆者による補足である。ロシア人の日本語表記は名と姓の順番で記し、父称は省略した。

1 交渉の瀬踏み

日本とロシア側の交渉は、一九二一年から一九二三年にかけて、大連、長春、東京で重ねられてきた。時には、極東共和国という、ソ連が後ろ盾となる国が前面に出てきて、解決を図ろうとした。しかし交渉は実を結ばず、一九二二年一〇月に日本軍は沿海州から撤兵したが、北サハリンの「保障占領」を続ける。

一方、一九二三年にソ連から派遣されたレフ・カラハン（Лев Михайлович Карахан）駐華大使は、もともと対日交渉にも熱心で、一九二一年から、川上俊彦《としつね》駐ポーランド公使などと接触してきた[5]。そのため、カラハンはモスクワから日本との交渉も委ねられる。

一方、日本側の窓口は、一九二三年夏に駐華公使に任命された芳澤謙吉《よしざわけんきち》である。カラハンと芳澤の接触は、一九二三年九月に北京で始まる。ちょうど関東大震災の直後で、その見舞いを口実に、カラハンが日本大使館を訪れた。ソ連では、日本への同情心が倍加している。これは交渉を再開する好機だと、カラハンは口説いた。

しかし、日本政府は乗り気ではない。そこでカラハンは、一〇月七日に後藤新平へ書簡を送り、交渉の再開を訴える[6]。後藤は、この年の二月に、ソ連の外交官アドルフ・ヨッフェ（Адольф Абрамович Иоффе）を東京に招き、日ソ交渉を仲介していた。そのため、日本政府を動かすのに、カラハンも後藤を頼りとした。

しかし、山本権兵衛《ごんべえ》、清浦奎吾《けいご》の二代の内閣は、対ソ交渉に乗り気ではなかった。清浦内閣の外相は松井慶四郎である。松井はソ連との国交樹立を急いでいなかった。先の声明を発する際、松井は新聞記者たちにこう語っている。

「日露会議も今日まで既に三回も試みたのだから、今度会議を開くとすれば、愈々成立する見込みがつかぬ以上は、そんなに簡単に始められるものではない。それには今日迄の様な露国側の態度を改めて、徒らに術策を弄しないで、極めて妥協的の態度に出なければ、会議の前途は益々悲観するより外はない」[7]。

譲歩すべきなのはソ連側だというのが、松井の主張である。

さらに松井は、ソ連との国交樹立と、通商関係の交渉を区別しようとした。これにカラハンが反発する。一九二四年二月に、松井外相は「幻想」にとらわれているのではないかと、痛烈に批判した。そして、ソ連は国交樹立をしない限り、その他の議題の交渉には応じないと声明文で明らかにする。松井も、反論声明を出す。日本は「各種の懸案」を解決すれば、正式な国交回復に躊躇しないと主張した[8]。こうして、双方の主張は平行線をたどる。

ただ、松井は一九二四年二月二〇日に、芳澤公使へ、ソ連側の意向を「一応」探ってみて、日ソ交渉開始の機運を盛り上げるのも「一案」だと書いている[9]。

松井の軟化は国際情勢の変化を受けてであった。成立したばかりのイギリスの労働党内閣が、一九二四年二月一日にソ連承認を通告すると、イタリアも二月七日にソ連を承認した。二月二五日にはオーストリア、三月八日にはギリシャ、三月一〇日にはノルウェーも続く。ドイツはすでに、一九二二年のラパロ条約で国交を樹立している。このようにヨーロッパ諸国が相次いでソ連を承認すると、外務省でも欧米局を中心に、慎重な松井外相への批判が高まる。

「松井外相は本問題に就て、冷静もあまりに過ぎて、熱を有しない事夥しいと、省内でも専らの評判である」[10]。

ソ連側も日本に圧力を加え、二月一二日には、ウラジオストクの総領事は一個人としかみなさないと通告してきた。これは外交官の職務権限の否認である。これを受けて二月二六日には、ウラジオストク副領事の郡司《ぐんじ》智麿《ともまろ》が、統合国家政治保安部（OГПУ）にスパイ容疑で拘禁された。同月には日ソ間の郵便業務も停止され、日本の新聞通信員のソ連領内からの退去命令も出た。これらは、ソ連との国交がないために起きたと、当時の日本では深刻に考えられた。芳澤は、郡司副領事の逮捕はソ連の策略ではないかと、一九二四年二月二四日にカラハンを詰問したが、たまたま起きた事件に過ぎない、と軽くかわされている[11]。

そこで芳澤は三月一一日に、松井外相へ長文の意見書を送った。ウラジオストクにおける日本人の拘禁問題を予備交渉で解決し、そのあと北サハリンの利権問題や撤兵を解決できれば承認を与える、という順序で交渉を開始することが「急務」ではないか、と進言したのである[12]。

ついに三月一五日、松井は交渉の基本方針を芳澤公使に示す。内閣の意向は定まっていないとしながらも、松井の一存で、カラハンとの「腹蔵なき意見交換」を指示した[13]。

松井が重い腰を上げたのは、その前日の新聞報道が影響していたからかもしれない。ソ連は中国とも国交樹立の交渉を進めており、北京政府の王正延《おうせいてい》外相と、三月五日に中ソ協定に仮調印した。中ソの国交樹立が北京政府の閣議で承認されたのが三月一一日で、日本の新聞で大きく報じられたのが三月一四日である[14]。

このような中ソの接近が松井を焦らせたのか、この新聞報道から五日後の三月一九日、芳澤は交渉に入るために以下の三条件をカラハンに示した。第一に、この交渉の内容は秘密とする。第二に、ソ連を承認してから諸問題を討議するという、ソ連とイギリスとの国交樹立で取られた方式はとらない。つまり、懸案を解決してから国交を樹立する。第三に、交渉に際しては、ウラジオストクで起きている諸問題の解決を優先する。中でも領事館員の拘束は、「日本官民ノ最重大視シ居ル問題」なので、事件が解決しない限り、交渉には応じられないことが強調された[15]。

しかし実際には、全三条件ではなく、領事館員の解放にカラハンが最大限の努力をするという言質を取ることで、芳澤は交渉に入った。三月二一日、新たに次のような日本側の新条件が提示される。

①尼港事件については、カラハンが書面で「遺憾の意」を表明する必要がある。賠償金は放棄できない

が、北サハリンで長期の利権供与があるのなら、再考する。

②ソ連側がポーツマス条約の効力を認める。

③ロシア帝国が負っていた、日本への債務は放棄できない。しかし、北サハリンかシベリア東部で長期の利権を提供するなら、その請求権を「消滅」させてもよい。

④ソ連における日本人の私有財産は、もし日ソ以外の第三国の国民よりも「不利ナル待遇」としなければ、議論を先延ばしにしてもよい。

⑤日本がソ連を正式承認した後に、通商条約の交渉をすることになるが、その前提として、日本人の私有財産がソ連で保護され、通商や産業に従事する自由が認められ、最恵国待遇が与えられなければならない。

⑥「宣伝活動」、すなわち共産主義を広める活動をしないことを約束した協定を結ぶ。

右にあるように、日本側は、北サハリンやシベリアの利権と引き換えに、債務や在外資産など、多くの問題を帳消しにしようとしている。北サハリンの日本軍は、これらすべてが「完全ナル了解」に達したら撤兵する、と最後に示されていた。

では、日本側の新条件にソ連側はどう反応したのか。三月二一日の芳澤の提議は、最高幹部の集う、共産党政治局で討議された。まず三月二四日に、外務人民委員(外相に相当)のゲオルギー・チチェーリン(Георгий Васильевич Чичерин)が政治局に報告し、日本側の提案は、それまでのものに比べて「格段の進歩」をとげていると評価した。これに先立つ一九二三年のヨッフェとの会談で、尼港事件の賠償を後藤新平らは強く主張していたが、今回、日本側がこのように譲歩していると、チチェーリンは評価した。そして、日本によるソ連の正式な国家承認と、北サハリンからの撤兵時期の確定が同時に行われることを、交渉の条件とするように主張した。日本側がこだわるポーツマス条約の継承は、日本側が譲歩する可能性は低いから、容認せざるを得ないとも書いている[16]。しかしマクシム・リトヴィノフ（Максим Максимович Литвинов）外務人民委員代理（外務次官に相当）は、チチェーリンが政治局へ提出した意見書を批判し、日本が賠償要求を取り下げたわけではないのではないかと、なお懐疑的であった[17]。

以上を踏まえ、三月二七日に、政治局は交渉に入るための五条件を決定した。

①日本がソ連を法的に承認する。
②日本に北サハリンからの軍の撤退を約束させる。
③ニコラエフスク事件（尼港事件）についての日本の賠償請求を拒否する。代わって、ソ連側は公式の謝罪をすることに同意する。
④日本人に特別利権の供与を認める（ただし無償であってはならない）。
⑤国交樹立に伴う個人の私有財産や国家債務などの諸問題は、他国との合意に拠るものとする[18]。

この間、日本側は、交渉に入る条件とした日本人領事館員の釈放に、進展が見られないことに苛立っていた。芳澤は三月二六日に、ウラジオストクの領事館員が解放されないばかりでなく、ブラゴヴェシチェンスクでも館員が逮捕されたとカラハンへ抗議している。また、会談の内容は極秘としたにもかかわらず、『大阪毎日新聞』にその内容に近い記事が掲載されていると詰問している。カラハンは、領事館員の釈放については善処するように努めているが、モスクワからの回答がない、とかわしている[19]。

この領事館員の拘束問題は尾を引き、松井外相は、芳澤に交渉をしばらく控えるよう訓令したが、芳澤は反対する。国際情勢から見れば、「日露ノ交渉ヲ一日遅延セシムレハ夫レ丈我方ノ立場ヲ不利ナラシムルコト明ニシテ」、拘禁問題にこだわるのは得策ではなく、「断乎タル英断ニ出ツルコト極テ必要」だと外相に説いた[20]。翌日、折れた松井は交渉継続を認める。

当初、日ソ両国は、交渉に消極的な勢力を双方とも抱えていたが、芳澤ならびにカラハンとチチェーリンが前向きだったため、交渉は進展した。

四月九日、チチェーリンはカラハンに書簡を送り、政治局よりもさらに細かい交渉方針を示した。

①交渉は公式なものでなければならない。
②(ソ連の)承認は何よりも先に明記されなければならない。
③可能であれば、最終的な合意の前に、撤退の期日を決めなければならない。
④尼港事件については、やむを得なければ遺憾の意を表明しても良いが、日本政府が賠償金を求めても拒否する。
⑤サハリンとシベリアで、全面的にコンセッションを与える用意があり、サハリンでは特恵条件による。しかし、この問題は尼港事件と結びつけてられてはならない。
⑥負債と請求権の問題は、イタリアとの協定(一九二四年二月七日に調印されたイタリア・ソ連通商協定)もしくはラパロ条約に準拠する。
⑦ウラジオストクで捕らえられた「日本のスパイ」については、協定の締結後ならば希望を受け付けると、日本側に表明して良い[21]。

ここでいう「コンセッション」とは、油田や炭鉱の所有権をソ連政府が保有したまま、事業・運営・開発などの権利を一定期間、日本側へ与えることであり、「譲与」ともいう。

　しかし、この時は正式な交渉には入れなかった。交渉の開始には、政府からの正式な委任状を双方が提示する必要があったのだが、松井外相は委任状の発給を渋った。それは、非公式交渉で諸問題を解決してから、正式な委任状を出すというのが、松井の方針だったからである。芳澤は松井に再考を促したが、松井はカラハンが交渉相手として信頼できるかすら疑っており、ウラジーミル・レーニン（Владимир Ильич Ленин）の死後、カラハンの地位は不確かなので、彼の大使としての全権委任状も確認すべきだと芳澤に書いた。このような事が重なり、交渉開始は遅れた。

　五月五日、カラハンから正式に会議を始めたいと申し出があり、五月一五日にカラハンがソ連側の協約案を示したことで、正式な交渉が始められた。六月七日には、日本政府からの訓令に基づいた協約案を芳澤が提示し、交渉の土台はようやく整う。

　しかし六月九日に芳澤は、松井外相と意見に隔たりがある上に、日本政府の訓令に自分が納得できなければ、カラハンの説得は不可能なので、いったん帰国して意見を調整したいと松井に申し出る。松井は新内閣の成立まで、現地で交渉するよう返信した。そこで芳澤は、六月一二日に、新外相の幣原《しではら》喜《き》重郎《じゅうろう》の意見を質す。幣原は、協議のために芳澤の帰国を認めた。ただ芳澤は、前途に希望を抱いており、門司では記者にこう語っている。

　「交渉は六分方進捗し、残り四分も一致の可能性がある。［中略］政府の態度如何に依っては、協商は悲観すべきではない」[22]。

2 石油利権をめぐる角逐

清浦内閣が交代した後も日本政府は、日ソ交渉には慎重であった。一九二四年六月一一日、加藤高明を首班とする内閣が成立した。結局、この内閣のもとで日ソの国交は樹立されることになるが、幣原外相は当初、急ぐそぶりを見せず、こう語っていた。

「今は兎に角議會中で、閣僚も非常に取込んで居るから、とても當分それも茲《ここ》数日間は日露問題等を議する暇はないだろう」[23]。

加藤首相と幣原外相は、まず芳澤に北サハリンの視察を命じた。交渉を進める上で、現地を見ておくことが必要という配慮だが、方針を決めるまでの時間稼ぎだった可能性もある。

時を同じくして、ソ連でも新しい集団指導体制が発足していた。一九二四年一月二一日のレーニンの死の前後から、レフ・トロツキー（Лев Давидович Троцкий）とその他の政治局員が対立していたが、六月二日に党中央委員会総会は、新たな政治局員として、反トロツキー派のニコライ・ブハーリン（Николай Иванович Бухарин）を局員候補から昇格させた。トロツキーは政治局に踏みとどまるが、政治局は多数派を率いるヨシフ・スターリン（Иосиф Виссарионович Сталин）の手に落ちた。カラハンは、こうした政争が交渉に影響していると芳澤に語っている。トロツキーのような「偉勲者」ですら勢力を失うような国情なので、自分たちは「労働者ノ鼻息ヲ窺ハサルヘカラス」[24]。要するに、危うい権力基盤のもとで、国民の不興を買う譲歩は、指導部もできないということであった。

ただ国内の政争をよそに、ソ連の国際的な地位は上昇し続ける。六月一五日に、フランスでは左翼のエドワール・エリオ(Edouard Herriot)内閣が成立し、発足から二日後にソ連承認を公表する[25]。六月一八日にはデンマーク、七月六日にはアルバニア、八月一日にはメキシコ、八月六日には中東のヒジャーズ王国、九月一二日にはハンガリーもソ連を承認した。こうしてソ連を承認する国は雪だるま式に増えていった。

日ソ交渉の懸案は、北サハリンの石油利権と、そこからの日本軍撤兵に絞られる。ロシア帝国との交渉では必ずといっていいほど問題になった北洋漁業の漁業権について、日本側はポーツマス条約で認められた漁業権の確認だけにとどめたのが、交渉の妥結を促した。しかし、残る二問も難問であった。

ことに北サハリンの石油に執着していたのが、日本海軍である。六月一六日に、外務省の広田弘毅欧米局長に提出した意見書で、海軍省の中里重次《しげじ》軍需局長はこう記している。

「世界ノ列強ハ、石油ノ新利権獲得ニ対シテハ殆ンド熱狂的態度ヲ執リ、外交ノ一半ハ石油ノ争奪戦ニ在ル。[中略]我帝国ニ在リテハ、其ノ資源特ニ貧弱ニシテ[中略]、北樺太ニ期待スルモノ真ニ国情止ムヲ得サルニ出ツ」[26]。

当時、日本海軍の艦艇の大部分は石油を燃料とするようになっていたが、石油は日本帝国の領域内ではほとんど産出せず、海軍は仮想敵国のアメリカ合衆国から石油を輸入していた。石油不足は海軍のアキレス腱となっており、それだけに、北サハリンの石油利権は魅力的だった。すでに薩哈連《サガレン》州派遣軍占領下の北サハリンでは、石油の採掘が始まっていた。海軍は北サハリンの油田開発のため、一九一九年に久原鉱業、大倉鉱業、三菱鉱業などに北辰会を組織させた。北辰会は、一九二三年五月にオハ油田の試掘に成功している。

一方、芳澤の帰国中に、スターリンが動いていた。彼は六月一六日にカラハンへ書簡を送り、こう助言した。

「日本とは［交渉は］どうだ？　交渉は有利に終わると期待できそうか？　片時も日本の外交官どもを信じるな。一番信頼できない連中だ。ただ事実だけを信じろ」[27]。

カラハンがスターリンへ返信を書いたのは、七月一三日である。

「日本とのことは、あなたがご存知の通りです。彼らはどうしても我々と条約を結びたいが、彼らも石油だけは手放すわけにはいかないのです。私は毅然とした態度を保ちますが、決裂するとは心配しないでください。彼らは、私達よりも決裂を恐れているのです。彼らは北サハリンに居座っていますが、近い将来も登記の手続きはできず、大規模な資本を投じるのもリスクが高いために、石油事業を展開できないからです。しかし、石油事業は莫大な資本が必要で、そうでなければ立ち上げることもできない」[28]。

既に見てきたように、日ソ交渉の妥結を妨げていたのは北サハリンの石油利権だったが、カラハンは、むしろこれが取引材料になると考えていた。

スターリンは六月一九日に、政治局のトップとして、チチェーリンと、レオニード・クラーシン(Леонид Борисович Краси)対外貿易人民委員、ゲオルギー・ピャタコフ(Георгий Леонидович Пятаков)最高国民経済会議(ВСНХ)議長の三人が委員会を組織し、三日以内に対日交渉方針を政治局へ提出するよう命じた。条約締結に、北サハリンの利権供与が密接に結びついていたがゆえの人選である。

この委員会は、六月二一日に北サハリンの利権供与に二案を出す。第一案は、ソ連人三、日本人三、アメリカ人三の割合での合弁企業の設立である。これが資本金の構成なのかは書かれていない。第二案は、当時明らかになっていた埋蔵量のうちおよそ四割を、五〇年間にわたり日本へ供与するというものだ。

六月二七日、政治局は後者を採択した[29]。それは、アメリカ人を北サハリンの事業から排除することを意味した。それまでソ連はアメリカ人にも北サハリンの石油利権を与えることで日本を牽制していたが、日本との妥結を優先し、方針を転換したのである。

こうして日ソ交渉は仕切り直しとなる。北京に戻った芳澤から、カラハンに新たな交渉案が示され、交渉が再開されたのは八月四日である。

八月九日、チチェーリンはその提案をスターリンに渡すとともに、メモを同封した。メモには、政治局の会議で討議する前に、関係省庁での研究が必要であるが、討議に時間がかかるので、あらかじめ知らせたと記されていた。また最終決定には関係部局の会議だけでなく、政策全体の方向性にも沿うものでなければならないとしている[30]。これは、チチェーリンによるスターリンへの牽制であり、チチェーリンが交渉の主導権を握り続けるための駆け引きと考えられる。

八月四日の日本側の提案は、モスクワに不満を巻き起こした。ソ連側は、利権供与は他国よりも有利にするという「長期有利」という文言で曖昧にすますつもりだった。しかし、日本側の提案は、北サハリンの利権について、詳細な書き込みがあった。付属書三では、五五年間にわたり、日本側が指定した北サハリンの地域での石油採掘権を求めている。また採掘に必要だとして、港の築港や鉄道の敷設、木材伐採の許可も求めた。必要な物資の輸出入は非課税にし、労働者の管理も日本側が行う。生産された石油の内、ソ連側に渡されるのは五%のみだ。一方、日本軍撤兵の期限は「〇〇〇〇以内」とされ、空白だった[31]。

これにとりわけ強く反発したのが、ソ連のコンセッション委員会(ГКК)である。委員の一人であるミンキン(А. Е. Минкин)は、八月一二日にチチェーリンにメモを送り、日本が要求している区域は、北サハリンの油田、炭田が全て含まれているので、絶対に受け入れられないと抗議した。ミンキンは政治局にも直訴する[32]。

カラハンも同様に不満であった。日本側の提案は、ソ連の国内法を変えることを要求する程のもので、ソ連は敗戦国ではない、と強く反発した。そして、モスクワからの返答がない限り答えられないと、カラハンは芳澤との協議を拒否した。この提案が加藤内閣の閣議決定に基づくのも、あたかも「最後通牒」のようだと、カラハンを怒らせた[33]。

しかし対日交渉は、チチェーリンの強い意向の下で再開される。八月一四日に、政治局はチチェーリンの提案を承認し、あわせて、日本側の提案について新聞に手短な批判を公表すると決める[34]。

カラハンも態度を変え、八月二五日にチチェーリンに宛てた手紙で、こう書いている。「日本人はいま、簡単にわれわれとの交渉を決裂させることができません」。なぜなら、交渉の決裂は加藤内閣にとって「致命的な意味」を持つ。だから、彼らは最後の瞬間まで、決裂を避けようとするだろう。「そこで、私は日本政府の回答を静かに待つことを決めました」[35]。列強のソ連承認が続き、日本軍の北サハリンの「保障占領」に英米で批判が高まる中、加藤内閣は要求を引き下げても妥結すると、カラハンは読んだ。

八月二九日、日本側は北サハリンの石油事業に関する調書（覚書）をソ連側へ提出したが、カラハンは無理に交渉を進めない。彼は他にも、重大な仕事を抱えていた。張作霖《ちょうさくりん》との交渉である。こちらの奉ソ協定は、九月二〇日に奉天（現在の瀋陽）で調印され、ソ連は中東鉄道の共同経営者としての地位を確立した[36]。日本の後援を受けていた張作霖ですらソ連に接近したことは、日本の孤立を浮き彫りにした。

モスクワでは、一〇月二日に政治局が以下の決定を下した。北サハリンの石油は、埋蔵量の五〇％と、日本人が掘削した量の五〇％を日本へ提供する。一〇〇〇平方サージェン（四五五二平方メートル）の試掘を許すが、四〇〇〇平方サージェン（一万八二〇九平方メートル）までは譲歩を許す。調査期間は五年から一〇年。輸出入の税は徴収せず、五年間は材木税も免除する、という内容である[37]。これを、一〇月三日にカラハンが対案として提示する。

ミンキンとカラハンは、試掘地の面積を一〇〇〇平方サージェンのみにすべきだとしたが、チチェーリンは四〇〇〇平方サージェンまで譲ることを主張した。政治局は、この中間を取った。チチェーリンは、面積よりも、採掘を許可する場所にこだわる。彼は、サハリン島の北端にある、オハ河流域の石油産出地をソ連の手元に残すことを重視していた。ここは戦略上、重要なアムール河の河口に近い上に、ソ連極東の需要を賄える埋蔵量だというのが、彼の見通しであった[38]。

また、政治局の決定は下っても、チチェーリンはさらなる譲歩が必要と考えた。彼は、政治局が日本に与える利権の期限を四〇年と区切ったことに対し、日本側が求める四〇年から五〇年の間という条件を受け入れるよう、政治局を説得する。政治局はこれを認め、一〇月九日に、日本が石油と石炭を採掘できる期間を、四〇年から五〇年の間と決定した[39]。

3　日本軍の撤兵期限

北サハリンの利権に次ぐ争点が、北サハリンを占領する日本軍の撤兵である。チチェーリンは日本軍の撤兵が先であり、その後に条約に調印することにこだわった。

一方、日本側では、北京で会議を再開するにあたり、加藤内閣から芳澤に与えられた七月二九日付の訓令で、撤兵には同意するものの、いつから撤兵するかについては空白のままとせよと指示されていた。しかも、一一月からは撤兵が困難なので、九月中旬までに交渉がまとまらなければ、本年中に撤兵することはできないという条件も付けられていた[40]。

これはカラハンを強く刺激し、八月五日には次の様に述べ、期限を示すよう芳澤に詰め寄る。

「右期間ニ付テハ、巳ニ十分ノ予想モ付居ルニ相違ナキニ拘ハラス、強テ之ヲ示ササルハ、極メテ不誠実ナル懸引《かけひき》ノ魂胆ナリ」[41]。

一〇月になってからも、カラハンは、大砲や軍需品などは翌年の春まで管理を引き受けるので、軍隊だけは早急に引揚げるわけにはいかないかと、譲歩を迫った。ここまでカラハンが撤兵にこだわったのは、国交樹立後も、外国の軍隊が国内に駐留しているのは好ましくない、というソ連政府の意向があったためである[42]。

しかしカラハンは、一〇月九日にチチェーリンに送った書簡で、妥協も迫っていた。

「あなたのご指示は、彼らが冬までに撤兵しなければ、どのような協定にも調印しないという結論でした。このことは、私が断固として、はっきりと申し上げたことですが、今は貴下にもう一度おたずねします。このようなことでは、実のある協定は結ぶことができません。この問題はよく考え、見直すべきです」[43]。

こう書くカラハンは、もし日本軍が撤兵しないのなら調印すべきではないが、もし撤兵するのならば、先に調印するのを認めるよう、チチェーリンに提案した。しかし、モスクワはなお慎重であった。一〇月一六日に政治局は、航行可能な時期である翌年春まで日本軍が撤兵できない場合、協定を結ぶことが可能かどうか、外務人民委員部と統合国家政治保安部、ソ連革命軍事会議が共に検討するよう命じた[44]。結局、ソ連の軍部は、冬でも陸路でならば日本領であるサハリン島の南部に撤兵する事は可能でないかと疑義を呈し、チチェーリンもそれに賛同する回答を政治局に提出する[45]。

一方、九月一九日に加藤内閣は、北サハリンでの駐留継続を閣議決定する[46]。北サハリン撤兵に難色を示していたのは、日本陸軍だ。一〇月一四日にも、元薩哈連《サガレン》州派遣軍参謀長で、陸軍次官の津野一輔《かずすけ》少将から、松平恒雄《つねお》外務次官に対し、一一月以降には海が凍るため、海上輸送は不可能という通知がなされている[47]。陸軍は、撤兵を来春にしたいのが本音であった。もっとも幣原外相は、結氷の時期は年によって違うから、協約が成立次第、撤兵は実行するように努めるという柔軟な方針を芳澤に示している[48]。

ただ幣原外相は、年内に妥結の見通しが立たなくなると、冬季の撤兵に強く反対するようになる。一九二四年一二月末に、幣原は新聞記者へこう語っている。

「撤兵は来年五月の解氷期にならなければ事実出来ないので、夫《そ》れまでは或地點に軍隊を集めて置くのである。従って撤兵した地方の軍事警察権は先方に譲ることゝなるが、武装解除は決してしない。武装解除は戦ひで敗れた軍隊のすることである」[49]。

一月二日の幣原から芳澤への訓令には、カラハンが提唱する、砕氷船を使っての撤兵は多大な困難を伴うから、とうてい承諾できないと記されていた。そこで、撤兵の時期は、薩哈連州派遣軍の司令部があったアレクサンドロフスク・サハリンスキー(亜港)における現地交渉で決めるのが良いのではないか、と幣原は書く[50]。結局、この撤兵問題は、日ソ間で最後まで争われることになる。

さらに幣原外相は、ポーツマス条約の継承に強くこだわる。もしポーツマス条約を「毀損」することになれば、新条約は枢密院を通過しないであろうし、世論も強く反発するので、絶対に認められないと芳澤に打電している[51]。芳澤もこれに同意し、ポーツマス条約に手を触ることは、結局、阻止されることになる。

こうした事情を知ってか、カラハンは、交渉を止めているのは幣原だと考えた。一一月二八日のチチェーリンへの手紙で、芳澤と外務省の意見が対立しているが、芳澤はソ連案に近いことを明かし、「芳澤は我々の要望を取り上げてくれるが、幣原は反対だ」と書く[52]。ちなみにカラハンはチチェーリンに、日本の初代駐ソ大使として、芳澤が望ましいとも述べた。カラハンは芳澤に信頼を寄せるようになっていた。

なおソ連の軍部も、ポーツマス条約継承の有無を重視していた。ソ連革命軍事会議のヨシフ・ウンシリフト(Иосиф Станиславович Уншлихт)副議長は、一〇月一六日にチチェーリンと政治局に覚書を提出する。彼がポーツマス条約で問題とした部分は多岐に渡るが、第九条の「樺太」の非武装化の条項もその一つであった。その条項によれば「日本國及露西亞國ハ薩哈嗹島又ハ其ノ附近ノ島嶼ニ於ケル各自ノ領地内ニ堡壘其ノ他之ニ類スル軍事上工作物ヲ築造セサルコトニ互ニ同意ス」とされていた。この条項にウンシリフトは、この地域において軍民用の飛行場建設は認められるべきだ、と主張した[53]。

その上でウンシリフトは、以下を要求するよう、チチェーリンと政治局に求めた。日本側に譲与される土地には飛行場を建設しない。必要不可欠であれば無線通信は認めるが、無線通信所の新たな建設は認めない。北サハリン周辺海域への日本の軍用艦艇の航行を禁じ、それらが使用するために、港湾を建設することも、改修することも禁止する。武器の輸出入は全面的に禁止し、警備員以外の上陸も禁止する。日本人従業員のソ連領内への立ち入りも禁止する[54]。こうした細々とした条件は、日本側に石油や石炭採掘を許した場所が軍事的に転用されるのを、ソ連の軍部が嫌ったことを示している。特に、警備と称して日本海軍が北サハリン沖を航行し、日本陸軍が上陸するのを恐れた。

ソ連の軍部では、日本軍の撤退を促すために、占領下に置かれている北サハリンへの派兵も検討された。一九二四年一二月にミハイル・フルンゼ(Михаил Васильевич Фрунзе)陸海軍人民委員代理は、チチェーリンに次のように語った。冬であっても、もし人数を繰り出すのが必要なら、氷の上を犬ぞりで渡り、サハリン島北端へ差し向けることもできる。ただ派兵できるのは、占領した岬を守れる兵力でしかない。そうなると、解氷までの六ヵ月間、その部隊は日本軍と対峙することを余儀なくされる。けれども、サハリンのロシア系住民は軟弱で、当てにならない。おまけに、冬季の部隊の急派には、巨額を要するだろう。結論としては、我々が北サハリンを占領できるのはやっと来年の四月からなので、これは日本側の提案とも条件が合うのではないか、と[55]。フルンゼは、日本に自主的に撤兵させる方が、軍事的にも財政的にも負担が少ないと、チチェーリンに妥協を勧めたのである。

フルンゼの意見をもとに、今度はチチェーリンが政治局へ妥協を促した。チチェーリンは一九二五年一月一日、この件を政治局に報告した。我々は、とりわけ日本軍に、サハリン島の西岸部（間宮海峡をはさんだ大陸の対岸部）から早急に撤退してもらいたいと考えている。しかしフルンゼは、充分な兵力をもってサハリンに押し出せるのは四月だという、と[56]。

これを受け、政治局は一月三日に決定を下す。日本軍の撤兵は一九二五年四月中旬までに遅れることなく始め、遅くとも同年六月末までに完了させる。わずか二ヵ月間での早急な撤兵を求めるのは、北サハリンでのソ連の統治の確立に支障をきたさないためである、との但し書きがついていた[57]。北サハリンをソ連に編入するのに日本軍は邪魔だが、撤兵が調印後になるのを、政治局は渋りながらも認めたのである。

4 ベッサラビア問題

ところで、先行研究では見落とされているが、この他にソ連側が重視した議題にベッサラビア問題がある。ベッサラビアは、黒海に面した豊かな農業地帯であり、現在は、モルドヴァとウクライナにまたがる地域にある。一九世紀からロシア帝国領であったが、隣接するルーマニアとの間で帰属争いが絶えなかった。一九一七年のロシア革命後、ルーマニア軍が進駐する。一九一八年四月に、同地のルーマニア人は、ルーマニア軍を頼みに、ルーマニアとの合併を決議した。ソ連政府は抗議したものの、一九二〇年一〇月二八日に、ルーマニア政府と英仏伊日の各国が結んだパリ条約によって、ルーマニアへの帰属がこれらの国々に承認された。

なぜ、一見したところ日ソ関係とは関わりのないこの問題が議題になったのか。それは、ベッサラビアのルーマニアへの帰属を認めたパリ条約を、フランスが一九二四年四月に批准し、日本も批准する直前だったためだ。ソ連側は、日本の批准を、日ソ交渉の妥結と引き換えに阻止しようとした。そもそもソ連側がこの問題にこだわる理由について、カラハンはこう説明している。いまソ連の領土で外国に占領されているのは、ベッサラビアと北サハリンのみである。日本がベッサラビアの併合を容認するのは、ソ連にとって面白くない印象を与える、と[58]。なお、ベッサラビアも北サハリンと同じく石油を産出する地域だ。

もっとも芳澤は、この提議は、交渉を牽制するためのソ連の「権略」であると、当初は真面目に取り合おうとしなかった[59]。しかし、交渉の妥結直前までカラハンはベッサラビア問題を議題にし続ける。結局、一九二五年一月二〇日の調印に際して、他のヨーロッパ諸国が全て批准しない限り、日本も批准しないと、芳澤がカラハンとの往復書簡で確認することで決着した。カラハンは一月二五日に、チチェーリンへこう報告している。

「ベッサラビアについては、残念ですが、私の粘りにもかかわらず、ベッサラビア議定書を批准しないとの無条件の声明を、彼ら[日本]から引き出すことはできませんでした。けれども、このような形であれ、いくらかの得点にはなると思います。もしイタリアがベッサラビア議定書を批准しないのならば、日本も同じく批准しないように、我が政府が抗議の意思を表明すればよいと信じます」[60]。

なお、イタリアはパリ条約を一九二七年に批准したものの、ソ連の働きかけもあって、ついに日本は批准せず、正式に発効しなかった[61]。第二次世界大戦が始まると、ソ連は前年の独ソ不可侵条約に基づき、一九四〇年にベッサラビアを占領し、モルダヴィア・ソヴィエト社会主義共和国を創設する。更には一九四七年の連合国とルーマニアの平和条約で、ベッサラビアのソ連への移譲が各国に認められた。このように、一九二四～二五年の日ソ基本条約をめぐる交渉が、遥かかなたの東欧の一地域の命運を左右したことは知られていない。

5　条約調印

一九二四年末、石油利権と撤兵というサハリンに関わる案件で、日ソ交渉は膠着していた。一九二四年一二月二〇日に、カラハンはスターリンへ宛てて次のように書いている。

「日本との交渉は、より悪化している。全協定についてがんばっているが、最も重要なサハリンについてまだ妥結できない。妥結は、最終的に一月の間となるでしょう」[62]。

日ソは折衷案を出すことにして、一二月二七日に芳澤から具体的な解決策が提示される。それを受けて、モスクワの政治局は、年が明けた一月三日に、石油と撤兵の条項で譲歩してでも、早急な調印をカラハンに求めると決議した。日本の求める宣伝禁止条項は、一九二四年に結ばれた英ソ条約に則るものにすることも決める。撤兵は、遅くとも四月中旬までに開始し、六月末までに完了させることを条件とした。ただ、北サハリンのソ連の統治は、「物理的に可能になり次第」始める、としている。日本軍の撤兵を待たずに、北サハリンの統治を始めるということだ。この提案を提議したのはチチェーリンとピャタコフで、政治局を代表して決議に署名したのはスターリンである[63]。

しかしカラハンはなお粘った。特に、譲渡される石油の地積は五割とする日本の主張を、彼はどうしても受け入れられなかった。譲れないのは芳澤も同じだ。一九二五年一月九日と一〇日に、カラハンから対案が出されるが、一月九日に芳澤は幣原外相へ、地積の要求が認められなければ、交渉を決裂させても良いかと伺いを立てる[64]。同じ日に、カラハンもスターリンへ書簡を送る。

「私が思うに、これから先、日本へ屈することもなく、日本人は私たちに頭を下げてくることでしょう。けれどもモスクワは、総合的に判断して、譲歩してでも、いま条約を締結したいと考えているようです。譲歩はそれほど大したものではありません。なぜならサハリンの石油はそれほど素晴らしいものではなく、彼らが要求する八地区全てを与えたとしても、彼らは黄金の山を手に入れるわけではないのですから。実は、いま日本は、砲を向けて我々を脅していますが、妹[実際は娘]を日本の加藤首相に、娘を幣原外相に嫁がせている三菱を筆頭とする、大財閥の利益に直結しているからなので、私は決裂しても良いとさえ思っています。最終的に、これらの一団はどうにもならなくなって、日本のブルジョワ国民政府は、我々と合意する必要があると決めるでしょう」[65]。

カラハンが強気を貫いたのは、結局は石油のため、三菱財閥などの圧力を受けた加藤内閣が、頭を下げて来ると確信していたからだ。確かに北サハリンの利権開発には、三菱を始めとする日本の財界が深く関与していた。ただ三菱財閥の意向が加藤内閣の外交をどこまで左右したか、確かめる術はない。

一方でカラハンと芳澤は、石油を除く問題を優先してまとめ、決裂を回避した。既成事実が積みあがる中で、両国政府も態度を軟化させる。ついにカラハンが折れ、地積五割で譲歩した一九二五年一月二〇日に、日ソ基本条約は調印された。

日ソ基本条約中、最も重要なのは、その第二条で、ポーツマス条約が「完全ニ效力ヲ存續スルコト」をソ連側が認めたことだ。次に、北サハリンの利権譲渡を定めた第六条である。ソ連は「鑛産、森林及其ノ他ノ天然資源ノ開發ニ對スル利權ヲ日本國ノ臣民、會社及組合ニ許與スルノ意嚮《いこう》ヲ有ス」と表明した。

議定書(乙)で定められた石油利権の配分は、妥協の産物であった。石油の埋蔵が認められた油田地積の五〇%を日本側に供与するというのは、芳澤の主張した六〇%、カラハンの主張した四五%の間をとっている。

撤兵については、議定書(甲)の第三条で定められた。北サハリンの気候が日本軍の即時の帰国を妨げているとして、一九二五年五月一五日までに、「完全ニ撤退セラルヘシ」と定めている。このように、撤兵の期限については、ソ連側が大幅な譲歩を示した。

協定に不満なカラハンは、面識のある『大阪毎日新聞』の特派員、布施勝治《ふせかつじ》に皮肉を述べる。

「サウェート連邦は八年間に対内対外共に強くなった。殊《こと》に昨年著しい発展を遂げた。[中略]日本の政治家にして、今少し先見の明があったら、とっくにこの事実を認めたであろう。併し日本は甚だしく遅れてそれを覚ったが、これがために露国は却《かえっ》て得をした。数年前であったら、日本は遥《はるか》に有利な条件で妥協が出来たであろう」[66]。

しかし、カラハンは別として、交渉の関係者は一様に満足の意を示す。芳澤は、一月二〇日に調印に至るまで談判が進むとは予期していなかったが、日本政府とカラハンの「妥協的精神」で条約を結べたと語る[67]。幣原外相も、国交回復後に不愉快な問題を残さないようにしたので、交渉には意外と時間がかかったが、ソ連側も「誠意を披歴」したので調印できたと語る。加藤首相も、「我が国の面目利益を損する所なく」調印できたと述べた[68]。

チチェーリンも声明文を作成し、これが一九二五年一月二二日付のソ連政府の機関紙『イズヴェスチア』(Известия)の一面を飾った。

「ウラジオストクから日本軍が一掃された次の日に、ウラジーミル・イリイッチ[レーニンへの敬称]は、[モスクワの]ボリショイ劇場で、聴衆の万雷の拍手を浴びながら言った。『ウラジオストクは我々のものだ』、と。いまや、ウラジオストクは『我々のもの』として揺るぎないものとなった。ロシア極東は平和的な発展の時代に入り、全ての隣国と友好関係が築かれたのだ」[69]。

チチェーリンは、日本からも譲歩が引き出せたと満足し、二月八日に、いち早く条約を批准するよう政治局を促した。

スターリンも、さらなる日本との関係強化に期待を寄せる。二月一九日に、カラハンへこう書いた。

「カラハンへ頼みがある。国民党のことと、孫[文]の健康、いまの中国政府について、中国における英米と日本の動向、そして日本ともっと緊密な関係を築けるかも(このことはとても重要なのだ――傍線原文)知らせてくれ」[70]。

短い手紙から憶測するに、スターリンは中国情勢をにらみつつ、アジアでは英米に対抗するため、日本との関係強化に期待したのだろう。その背景には、イギリスとの関係悪化がある。一九二四年一〇月二九日の議会選挙で保守党が勝利すると、スタンリー・ボールドウィン(Stanley Baldwin)を首班とする新内閣は、調印済の英ソ通商条約の批准をとりやめていた。

改善が期待された日ソ関係も、一九二五年末の郭松齢《かくしょうれい》の反乱で険悪となる。日本側は、張作霖が絶体絶命の危機に陥ったこの反乱の背後で、ソ連が糸を引いていると信じていた[71]。こうして、スターリンの日本への期待は露と消えた。条約を結んだところで、その後の両国関係の安定は保証されるものではない。国交樹立は、外交の一通過点に過ぎないことは、その後の日ソ関係からも明らかだろう。

おわりに

最後に、芳澤とカラハンのその後を記しておきたい。芳澤は、初代駐ソ大使にと幣原外相に乞われたが、駐華公使にとどまった。駐華公使の職務を全うしたいというのがその理由であり、満洲事変の渦中では犬養毅内閣の外相を務めている。

カラハンは一九二六年にモスクワへ帰任した後も、外務人民委員代理などの要職を占め、一九三四年には駐トルコ大使となる。しかし、一九三七年一二月二〇日に、ソ連のタス通信は彼の銃殺を伝えた[72]。この一報を聞いて、芳澤はカラハンの思い出を記者に次のように語っている。

「カラハンの罪状というのは全然解《わか》りませんが、人間としては極めて愉快な捌《さば》けた人でした。カラハンが支那公使になるとすぐ日ソ国交恢復の希望をもらしてきたので、私も本国政府の訓令をうけ折衝を始めましたが、何分實に折衝が細かくて、そのうへロシア人特有の粘り強さで、さすがの私も閉口しました。私が晝飯《ひるめし》をご馳走すると、向ふも晝飯をご馳走するといふ風で、お互ひに相互主義でやり、時には大激論をして十ヶ月もかかりました。〔中略〕かうしたことも一つの時代でせうが、個人としてはまことに気の毒にたへません」[73]。

日ソ基本条約は、両国の政治体制や経済制度の違いを乗り越えて結ばれた。日本とソ連の「国体」は水と油でも、隣国として解決すべき問題が山積していたためだ。この条約は、それぞれ国内の反対派を抑え込んで調印されたが、ソ連が世界での承認を次々に獲得した国際情勢に最も後押しされていた。

一九四一年四月九日に、ヴャチェスラフ・モロトフ（Вячеслав Михайлович Молотов）外務人民委員は、松岡洋《よう》右《すけ》外相との会談で北サハリンの利権に触れ、「こういう利権の存在がソビエト連邦と日本の関係を傷つけている」と批判した[74]。そして松岡は、日ソ中立条約を結ぶ代わりに、北サハリンの利権の解消を事実上、約束させられた。しかし、日ソ中立条約はわずか四年でソ連に一方的に破棄される。これに対し、日ソ基本条約が両国に一六年間の平和をもたらした史実は記憶されるべきだろう。

付記　本章執筆にあたり、藤本健太朗氏（京都大学講師）の助言をいただいた。記して感謝する。

註

1——外務省欧亜局第一課編『日「ソ」交渉史』巌南堂書店、一九六九年。

2——小林幸男『日ソ政治外交史——ロシア革命と治安維持法』有斐閣、一九八五年。

3——エリ・エヌ・クタコフ（ソビエト外交研究会訳）『日ソ外交関係史』全三巻、刀江書院、一九六五～六七年。

4——近年、ロシアの文書館史料や史料集を用いて、一九二〇年代前半のソ連側の対日戦略を明らかにしようとする論考が、若手研究者の努力で増えてきている。ただ、本章の扱う日ソ基本条約の本交渉については、手つかずのままである。かろうじて、石油利権の交渉について、富田武がその一端を明らかにしているに過ぎない。富田武『戦間期の日ソ関係——一九一七～一九三七』岩波書店、二〇一〇年、四四～五〇頁。

5——藤本健太朗「極東共和国とソヴィエトロシアの対日政策——ワシントン会議・大連会議・ワルシャワ会談」『二十世紀研究』第一八号、二〇一七年、六八頁。

6——外務省編『日本外交文書』（以下、『日外』と略記）大正一二年第一冊、外務省、一九七八年、四六〇～四六七頁。

7——『読売新聞』一九二四年二月二〇日（朝刊）。

8——『日外』大正一三年第一冊、三七八～三七九頁。

9——『日外』大正一三年第一冊、三七九頁。

10——『読売新聞』一九二四年三月一四日（朝刊）。

11——『日外』大正一三年第一冊、三八三頁。二月二六日には、ウラジオストク総領事館付武官たちも、スパイ容疑で逮捕される。結局、ウラジオストクの日本人は二〇名近くが検挙され、四月中旬まで釈放されなかった。この事件は以下に詳しい。舟川はるひ「ウラジオストク総領事館館員拘禁事件についての考察」中村喜和、長縄光男、ポダルコ・ピョートル編『異郷に生きるV』成文社、二〇一〇年。

12——『日外』大正一三年第一冊、三九五頁。

13——『日外』大正一三年第一冊、四〇四頁。

14——『読売新聞』一九二四年三月一四日。

15——『日外』大正一三年第一冊、四一二頁。

16——G. N. Sevostianov (ed.), *Moskva-Tokio: Politika i diplomatiia Kremlia. 1921-1931 gg.* Vol. 1. [以下、*Moskva-Tokio,* Vol. 1と略記] (Moscow: Nauka, 2007), p. 235.

17——*Moskva-Tokio,* Vol. 1, p. 238. この時期、ソ連の政策の最終的な決定権は、政治局と組織局の局員も兼ねるスターリン書記局長に握られようとしていた。チチェーリンは一九一八年から外務人民委員だが、党幹部である共産党中央委員に任命されるのは一九二五年からであり、党内序列では、スターリンのはるか下だった。しかし、当時のスターリンは日本について疎く、チチェーリンが影響力を発揮する余地があった。カラハンは、チチェーリンとスターリンの双方から信頼されており、スターリンと直接、手紙のやり取りもしたが、多くの場合、チチェーリンと相談していた。

18——*Moskva-Tokio*, Vol. 1, p. 240.

19——『日外』大正一三年第一冊、四三五〜四三六頁。

20——『日外』大正一三年第一冊、四四五頁。

21——A. I. Kartunova and M. L. Titarenko (eds.), *Perepiska I. V. Stalina i G. V. Chicherina s polpredom SSSR v Kitae L. M. Karakhanom: Dokumenty, avgust 1923 g.–1926 g.*［以下、Perepiska I. V. Stalina i G. V. Chicherina と略記］(Moscow: Natalis, 2008), p. 202.

22——『読売新聞』一九二四年六月二〇日(朝刊)。

23——『読売新聞』一九二四年七月八日(朝刊)。

24——『日外』大正一三年第一冊、四三一頁。

25——大井孝『欧州の国際関係　一九一九〜一九四六——フランス外交の視角から』たちばな出版、二〇〇八年、二三九頁。

26——『日外』大正一三年第一冊、六〇一〜六〇二頁。

27——*Perepiska I. V. Stalina i G. V. Chicherina*, p. 237.

28——*Perepiska I. V. Stalina i G. V. Chicherina*, p. 274.

29——*Moskva-Tokio*, Vol. 1, pp. 252-254.

30——*Moskva-Tokio*, Vol. 1, p. 262.

31——『日外』大正一三年第一冊、六一六〜六一九頁。

32——富田『戦間期の日ソ関係』、四六〜四八頁。

33——『日外』大正一三年第一冊、六二〇〜六二二頁。

34——*Moskva-Tokio*, Vol. 1, p. 266.

35——*Moskva-Tokio*, Vol. 1, p. 271.

36——この条約交渉の詳細は以下を参照。麻田雅文「張作霖とソ連の「盟約」——奉ソ協定（一九二四年）の再考」麻田雅文編著『ソ連と東アジアの国際政治』みすず書房、二〇一七年。

37——*Moskva-Tokio*, Vol. 1, p. 291.

38——*Moskva-Tokio*, Vol. 1, p. 300.

39——*Moskva-Tokio*, Vol. 1, p. 292.

40——『日外』大正一三年第一冊、六一二頁。

41——『日外』大正一三年第一冊、六二五頁。

42——『日外』大正一三年第一冊、七四六頁。

43——Ministerstvo Inostrannykh Del SSSR, *Dokumenty Vneshnei Politiki SSSR* (Moscow: Gospolitizdat, 1963), Vol. 7. p. 485.

44——*Moskva-Tokio*, Vol. 1, p. 297.

45——*Moskva-Tokio*, Vol. 1, p. 299.

46——『日外』大正一三年第一冊、七一二頁。

47——『日外』大正一三年第一冊、七四九頁。

48——『日外』大正一三年第一冊、七六〇頁。

49——『東京朝日新聞』一九二四年一二月二九日（朝刊）。

50——『日外』大正一四年第一冊、七六四頁。

51——『日外』大正一三年第一冊、七六四頁。

52——*Moskva-Tokio*, Vol. 1, p. 304-306.

53——*Moskva-Tokio*, Vol. 1, p. 296.

54——*Moskva-Tokio*, Vol. 1, pp. 296-297.

55——*Moskva-Tokio*, Vol. 1, p. 316.

56——*Moskva-Tokio*, Vol. 1, p. 319.

57——*Moskva-Tokio*, Vol. 1, pp. 319-320.

58——『日外』大正一三年第一冊、四七三頁。

59——『日外』大正一三年第一冊、四六四頁。

60——*Moskva-Tokio*, Vol. 1, p. 328.

61——JACAR（アジア歴史資料センター）. Ref. B13081325000. 第六四議会用調書上巻（議O28）（外務省外交史料館）。

62——*Perepiska I. V. Stalina i G. V. Chicherina*, p. 399.

63——Rossiiskii gosudarstvennyi arkhiv sotsial'no-politicheskoi istorii［以下、RGASPIと略記］. f. 17. op. 162. d. 2. l. 54.

64——『日外』大正一四年第一冊、四三一〜四三二頁。

65——*Perepiska I. V. Stalina i G. V. Chicherina*, p. 419.

66——『大阪毎日新聞』一九二五年一月一六日。

67——『東京朝日新聞』一九二五年一月二二日（朝刊）。

68——『東京朝日新聞』一九二五年一月二三日（朝刊）。

69——*Moskva-Tokio*, Vol. 1, p. 323.

70——RGASPI. f. 558, op. 11, d. 745, l. 27.

71——詳細は以下を参照。麻田雅文『満蒙——日露中の「最前線」』講談社選書メチエ、二〇一四年、第四章。

72——ソ連への反逆行為による断罪で、実際は、カラハンは九月二〇日に処刑されていたともいう。西村文夫「スターリン生誕百年とソ連の政治社会潮流（要旨）」『ソ連・東欧学会年報』一九七九年八号、六五頁。

73——『読売新聞』一九三七年一二月二一日（夕刊）。

74——ボリス・スラヴィンスキー（高橋実、江沢和弘訳）『考証日ソ中立条約——公開されたロシア外務省機密文書』岩波書店、一九九六年、一〇五頁。

参考文献

エリ・エヌ・クタコフ（ソビエト外交研究会訳）『日ソ外交関係史』全三巻、刀江書院、一九六五〜六七年

外務省編『日本外交文書』大正一二年第一冊、外務省、一九七八年

外務省欧亜局第一課編『日「ソ」交渉史』巌南堂書店、一九六九年

小林幸男『日ソ政治外交史──ロシア革命と治安維持法』有斐閣、一九八五年

富田武『戦間期の日ソ関係──一九一七〜一九三七』岩波書店、二〇一〇年

藤本健太朗「極東共和国とソヴィエトロシアの対日政策──ワシントン会議・大連会議・ワルシャワ会談」『二十世紀研究』第一八号、二〇一七年

舟川はるひ「ウラジオストク総領事館館員拘禁事件についての考察」中村喜和、長縄光男、ポダルコ・ピョートル編『異郷に生きるV』成文社、二〇一〇年

ボリス・スラヴィンスキー（高橋実、江沢和弘訳）『考証日ソ中立条約──公開されたロシア外務省機密文書』岩波書店、一九九六年

西村文夫「スターリン生誕百年とソ連の政治社会潮流（要旨）」『ソ連・東欧学会年報』一九七九年八号

A. I. Kartunova and M. L. Titarenko (eds.), *Perepiska I. V. Stalina i G. V. Chicherina s polpredom SSSR v Kitae L. M. Karakhanom: Dokumenty, avgust 1923g.–1926g.* (Moscow: Natalis, 2008).

G. N. Sevostianov (ed.), *Moskva-Tokio: Politika i diplomatiia Kremlia. 1921-1931 gg.* Vol. 1. (Moscow: Nauka, 2007).

Ministerstvo Inostrannykh Del SSSR, *Dokumenty Vneshnei Politiki SSSR* (Moscow: Gospolitizdat, 1963), Vol. 7.

第II部

国際社会の緊密化

――国際機構・軍縮・国際法・経済

第4章

日本外務省と国際連盟軍縮、安全保障問題

――国際協調の限界とアジア・モンロー主義的政策の形成過程

種稲秀司
TANEINE Shuji

はじめに

一九二〇年一月一〇日に発足した国際連盟(以下、連盟)は軍縮と集団安全保障、国際紛争に対する仲裁や司法的解決に加えて、連盟理事会(以下、理事会)の審査を経ずに戦争に訴えることを禁止した普遍主義的国際機構であったが、日本は常任理事国になったにもかかわらず、自国の死活的利益に不利に作用するのを恐れてその事業には消極的な態度をとり、満洲事変以降は普遍主義への幻滅と不信感を深めて普遍主義の東アジアへの適用を防止、留保する地域主義に傾いた[1]。一方で普遍主義への適合の試みも指摘されている。経済面では門戸開放の修正は求めても主義としては支持、大東亜共栄圏構想にも経済的普遍主義理論を取り込んでいる[2]。国際司法制度にも外務省は何等かの形で「緊切ナル利益」、わけても中国への適用留保を求めたが、当初は反対していた常設国際司法裁判所(以下、PCIJ)の応訴義務の容認に傾くなど、国際社会の潮流をみて柔軟な対応をしていた[3]。

以上から第一次世界大戦後の日本は、経済政策や国際司法制度という非政治的分野では普遍主義との適合を試みたといえるが、軍縮、安全保障などの政治的分野では消極姿勢をとる二面性があったと指摘できる。特に軍縮、安全保障は連盟の目玉であったが、日本は戦間期前半の国際協調時代や第二次世界大戦の終戦間際ですら東アジアに対するその枠組適用を拒絶、あるいは留保を求めたように[4]、最も譲れない問題であった。だが、近年深化している戦間期日本の政治外交史に関する研究の多くが東アジア地域との関係にだけ焦点をあてる傾向がある[5]。国際協調を標榜した戦間期前半の日本の東アジア外交の全体像を明らかにするには、連盟や国際司法制度を含めたグローバルな国際関係の中の東アジアというアプローチが必要だろう。

本章は次の点を明らかにする。第一は日本にとっての国際協調の限界である。普遍主義的国際秩序に対する適合、消極の二面性は当初西欧諸国も同じであったが、一九二五年のロカルノ条約を機に西欧諸国は普遍的秩序への歩みを強める。時代の変化の中で日本は二面性のバランスをどう変化させたのか、消極姿勢の理由をどこに求めたのか。第二は、東アジアに対する日本の責任意識である。宮田昌明氏は、日本は戦間期以前から一九三〇年代にかけて大国としての責任意識から東アジア地域の秩序形成を試みたとするが、連盟(特に軍縮、安全保障)との関係の考察が欠落しており[6]、責任意識が日本政府当局者から強調されたのは主に満洲事変以降である[7]。こうした態度の変化はどのような過程を経てなされたのか。第三は、外務省のアジア派(含、革新派)と欧米派(含、連盟派)の近接点である。本章が論じる連盟軍縮と安全保障、国際司法制度について、外務省では前者を臨時平和条約事務局第一部(一九二四年一二月の同部廃止後は条約局第三課)が、後者は条約局第三課(一九二四年一二月以降は同第二課)が主管、特に条約局は機能局として欧亜両問題を扱い、松田道一、佐分利貞男、栗山茂といった欧米派、連盟派が数多く集った。これに対してアジア派、革新派の中心人物である有田八郎、白鳥敏夫、谷正之、重光葵、守島伍郎は長い欧米経験を有する元欧米派であり、彼らの特徴であるアジア・モンロー主義的政策が表面に表れたのは満洲事変以降で、同事変ではアジア・欧米両派とも連盟の容喙を排除する基本的見解は近接していた[8]。そう考えると、アジア派・革新派は政策思想的には欧米派から分岐した可能性があるのではないか。川村茂久(亜細亜局第一課事務官)は幣原(欧米)派であった白鳥、谷、重光は満洲事変という「時運」により自然に幣原外交の清算に傾いたというが[9]、なぜ欧米派の中からアジア派、革新派に転じた者が生まれたのかを問う必要がある。そこには、普遍主義的国際機構は日本の国益に適合しがたい部分があるとの外務官僚の一般的なイメージがあるのではないか。

本章では以上の問題意識に基づき、日本が国際協調の枠の中にありながらも、列国に対する対中外交の主導性を希求してきた二〇世紀初頭からの流れの中で、第一次世界大戦後の国際秩序の軸に成長しつつあった普遍主義的国際機構と、これをめぐる西欧国際社会の動向にどう対応したのかを明らかにすることで、満洲事変を機に連盟から脱退し、東アジアに対する普遍主義的国際機構の影響力を制限して独自の地域秩序形成を求めるに至る外務省の対応変化と政策潮流の特徴を明らかにする。

1　日本にとっての国際協調とその限界

明治中葉以来の日本の大陸政策は主に世界各地に勢力範囲を有する欧米諸列強国との協調の枠組の中で行われた[10]。その際の特徴が門戸開放・機会均等主義への積極姿勢で、これは西洋列強による清国分割を掣肘しつつ対中貿易を伸張させるカードでもあった[11]。日本は一九〇二年に締結した第一次日英同盟で「極東」(第二次以降は「東亜及印度」)の平和維持と並んで、門戸開放・機会均等主義を清韓に対する"special interests"と位置づけた。その後は、地理的懸隔と欧州の緊張深化を背景に、東アジアにおける自国の利益擁護を日本に委ねようとする英仏露の意図もあり、日仏協約や第一次日露協約、高平・ルート協定を通じて門戸開放主義とともに、中国大陸における利益擁護に関する相互了解を獲得した[12]。一方で、日露開戦時に韓国の存亡は日本の安危に関わる"essential"、"vital"なものと表明するなど、清韓両国に重大な利害関係を有しているとした[13]。このような利害関係の強調は、国際協調と東アジアに対する日本の主導性を両立させる分水嶺となる概念であった。

日露戦後の外交政策の基調となった一九〇八年九月二五日の第二次桂太郎内閣の閣議決定では、中国に対する「共通ナル事項」には同一歩調をとるとする一方で、日中間の政治的、経済的に密接なる関係から中国に対する「優勢ナル地位」を確保することに加え、満洲における「特種ノ地位」の永久化に関して漸進的に列国の承認を獲得するとした[14]。しかし、実際には四国借款や辛亥革命への対応のように、中国に対する日本の主導性の発揮は不十分だった。

第一次世界大戦で日本は参戦の大義名分を日英同盟の趣旨である「極東ノ平和」に求め、英仏からの欧州戦線への派兵要請に対しては財政上の見地、自国防衛への影響や軍事能力上の問題に加えて、東アジアの平和維持の必要性を理由に謝絶した[15]。また、一九一四年秋の青島攻略作戦では講和時に「複雑ナル種子ヲ残ス」との理由で露仏の戦闘への参加を拒否し[16]、米国と西太平洋の中立化交渉を行っていた中国には東洋問題は日中の「特殊ノ関係」から日本に先議すべきとの勧告を発した[17]。一九一七年一月九日の閣議では列国協調と対中内政不干渉を掲げる一方で、満蒙権益の拡充と列国に中国に対する日本の「優越ナル地位」を承認させるとの対中方針を決定[18]、翌年、パリ講和会議を前に日本は連合与国と共同歩調で臨むことを基本方針とし[19]、内田康哉外相も連盟の設立構想を評価したが、中国問題で日本は「何レノ国ヨリモ最モ緊切ナル利害ヲ感スル」と注意喚起した[20]。

日本が東アジアに強い利害関係を持っているとの意識は、原敬内閣がしばしばとった自主外交路線に表れている。一九一九年九月、徐世昌の北京政府が倒壊すれば中国は無政府状態に陥り、「特殊利益」とも表現される「列国ニ超越スル」日中の経済関係は多大の打撃を受ける。これを防ぐために善後借款団の応急借款を要請するが、その際、英米の理解が得られなくても、日本の中国に対する「特殊関係ニ顧ミ単独貸附ノ途ヲ講スル」覚悟を決めた[21]。また一九二〇年三月には列国軍のシベリア撤兵の一方で、日本は他の列強国とは地理的環境が異なっていることと、ボリシェヴィキ派に対する自衛上の措置を理由に単独でシベリア出兵を継続した[22]。このような原内閣の姿勢は連盟軍縮や安全保障問題への対応にも表れる。

一九一九年二月の臨時外交調査会では伊東巳代治や田中義一陸相を中心に、連盟は既存の国家主権を侵害しかねず、少数代表者による執行委員会（後の理事会）に一国の運命を委ねることはできない、軍縮の強制は天皇大権と日本の安全に関わる重大問題で、集団安全保障も強大国には制裁の実効性を欠くなどの不安が呈され、原敬首相も「憲法上ノ支障」と「国家存立上ノ危険」を理由に連盟規約（以下、規約）案の修正を求めるとした[23]。外務省でも政務局は連盟樹立の大勢に逆行できないが、制裁力なき連盟は理想から離れたものになるとし[24]、省内で最も進歩的な小村欣一政務局第一課長も、国情の相違から軍縮には懐疑的で、安全保障の義務負担も極東に限定すべきとした[25]。

規約案の修正を求める動きは講和全権団にもあった。一九一九年二月七日、竹下勇海軍中将は安全保障と「Domestic Safety」（国内の安寧）に支障がない程度に軍縮をするとの当初案を批判、「一国ノ名誉又ハ重大ナル利害ニ関係アル問題」を執行委員会や仲裁裁判に付するのは一方的で、制裁も各国の負担や利害相違から困難と指摘、欧州とは異なる地域環境にある「日本ノ東洋ニ於ケル特殊ノ地位」の理解を求めるべきとした[26]。これを受けて全権団は軍縮条項への修正を申し入れ[27]、四月二八日に採択された規約八条では、軍縮は安全保障と「国ノ安全」に支障がない範囲で行う(自衛力の容認)とされ、理事会が作成する軍縮案には「各国ノ地理的地位及諸般ノ事情ヲ参酌」するとともに、一〇年毎に見直すとされた[28]。

日本の連盟軍縮、安全保障問題への対応は陸海外各省の調整を経て閣議での決定、もしくは了解の上でなされた[29]。軍縮について、連盟総会(以下、総会)は一九二〇年一二月に今後二年間は軍事費を増加しない予算制限を求めたが[30]、海軍は連盟側の軍縮の具体案が定まらない中では尚早とし、陸軍も米ソ等の大国が加盟していない連盟は不完全であり、加盟国だけが軍縮を実行するのは不合理、且不可能である、また、各国の軍事予算は平時状態に回復しておらず、大戦の教訓に鑑みて軍制の整備に着手する段階にある日本への制限は国防上の一大欠陥につながるとし、内田も一九二一年四月二三日に反対を訓令した[31]。安全保障に関する規約一六条(経済制裁)も、米国の加盟と一致なくして効果がない、資源に乏しく「欧州ト隔絶シ欧州ト異ナル特殊ノ情形ノ下ニ在ル」日本には苦痛であるとして配慮を求めた[32]。相互援助条約案に代表される一般的集団安全保障の試みには主義上賛成したが、米ソのような「連盟ニ加入セサル強大国ニ近接セル帝国ノ現状」と、地理的に他国の援助を受ける機会に乏しい反面、過重な義務負担を強いられると警戒、また理事会による短期間、且多数決による侵略認定も困難と指摘したが、日本が反対の急先鋒になるのは望ましくない、問題点の多い条約案の大幅修正は必至として観望することを一九二三年一月三〇日と四月一〇日の閣議で決定した[33]。

このような消極姿勢は日本だけではなかった。予算制限に対して多数国は不安定な国際情勢と非加盟の強大国の存在、各国間の地理的、政治的環境や軍編成、予算制度の相違を指摘、自国の安全を危殆ならしめずに軍縮を行うのは困難であり、緊急重大時の国家の判断・決定権の放棄を要求するのも過重とした[34]。安全保障も大国を中心に大勢は負担の増大を恐れて消極的であったために相互援助条約案は消滅した[35]。

次に指摘すべきは国際司法制度への対応である。規約では国交断絶に至る恐れがある紛争は仲裁裁判か理事会に付託する(一二条)、外交手段で解決できない法律的紛争は仲裁裁判に委ねる(一三条)、ＰＣＩＪは当事国の付託を受けて一切の国際紛争を裁判するとされた(一四条)。しかし従来の国際法概念では、常設仲裁裁判所条約の成立をみた第一回ハーグ平和会議での議論ように、"essential"、"vital"とも表される国家の重大な利害関係や、その名誉に関わる問題は国際司法制度の管轄対象外とされており(最終的には適用範囲を法律的紛争に限定)[36]、規約と従来の国際法概念との整合性が問題となった。

その典型がＰＣＩＪの応訴義務適用問題である[37]。日本から安達峰一郎駐ベルギー大使が参加した裁判所規程を起草するための法律家諮問会議の大勢は応訴義務を求め、一九二〇年七月二四日に理事会に提出された規程案に盛り込まれた[38]。だが内田外相は以前から応訴義務は講和条約や規約でも否定されたとして反対しており、規程案提出後も規約一四条違反で、将来の研究に委ねるべきである、英米仏の裁判官の影響力拡大が予想される中で「帝国ノ利害ニ重大ナル関係アル事項」が相手国の出訴だけで審理されるのは「頗ル重大」で、また国内法の「制限的ナル解釈」に慣れた法学者、裁判官で構成されるＰＣＩＪは政治問題の処理には適さない、「国家ノ名誉又ハ重大ナル利害(Major or vital interest)ニ関係スル」政治問題は「絶対服従」を強いられるＰＣＩＪよりも政治家団体として「融通性ニ富」む理事会か、仲裁裁判の管掌事項にすべきとした[39]。最終的には理事会の多数が応訴義務に反対、アーサー・バルフォア(Arthur James Balfour)英国代表の修正案に基づき、各国判断で応訴義務の採否を行う選択条項の形でＰＣＩＪ規程が成立した[40]。

日本は普遍的秩序形成の動きに対して国防上の問題、不安定な東アジア情勢、"vital"、"essential"という見地からの留保を試みたが、重要なのはこれらには大国の理解があったことである。応訴義務をめぐる英国の態度に加えて、新四国借款団交渉で日本は満蒙権益を"vital interests"と再定義して一定の理解獲得に成功し[41]、九ヵ国条約一条四項(安寧条項)につながった[42]。また、一九二一〜一九二二年のワシントン会議で中国は在華各国軍の撤退を求めたが、英米は日本が主張する条約上の権利と無秩序状態にある中国の治安維持能力の欠如に配慮して改めて駐兵を容認[43]、日本の留保姿勢は大国の協調を通じて成果をあげた。

2 欧州の大勢と日本——地域的留保の登場

❖欧州の大勢変化

日本にとって効果的だった大国との協調に見直しを迫ったのが、ジュネーヴ平和議定書(以下、議定書)とロカルノ条約である。一九二四年一〇月二日の総会で採択された議定書は自衛目的と理事会・総会の同意を得た集団安全保障以外の戦争を禁止し、法律的紛争は応訴義務を承認した上でPCIJで、その他の紛争は理事会か仲裁裁判所で解決することを義務化し、なおも武力に訴える国には侵略国として制裁を加え、明年六月一五日から軍縮会議を開催するとしたが、労働党から保守党に政権が代わった英国の反対が響いて発効に至らず消滅した[44]。英国が議定書の代替案として提起した東方援助条約を機縁として一九二五年一二月一日に署名されたロカルノ条約は、自衛と集団安全保障以外の戦争を禁止、法律的な国際紛争はPCIJに、その他の紛争は常設調停委員会か理事会に付託、違反国には理事会の決定に基づき被害国を援助するといった[45]連盟の普遍的原則のもとで西欧の地域的な安全保障と秩序維持を目指す画期的なものであった。

その後、総会はロカルノ条約をモデルとした地域秩序構築を推奨すべく仲裁裁判安全保障委員会を設置、第九回総会(一九二八年)では同会案を基に外交的手段で解決できない紛争の内、法律的紛争はPCIJに、それ以外の紛争は調停に付す国際紛争平和的処理一般議定書（以下、一般議定書）が採択され、不侵略、相互援助に関する地域協定締結の勧奨が決議された[46]。日本にとって重要なのは一般議定書加入時の留保条件で、ロカルノ条約同様、従来の仲裁裁判条約の四留保（国家の重大利益、独立、名誉に関する問題や第三国の利害に関する事項）が「他ノ締約国ノ加入前ノ事実ヨリ起レル紛争」や国内管轄権、領土状態などの事項に縮小されたことである[47]。これは四留保は漠然としているとの批判に応えたものだが、「日本カ公正ニ此ノ観念［著者註、"vital interests"に基づく留保］ヲ解釈シテ進ム」との従来方針[48]に修正を迫るものであった。

このような普遍主義的国際機構の整備の流れは翌年の第一〇回総会でも顕著で、戦争放棄条約（以下、不戦条約）を受けた英国の規約改正や仏国の欧州統合案の提議に加えて、ＰＣＩＪの応訴義務受諾国が急増した。当初三ヵ国に過ぎなかった受諾国は、その後一八ヵ国に増加、この総会では慎重だった英仏伊などの大国を含む一五ヵ国が新たに受諾、常任理事国で受諾していない国は日本だけとなった（これと前後して米国は応訴義務を留保してＰＣＩＪへの参加を決定した）。

次に指摘すべきは、連盟内の小国の影響力増大である。連盟内には大別すれば過重な義務負担から集団安全保障の強化に慎重な英国などの大国に対し、自国防衛への不安から集団安全保障の強化を求める仏国と多数小国があったが[49]、第九、一〇回総会に関する連盟日本代表部の報告には、連盟の実権は「大国主義ノ理事会」から「小国多数ノ総会」に移りつつあり、小国を中心とする国際司法制度や仲裁手続の進化を求める大勢に反することは困難になってきている、日本も自らの利害問題だけに「防衛的陳述」をするのではなく、「世界的貢献ヲナスヘキ考案ヲ提議シテ連盟ニ於ケル我地盤ヲ維持シ堅固ナラシムルノ要アル」とあった[50]。

だが不戦条約に関して英国が"the special and vital interest"の防衛は自衛権の範囲内としたことや、フランク・ケロッグ（Frank Billings Kellogg）米国国務長官が世界各地の「"interest"を守る権利がある」、各国は国際裁判所に紛争の解決を委ねる「思想的段階」に達していないと述べたように[51]、大国は自国の死活的利益の擁護を優先する傾向が強く、国際法学界でも不戦条約下で認められるべき自衛権の解釈が区々で、"vital interests"を理由とした国際司法制度への留保を適当とする見解が存在した[52]。多数国が容認したＰＣＩＪの応訴義務も、英国が帝国内への適用を留保するなど、大多数が期限の設定や他締約国との相互性、係争中の紛争や理事会への付託事項の除外などの留保を付していた[53]。

❖日本の対応

外務省は議定書への対応検討を通じて国際司法制度に対する留保条件を「緊切ナル利益」に一本化する方針を確定したが[54]、注目すべきは、これとともに東アジアと欧州の地域環境の相違に主張の力点を置くようになったことである。

一九二四年九月一一日、重光条約局第二課長は国際司法制度の発達に賛成するが、人種、文化と地域環境が「欧米諸国ト著シク異ル」として議定書への慎重な対応を指示する訓令案を準備したところ、外務省首脳はこれを一旦廃案とし、一三日に連盟に「我方ニ取リ困難トスル諸点ニ付円満ナル解決方法」を求めるとトーンダウンさせた訓令を発電させるとともに[55]、省内の検討を本格化させた。その際、主管の条約局に各局代表を加えた国際連盟平和議定書研究委員会を設置したが、大勢は慎重論で、審議を主導した山川端夫条約局長は英伊の慎重姿勢を捉えて一九二五年二月一九日までに法律的紛争の理事会や仲裁機関での審理は認めるが、その議定は拘束力のない勧告とし、ＰＣＩＪの応訴義務も日本政府が解釈する「緊切ナル利益（vital interests）」に関する紛争を除外するとの訓令案をまとめた。だが幣原喜重郎外相は日本が反対の先鋒になることでの国際的な批判を避けるべく訓令案の発電を中止[56]、議会で質問を受けた際、議定書は「一足飛」びであり、「緊切ナル利益」の義務的処理は慎重に検討するとの答弁にとどめた[57]。

幣原が議定書への意思表示を指示したのは、発効に至らないことが確実になった後の八月二八日で、議定書の廃棄に賛成するとともに、特定国間での「進歩セル協定」のモデルを希望するが、各国の国情と地理関係が異なる中で一律詳細な規定を実施するのは困難とする訓令文に、議定書は「欧州時局ノ必要」に淵源を発し、「極東方面ニ在テハ右必要ノ程度及情勢自ラ異ナル所アリ」と加筆した[58]。

その後、連盟は不成立に終わった議定書から軍縮を分離、一二月一二日の理事会で軍備縮小準備委員会を設置、地域性を配慮しつつ軍縮の準備と調査を行うと決議した[59]。日本は主義上賛成したが、前提は近隣主要国の参加とし、陸海軍との調整を経た翌年三月二六日の訓令案では軍縮は密接な関係を持つ数ヵ国間で地域的に行うべきだが、これは「一般政情ニ依リテ影響セラルル」として、ソ連や内政が混沌としている中国という地域環境の相違を喚起した[60]。一九二七年三月三〇日には陸海軍の協議を経て具体的な軍縮案には地域的条件への考慮が必要と訓令され、田中義一外相就任後の一一月一二日にも「帝国ノ地理的位置其他特殊ノ事情」を闡明にして希望貫徹を期すとした[61]。また、安全保障も地域的協定なら主義上賛成するが、連盟の安全保障は欧州を主対象にしているとして地域環境の相違を指摘、「特種ノ事情」を考慮して二国間協定から始めて漸次一般化するのが最も実際的であるとした[62]。

その田中外相期には日本が地域秩序の形成に貢献するとの理論が登場した。田中は一九二七年七月七日の東方会議訓示で日本は満蒙に「重大ナル利害関係」を有するとの従来の主張に加え、対中政策の根幹は「極東ノ平和ヲ確保シ日支共栄ノ実ヲ挙クルコト」にあり、満洲に関しては平和維持と門戸開放・機会均等主義に基づく経済発展を通じて「内外人安住ノ地」にすることは、隣邦としての責務であると述べた[63]。

この背景には、日本は「東洋ノ平和ヲ永遠ニ保障スルノ責務」があるとの田中の責任意識に加えて[64]、東方会議への外務省の影響力を指摘しなければならない。議事を主導したのは森恪外務政務次官だが、委員には外務本省から幣原の遺臣たる出淵勝次外務次官、木村鋭市亜細亜局長、堀田正昭欧米局長、斎藤良衛通商局長が選出されたのに対して（在華公館から芳沢謙吉駐華公使、吉田茂、高尾亨、矢田七太郎各総領事が、そのほか植原悦二郎参与官が参加）、陸軍側委員は畑英太郎陸軍次官、南次郎参謀次長、松井石根参謀本部第二部長に限られ、幹事は長の木村以下外務省員のみだった。会議では中国への配慮を求める外務省委員の意見が目立ち、吉田は日本の要求は「世界ニ公言シテ憚ラサルモノ」でなければならないと主張、議事審議の多くは外務省ペースで進み、成果として経済政策を通じて満蒙を安定化する責務が表明されたといえる[65]。

東方会議で表明された経済政策を通じた満蒙の安定化は第一次幣原外交期[66]、さらに遡れば「対支政策綱領」（一九二四年五月三〇日）に向けた出淵亜細亜局長の外務省第一次案に萌芽を確認できる。同綱領の枕詞である「極東ノ平和ノ確保」も陸軍の「東亜ノ平和」、海軍の「東亜ノ進歩開発」という文案を取り入れたもので[67]、東方会議での田中訓示とともに、内には陸海軍を宥和し、外には普遍主義への歩みを進める西欧国際社会の潮流に対応するものであった。その後、内田が不戦条約調印式にパリへ派遣される際も、日本の対中政策への理解を求めるために「極東ノ平和、秩序ノ維持」と門戸開放・機会均等主義に努めてきたことと、共産主義の脅威への認識を喚起しつつ東三省の安定を希望するとの対中政策の趣旨を列国に徹底するよう訓令されたように、地域秩序の形成への努力を強調した[68]。

日本外務省は普遍主義に傾きつつある西欧国際社会の趨勢に対して、東アジアの不安定要因に基づく留保姿勢を維持しながらも、自国の利益擁護を門戸開放主義の再確認と東アジアの秩序形成への試みの中に織り込むことで、普遍主義と権益擁護のバランスをとろうとしたのである。

3 第二次幣原外交と普遍主義的国際機構

一九二九年七月に発足した濱口雄幸内閣で外相に復帰した幣原は、普遍主義的国際機構の成長を評価して「時勢の潮流」は無視できないとする一方で、「実行可能の政策と不可能の政策とを識別する判断力」の重要性を語った[69]。また、現実的見地から不戦条約に対して「戦争ヲ全滅」する前提は当時未完成であった仲裁裁判や連盟諸機関による国際紛争の平和的解決システムの完備と、有効な制裁(「米国ハ……制裁ヲ課スルノ手段ニ協力スルヲ回避スルコトナキヤ」)であるが、米国のモンロー主義が足枷である[70]、米中ソの現状から日本はPCIJの応訴義務を容認できない[71]、課題である太平洋ロカルノ体制の構築も米国の参加が見込めず、可能性は皆無との見解を示した[72]。だが、こうした普遍主義への留保姿勢の一方で新たな対応を試みる。

❖規約改正問題

第二次幣原外交期の普遍主義に対する留保姿勢は、不戦条約と調和させるための規約改正問題に表れた(条約局第三課主管、課長佐藤庄三郎)。連盟は英国案を検討する一一人委員会の案と、同案を更に検討した法律問題担当の総会第一委員会の案を各加盟国に示して意見を求めた(焦点の一つは理事会勧告への服従義務で、前者は義務化、後者は義務化を否定)[73]。幣原は審議には応じるが国策上の戦争放棄という原則のみを定め、各国の解釈が区々である不戦条約に厳密な法的定義を試みることは紛糾を招く、米国を除外しての議論は無意味との立場をとった。理事会権限の強化にも慎重で[74]、陸海軍の同意を得た上の最終訓令では第一委員会案に主義上賛意を表明した[75]。これは従来からの普遍主義に対する留保姿勢の延長線上にあったといえるが、国際司法制度や一九二九年中ソ紛争の調停、対中問題では普遍主義と折り合いをつける試みもなされた。

✣国際司法制度

ロカルノ条約や一般議定書に四留保（国家の重大利益、独立、名誉に関する問題や第三国の利害に関する事項）が明記されなかったことは、この問題に新たな対応を迫るもので、外務省は一九二八年二月一四日に当事国次第で広義に解釈される「国ノ独立、名誉及緊切ナル利益ニ関スルモノヲ除外スル」という従来の方針に検討を加えると通知した[76]。これと前後して、米国は四留保に代えてモンロー主義や第三国の利益関係事項、国内管轄権、規約上の義務を留保した上で、外交手段で解決できない紛争を仲裁裁判か国際委員会に付託するとの日米仲裁・調停条約案を提示した。日本では海軍が「重大利益」の留保を求めたが[77]、主管の条約局第二課（課長塩崎観三）は四留保は国際世論の非難を受ける恐れがある、米国側留保事項は実質的に自己解釈権を拡大させる不当なものとして全面的に削除する（規約二一条程度の表現とする）、法律問題を対象とする仲裁裁判では「緊切ナル利益」を含めて無留保での付託を求めることで道義的に有利な立場に立ち、政治的紛争も対象とする調停条約案からは拘束力を省くよう求めた[78]。

省内では"vital interests"に基づく留保は限界に達しているとの判断があり、幣原外交末期には西欧国際社会の動向に配慮して仲裁、調停に関する条約の提議があれば「特殊ノ利害関係ヲ慎重考量」の上で応じるが、付託対象を外交手段では解決できない（＝交渉中を理由に付託を拒否できる）法律的な紛争に限るとともに、「特殊緊密関係ヲ考慮シ特定ノ事項ニ関スル紛争ヲ除外スルニ努ムル」とした[79]。

問題は中国で、同国は不法手段を用いて強硬に不平等条約の廃棄を求めるなど、前提となる「遵法的精神」を欠く上、日中間には多くの政治的な懸案があり、日中の「特殊ノ関係ニ顧ミ我方トシテハ之［仲裁裁判条約］ヲ認ムルコト極メテ困難」とされた。だが国際社会一般との関係から従来の留保に代わる具体的な案文、または「他ノ文句」（塩崎課長のコメント）を案出する必要があるとも指摘された[80]。

✣一九二九年中ソ紛争の調停

一九二九年七月、中国東北政権は中ソ両国の共同経営とされていた中東鉄道を強制回収したが、ソ連は実力による対抗措置に出て、一二月まで中ソ国境で武力衝突が発生した[81]。外相に復帰した直後の幣原は中ソの和平調停を試みるが、注目すべきは、これが「東洋平和維持ト云フ大局ニ立脚」して行われたことである[82]。幣原は駐日中ソ使臣に満蒙に対する日本の特殊な利害関係だけではなく、東洋、あるいは極東の平和維持に「深キ利害」があるとの見地から中ソの橋渡し役を申し出た[83]。

この間、外務省は平和的解決を希望する二つの声明案を準備した。一つは、日本は「極東ノ和平ヲ念トシ満洲ノ治安ニ特殊ノ利害関係ヲ有スル」とし、もう一つは、中ソ断交によって欧亜を連絡する中東鉄道が杜絶したことは「世界万民ノ斉シク不幸トスル所」で、満蒙の平和が害されれば「世界平和ノ確保ヲ顧念シ且全方面ニ深甚ナル利害関係ヲ有スル帝国政府ノ無関心ナル能ハサル所」とあった[84]。だが幣原との会談後に発表された七月二一日の濱口雄幸首相の非公式談話は権益擁護に触れず、「欧亜の連絡をなす国際的交通の幹線に支障を来したことはもつとも遺憾」で、「極東の平和並に開発に対し重大なる使命を有する」中ソ両国による「平和的解決」を求めるとあったように[85]、幣原は田中と同様に、地域の安定の中に権益擁護を織り込むことで普遍主義とのバランスを保とうとしたのである。また、幣原は紛争の連盟提訴に反対したが、その理由は提訴してもソ連は資本主義集団と敵視している連盟の喚問には応じない、連盟も兵力を伴う対ソ圧迫はできずに中ソ直接交渉を勧告するのが関の山で、却って実力なき連盟を困難に陥れるとの現実論だった[86]。このような国際機構の欠陥を認識しつつ、普遍主義に配慮した対応は満洲事変にも表れる。

✣満洲事変前の対中技術援助問題と、満洲事変における連盟調査委員会

連盟は済南事件や中ソ紛争のような東アジアの複雑な政治問題にコミットすることは避けたが、一九二〇年代後半から、中国に対する保健衛生を中心とした技術援助などの東アジアにおける社会・人道事業に着手した。もっとも、これには非常任理事国選挙に落選したことに失望した中国がブラジル、スペインに続いて脱退すれば連盟の威信に影響を与えかねないという連盟自身の組織防衛という意味もあった[87]。

当初、この問題を主管したのは条約局第三課だったが、一九三一年五月から政務事項として亜細亜局第一課(課長守島伍郎)に移管された。守島は在職中、重要訓令は上局の命令で起案、松田条約局長など関係局部長の同意、追認の上で幣原が決裁したという[88]。五月一一日の訓令では、連盟の対中技術援助が以夷制夷的な中国側の宣伝に惑わされれば日中関係や東洋の安定を乱し、連盟の威信に関する問題にも発展するとして、中国に「知識ト協力ノ便宜」を有する日本がこれを「善導」することを通じて、複雑な東アジアにおける日本の地位や対中政策への理解が乏しい連盟幹部に東アジアの実情を知る機会を与えるとした[89]。

この発想は連盟調査委員会派遣の動機になる。幣原は在満権益を日本の「生存権」に関わるものとし[90]、事変前には「堅実に行き詰まる」方針のもとで国際社会に万一の実力行使への理解を求め[91]、事変では第三国や連盟の容喙に強く抵抗、一一月一五日に調査委員会派遣を提案する[92]。派遣案に示唆を与えた吉田駐伊大使の具申には連盟の関与を許す度量なくして「徹底セル対支政策」は困難である、「極東平和ノ基礎ヲ為ス所以」を力説して列国が苦しみ、事変の原因の一つとする中国の内訌を知悉させ、連盟とともに混乱する中国の統一政府樹立と政情改善を講じるとすれば、「満洲問題ニ対スル連盟ノ態度ニ一生面」を開き、中国にも反省を促すことができる、これこそ満洲問題に「特殊ノ取扱」を求める日本の方針を貫徹する唯一

の方法とあった[93]。

一一月一五日以降、幣原は理事会をして事変の包括的再検討に導くためにも、「極東ノ安寧秩序混乱ノ原因」である中国の全般状況を調査する委員の派遣を求めた。一二月三日には、中国の現状調査を通じて東アジアにおける日本の地位、ならびに中国、満洲に対する日本の立場と中国の「真相」を把握させることで東アジアに対する連盟の活動は健全化され、日本も連盟の支柱としての責務を果たすことができるようになるのであり、これは日中両国と連盟の利益となるばかりか、「世界平和確保ノ関鍵」であると訓令した[94]。第二次幣原外交期は第一次のそれよりも普遍主義への適合を意識したものであったが、死活的な問題をこれに付託する意はなかった。また、東アジアの地域秩序形成への貢献といっても、田中外相が示唆した日本が満蒙の平和維持に責任を持つという考えは否定した[95]。

4　自律した東アジア地域秩序の形成志向

日本政府は一九三二年三月一二日の閣議で満蒙新政権を独立国に誘導して将来的には国際的な承認を獲得する、新国家の国防と治安維持は日本が担う方針を決定した。決定の過程で意識されたのは九ヵ国条約などの既存国際法や対外関係への配慮で[96]、外務省が新国家承認と既存条約との関係を検討する[97]中で表明されたのが、日本が東アジアに安全保障上の責任を有することと、「規約適用伸縮論」である。

前者を公にしたのが一九三二年一月二一日の芳沢外相の議会演説である。芳沢は既存諸条約や門戸開放・機会均等の尊重を改めて表明する一方、日本が望むのは治安の確保と経済開発によって満蒙が「内外人安住ノ地」になることで、満洲の治安は日本にとって必要なだけではなく、「極東治安ノ関鍵」であるとして地域の安全保障要素を付加した[98]。そして犬養毅首相、荒木貞夫陸相、芳沢は来訪したリットン調査団一行に日本外交の根本義は東洋の平和確保にあると説明[99]、斎藤実首相兼摂外相も議会演説で満洲国の発展は東洋平和のためにも肝要とした[100]。

後者は「統治能力ヲ欠如シ」「国際義務ヲ履行シ得サル」中国に対する例外性の強調である[101]。これは一三対一の表決で日本が孤立した前年一〇月二四日の理事会決議案以降、日本が中国の特殊事態を強く訴えたことを背景に、スティムソン・ドクトリンへの回答や理事会への対応訓令でも用いられた対外啓発方針[102]を下敷きとし、芳沢もリットン調査団に中国の排外運動と内訌が国際関係に与えた影響と、日本は満蒙の治安維持に「緊切最重ノ関係ヲ有シ」ているとの説明をなすよう訓令、三月一二日の閣議決定後の対外説明訓令では満洲国を「国防ノ第一線」として強調した[103]。

外務省も六月一八日の幹部会で「適当ノ時期」に満洲国を承認するとし[104]、同国承認の意向を表明した八月二五日の議会演説で内田外相は、極東情勢悪化の主因である異常な中国の内政混乱と排外運動の匡正を連盟などの普遍的平和維持機構に求めるのは困難である、満洲国の誕生は中国国内の分離運動の結果で九ヵ国条約には抵触しない、むしろその承認こそが満蒙問題の解決と東アジアに恒久的平和をもたらす唯一の方法で、日満中三国は「極東ノ安寧福祉」のためにも協力すべきと述べた[105]。そして翌年三月二三日には連盟脱退の理由を多数連盟国が「例外ノ特異性ニ富メル」中国という現実の事態を理解せず、「平和維持ノ方策、殊ニ東洋平和確立ノ根本方針ニ付連盟ト全然其ノ所信ヲ異ニスル」ことに求めた[106]。

こうした方針は、各種国際会議で中国の実状を啓蒙し、満洲問題や日中関係の国際問題化を拒否する方針につながる[107]。特徴的なのがジュネーヴ連盟軍縮会議への対応で、一九三三年三月一六日のマクドナルド提案（不戦条約に違反、またはその脅威がある場合に国際会議を召集、日英米仏独伊ソ七大国とその他参加国の過半数で対策を協定）は、太平洋・極東問題に他国を容喙させず、「東亜特ニ満蒙ニ於ケル帝国ノ特殊ノ地位」を明確に認識させるとの日本の方針[108]に抵触するものであった。

日本政府は連盟脱退後も極東に「利害関係」を有する諸国と「必要ノ協調」をはかり、対日制裁が発動されない限りは軍縮会議に残留する方針で、内田は三月四日に極東の情勢変化への考慮を求める通告文を発した[109]。そして「欧州トハ本質的ニ事態ヲ異ニスル極東」に対するマクドナルド案の適用に反対し、この種の保障は「共同的利害関係ノ緊密ナル各隣接国間ノ地方的協定」を通じて行うべきだが、条約遵守能力と国内統治能力が欠如する中国の混乱状態と、不侵略条約締結の目処も立っていないソ連が存在する東アジアでは困難とした[110]。

この間、五月二六日に外務次官に就任した重光も「欧州ノ必要」に基づく安全保障案には反対しないが、「無統制」（中国）、「思想及政治上ノ組織ヲ異ニセル」（ソ連）が存在する「後レタル国際関係ニ立テル極東ノ事態ハ今遽ニ欧州並ノ理想的平和条約、若クハ組織ニ適合セシムルニハ不適当」とした。そして中国の「『以夷制夷』政策ニ乗セラレ極東平和ニ対シテ相当ナル危険」を招く列国の対中援助は、「極東平和ヲ担任スル帝国ノ義務」からも「帝国ト共仝シ若ハ帝国ヲ通シテ行ハルベキ」で、来るべき第二次ロンドン海軍軍縮会議では主要列国が極東の政治問題を取り上げない空気を醸成すべきとした[111]。内田も七月二八日の訓令で対中援助から列国を排斥する意はないが、「極東平和ノ責任ヲ有スル」立場から援助は「日本ヲ経由シテ行フカ」「日本ノ支持ノ下ニ列国協調シテ行フヘキ」とし、中国の以夷制夷的な外交政策を掣肘するためにも日本の立場を徹底することで「日本ノ方針ニ基ク東洋平和ノ確保ヲ期スル」と指示した[112]。こうした東アジアに対する西欧諸国の容喙を拒否する姿勢は、米中棉麦借款の成立（一九三三年五月二九日）や宋子文財政部長の財政諮問委員会計画に呼応したジャン・モネ（Jean Monnet）の中国建設銀公司設立計画への対抗を機縁として、一九三四年四月までに日本が単独に東アジアの秩序維持に責任を持つとの理論になり、天羽声明に象徴されるアジア・モンロー主義的外交政策に発展していったのである[113]。そこには満洲事変前からの普遍主義的国際機構への不信感が根強く存在していたといえよう。

おわりに

これまで見てきたように原内閣時代の日本は国際協調を掲げたが、その内実は旧外交的な要素が強く、欧州と東アジアの地域環境と利害の相違を認識した上で独自色の強い政策を採用した。特に連盟の軍縮、安全保障問題では慎重な陸海軍の意向が閣議や外相訓令にも反映されたが、それは第一次世界大戦前・中から外務省が希求していたアジア・モンロー主義的な志向とも一致していた。こうした態度は主要大国が軍縮、安全保障に慎重であった一九二〇年代前半は大きな問題にならなかったが、一九二五年のロカルノ条約の成立を機に普遍主義的国際機構とリンクした仲裁手続の進化と地域別の軍縮、安全保障体制の構築が推奨されると日本は大国との協調に限界を認識し始める。それでも法律的紛争への応訴義務の容認など、可能なものでは普遍主義に歩み寄り、大勢となりつつある地域秩序構築に関連づけて、日本が強い利害関係を持ち、欧州とは異なる地域環境下にある東アジアの特殊性を強調したり、積極的な「世界的貢献ヲナスヘキ考案」＝東アジアの安定勢力として地域の安定に協力する姿勢を示して普遍主義とのバランスをとろうとした。

だが、日本は満蒙問題に代表される自国の死活的な問題の処理を未成熟な普遍的国際主義機構に委ねるつもりはなかった。こうした姿勢は明治末年以降の閣議決定や了解レベルの高度の政治決定を通じて確認されてきた日本外交の基本姿勢を受け継ぐもので、欧亜の環境相違を背景に日米中ソによるアジア・太平洋地域でのロカルノ体制構築が困難であるとの認識と、日中ソ間での有事発生の可能性を排除できない現実が加わり、欧米派と後のアジア派の見解は近接した。

連盟派では安達峰一郎、杉村陽太郎連盟事務局次長兼政治部長が日中間の応訴義務適用に慎重な対応を求めたこと（註80を参照）は、文明国のバロメーターでもある治外法権撤廃の目処すらついていない中国の後進性への配慮という「規約適用伸縮論」につながるもので、連盟事務局長などを勤めた佐藤尚武も、連盟協力の所以を満洲、中国有事の発生に備えて国際社会を味方につけることに見出していた[114]。満洲事変後に欧米局長となった欧米派の東郷茂徳も日本が東アジアで「優越的地位ヲ有スル」との現実に立脚し、日ソ不可侵条約と米蘭との仲裁裁判条約など東アジアに強い利害関係を持つ国との関係調整を通じて国際的信用の回復を試みるべきと述べた[115]。つまり、中ソの不安定要因に基づく「後レタル国際関係ニ立テル極東」という認識と、東アジアにおける日本の地位を国際社会に認めさせる基本路線はアジア・革新・欧米・連盟の各派とも一致していた。

また、次のような指摘もできる。アジア派では重光が条約局第二課長時代に連盟派的立場からスイスとの仲裁裁判条約改定問題で状況次第で四留保に固執せず、「緊切ナル利益」のみの留保に限ることを提議した[116]。革新派の中心人物である白鳥は主要な軍縮会議に立ち合った軍縮通だった[117]。つまり、彼等は現実政治における連盟や多国間外交の限界を知るが故に普遍主義の困難性も熟知していた。満洲事変中の白鳥の連盟脱退論も、連盟での「喧嘩口論」は却って全般的な対外関係を悪化させるという「協調のための脱退」に通じるもので[118]、満洲事変を契機に欧米派からアジア派、革新派が分岐する伏線は十分にあった。これは重光が試みた、中ソの不安定要因と欧州との環境の相違を認識し、満洲国、中国は日本にとって死活的地域であり、防共とともに安定勢力としての東アジアに責任を有するとのラインでアジア派、欧米派、革新派をつなぐ省内の緩やかな提携に発展する[119]素地となった。また、連盟派では佐藤や西村熊雄を通じて理念としての新外交評価は戦後まで残ったが、条約局や仏国を中心とした欧州大陸勤務という連盟派の系譜[120]もたどった萩原徹、下田武三は戦前からの軍縮・安全保障面での懐疑的な姿勢を引き継いでいた[121]。

満洲国建国後の日本は、安全保障を含めた地域秩序の構築により世界平和に貢献すると表明したが、その背景には、満洲事変で既存の秩序が破壊された結果、日本が満蒙の治安維持を担当しなければならない状況が生まれたことと、東アジアに死活的な関係を有しない英米は制裁に出ないとの判断があった[122]。広田弘毅の外相就任を機に行われた一九三三年一〇月の五相会議で日本の指導下に日満中提携を実現し、これにより「東洋ノ恒久的平和ヲ確保シ惹テ世界平和ノ増進ニ貢献ス」ることを趣旨とする方針が申し合わされた際、オランダとの仲裁裁判条約締結に言及したことは注目に値するが[123]、これには「日本ノ対外政策カ平和的ナルコト」を示す印象操作の意識があった[124]。普遍主義への適合努力は日本外交を正当化する手段として残ったが、アジア・モンロー主義的色彩はそれ以上に濃化していったのである。

註

1——伊香俊哉『近代日本と戦争違法化体制』吉川弘文館、二〇〇二年、一章、西田敏宏「ワシントン体制と国際連盟・集団安全保障」(伊藤之雄ほか編著『20世紀日本と東アジアの形成』ミネルヴァ書房、二〇〇七年、楠綾子『吉田茂と安全保障政策の形成』ミネルヴァ書房、二〇〇九年、二三一〜三〇頁、拙著『近代日本外交と「死活的利益」』芙蓉書房出版、二〇一四年、終章。

2——楠、前掲書、二三一〜三〇頁、井上勇一「有田の『広域経済圏』構想と対英交渉」『国際政治』五六、一九七七年、波多野澄雄『太平洋戦争とアジア外交』東京大学出版会、一九九六年、七〜一〇章、服部聡「有田八郎外相と

『東亜新秩序』」服部龍二ほか編著『戦間期の東アジア国際政治』中央大学出版部、二〇〇七年。

3――柳原正治「近代日本と国際裁判」『国際法外交雑誌』一一三‐三、二〇一四年、番定賢治「戦間期における国際司法制度の形成と日本外交」『国際関係論研究』三一、二〇一四年。

4――伊香、前掲書、一章、楠、前掲書、二三一～三〇頁。東郷外相が提議した一九四五年四月二三日の大東亜大使会議の共同声明には、「実情に即したる地方的安全保障の体制を主体とし、所要の世界的保障機構を併用する」とある(東郷茂徳『時代の一面』原書房、一九八九年、三二三～三二四頁)。

5――例えば、服部龍二『東アジア国際環境の変動と日本外交』有斐閣、二〇〇一年、中谷直司『強いアメリカと弱いアメリカの狭間で』千倉書房、二〇一六年。

6――宮田昌明『英米世界秩序と東アジアにおける日本』錦正社、二〇一四年、七～一三、一六章。

7――第一次世界大戦後の外相議会演説では普遍主義への評価と中国との強い利害関係に言及したが、大国として地域秩序を形成するとの意思表示はなかった(『帝国議会ニ於ケル外務大臣演説集』一、二巻、1.5.2.2-5-2外務省記録、『議会ニ於ケル総理、外務大臣ノ演説関係』[以下『演説関係』]二、三巻、A.5.2.0.1-2外務省記録)。

8――熊本史雄「満洲事変における幣原喜重郎外相のリーダーシップ」佐藤元英ほか編著『日本外交のアーカイブズ学的研究』II、中央大学出版部、二〇一六年、二〇～二七頁。外務省のアジア、欧米、革新の各派を分類した嚆矢は、臼井勝美「外務省――人と機構」細谷千博ほか編『日米関係史』一巻、東京大学出版会、一九七一年。

有田、白鳥は豊富な在米経験を持ち、重光は海外調査に従事した後、条約局課長を勤め、駐独大使館参事官時代(一九二八～一九二九年)には欧州情勢を研究、谷は第一次世界大戦前・後にオランダ・フランス公館に勤務、守島は幣原直系の出淵勝次の下で亜細亜局第一課、駐独・米大使館に勤務するなど、彼等は新外交を肌で経験していた。各人の経歴は各年度の『職員録』『外務省月報』『外務省報』を、重光については、重光葵『外交回想録』毎日新聞社、一九七八年、五三～五五頁を参照。

本文脱稿後、矢嶋光「外務省連盟派とその政策」(『名城法学』六八‐一、二〇一八年)が発表された。矢嶋氏が連盟派の政策目標と行動様式を明らかにしたのに対して、本論は氏が言及していない日本の対連盟外交の初動たる一九二〇年代の軍縮・安全保障問題を中心に、本省の政策潮流という視点で論じ、連盟派の連盟評価や中国観にもアプローチしている。また、矢嶋氏がアジア派・欧米派の政策潮流は異なるという既存研究の上に立っているのに対して、本論はアジア派・欧米派（連盟派系統を含む）の政策相違は自明ではなく、分化していった要素があるのではないかという問題を提起するものである。

9——瀬川杢四郎（川村茂久のペンネーム）「霞ヶ関太平記」一九三二年一一月一一日（『川村茂久関係文書』外交史料館蔵）。

10——入江昭『日本の外交』中央公論社、一九六六年、三三～四一頁。

11——『日本外交文書』［以下『日外』］三二巻、九〇文書。

12——『日外』三五巻、一五文書、同前、三八、六〇文書、同前、四四巻、一一〇文書附属書・附記、外務省編『日本外交年表並主要文書』上、原書房、一九六五年、二七四～二七六、二八〇～二八二、三一二～三一三、三三六～三三七、三五一～三五二、三六九、四二〇～四二一頁。

13——『日外』日露戦争I、一九二文書附属書、同前、三二巻、八五文書、同前、三四巻、五七文書。

14——『日外』四一巻、一五文書附記。

15——『日外』大三－三、二四〇、六一二、六一四、六二一文書、同附属書、六三〇文書附属書。

16——同右、二三三文書。

17——加藤外相発小幡駐華代理公使三三三、三四〇号電一九一四年八月八、一二日（『日独開戦ノ際ニ於ケル対支政策一件（松本記録）』1.1.2.86外務省記録）。

18——『日外』大六－三、四文書、同附記。

19——『日外』大七－三、五三八文書、同別電一、同附記。

20——同右、三九五文書。一〇月四日のドイツの休戦提議後に省内で作成された案文には、殆どが欧州関連事項である一四ヵ条や連盟問題に対しては大勢順応を主義とするが、日本が東アジアの「和平ヲ担任」していることと、日本の「存立ノ必須条件」たる日中の特殊関係の存在は列国も諒解しているとの前提で、講和会議では特殊関係をより強固にし、日本の責務である「東洋和平」に必要な経済発展を含む国防上の地歩を獲得すべきとあった（「講和問題」『講和ニ対スル方針』2.3.1.6外務省記録）。

21——『日外』大八－二、一四六、一五一文書。最終的に借款は英米との共同で成立した（同前、大九－二、一四五文書）。

22――『日外』大九‐一、七一九文書、同附記、七二六文書。

23――小林龍夫編『翠雨荘日記』原書房、一九六六年、四〇二～四二五頁。

24――政務局「参考書類　六　国際連盟」一九一八年一一月一一日調（『牧野伸顕関係文書』R二二、憲政資料室蔵）。

25――小村政務局第一課長「国際連盟案ニ対スル帝国ノ態度」（『支那政見雑纂』三巻、1.1.2.77外務省記録）。

26――『日外』大八‐三、二三文書。

27――同右、二五、四一文書、同別電。

28――鹿島守之助『日本外交史』一二巻、鹿島平和研究所、一九七一年、九六～一一〇頁。本稿で参照する規約の条文は、『日本外交年表並主要文書』上、四九三～五〇〇頁による。

29――本論で参照する軍縮、安全保障問題に関する外相訓令は紙幅の関係上原則として『日外』のみ註に掲げるが、原典の外務省記録（『常設軍事諮問委員会』2.4.2.25、『軍事予算制限問題』2.4.2.25-4、『軍備縮少準備委員会関係』B.9.4.0.1-1）は確認済みで、原典所収の陸海軍の意思表示や書類の回付状況から本文で記した経過を経て、主管局課に加えて関係局長の花押を付して発電された。

30――海野芳郎『国際連盟と日本』原書房、一九七二年、五七～五八頁。

31――『日外』大一〇‐三、四六三～五文書、四六四文書別紙一、二。これより先、閣議と臨時外交調査会で軍備は相対的のものなので、総ての大国の連盟加盟を待たずに軍縮を討議するのは尚早とした（同前、大九‐三、六四九文書）。

32――『日外』大九‐三、一九八文書、内田外相発石井駐仏大使三六〇号電一九二一年四月一九日（『国際連盟経済封鎖委員会』2.4.2.33外務省記録）。これらは政務局や主管の条約局の意見も反映していた（「連盟総会準備協議委員会第二～四回議事録」一九二〇年八月二六、三〇日、九月七日『準備協議委員会』2.4.2.20-1-1外務省記録）。

33――『日外』大一二‐三、二七七文書別電、二八四文書。

34――『日外』大九‐三、六五三、六六三～四、六六七文書、同前、大一〇‐三、四六七、四七二、四九四文書、四七七文書附記、同前、大一一‐三、四九四、五二八文書。

35――詳細は、植田隆子『地域的安全保障の史的研究』山川出版社、一九八九年、一部二章、柴田祐輔「国際連盟における防止措置」拓山堯司編著『集団安全保障の本質』東信堂、二〇一〇年、二三～三三頁。

36——新井京「戦間期における強制的国際裁判制度とイギリス帝国」『帝京法学』二九‐一、二〇一四年、四六九〜四七〇頁。条約の成立経緯は、関野昭一「ハーグ・レジームの百年」『國學院法学』三七‐三、三八‐一、三、三九‐一、二、四〇‐二、四二‐二、一九九九〜二〇〇一、四年)。

37——この問題は、関野『国際司法制度形成史論序説』国際書院、二〇〇〇年に詳しい。

38——『日外』大九‐三、二五六〜七文書。

39——同右、二三一文書、同別電、二四二、二四三文書、同別電、二四八、二五〇、二五三、二六〇〜一、二六四、二六九文書。

40——同右、二六三、二六七〜八、二七五〜六文書。

41——拙著、三八〜三九頁。

42——麻田貞雄『両大戦間の日米関係』東京大学出版会、一九九三年、一二一〜一三二頁。

43——『日外』ワシントン会議、四‐三四、五一文書、四‐三〇文書別電二、四‐四一文書別電。ワシントン会議全権発内田会議三五七号電一九二二年一月八日着(『在支外国軍隊ニ関スル決議』2.4.3.20 外務省記録)。

44——植田、前掲書、四五〜四七頁、海野、前掲書、五五頁。

45——田村幸策「ロカルノ条約の世界史的意義」(英博士還暦記念論文集編集委員会編『外交史及び国際政治の諸問題』一九六二年)五、二九〜三〇頁。

46——植田、前掲書、六四〜六五、七一〜七七頁。

47——一般議定書の邦訳は、「第九回連盟総会採択の一般規程」(『国際知識』九‐四、一九二九年、資料七〜八頁)。

48——「国際司法裁判所ノ応訴義務受諾ニ関スル留保案」(『国際紛争平和的処理条約関係一件』五巻、B.10.3.0.3 外務省記録)。

49——植田、前掲書、三七〜三九頁。

50——三全権発田中外相第九連総本公一一号公信一九二八年九月二八日(『第九回総会関係』一巻、B.9.1.0.2-9 外務省記録)、「第十回連盟総会報告」一九二九年九月、国際連盟事務局東京支局資料五六号「一九二九年第十回国際連盟総会の業績」同一一月八日(『第十回総会関係』二巻、B.9.1.0.2-10 外務省記録)。

51——Frank B. Kellogg, *The Settlement of International Controversies by Pacific Means*, Washington, Government Printing

Office, 1928, pp. 6-7, *FRUS*, 1928, vol. 1, pp. 66-69, 柳原正治編著『国際法先例資料集（2）不戦条約』下、信山社出版、一九九七年、一〇一五〜一〇四七頁。

52——柳原、前掲書、一二頁、西嶋美智子「『戦争の違法化』と自衛権」『九大法学』一〇三、二〇一一年。

53——無留保の受諾はハイチだけであった（「常設国際司法裁判所規程選択条項受諾ニ当リ各国ノ附シタル条件及留保一覧表」一九二九年一二月一日『裁判所規程選択条項関係』B.9.1.0.3-4-1 外務省記録）。

54——柳原、前掲書、九〜一三頁、番定、前掲書、三八〜四二頁。

55——幣原発連盟総会全権電報案、一九二四年九月一一日、同三五号電同一三日（『国際紛争平和的処理条約関係一件』一巻）。

56——条約局の議論は、条約局第二課「平和議定書ニ関スル件」一九二四年一〇月七日、条約局「平和議定書ニ付テノ考量」（同前、二巻）、国際連盟平和議定書研究委員会の議事録は、同前、二、五巻。一九二五年二月一九日の訓令案と別紙方針案は、幣原発石井電報案、「平和議定書ニ関スル意見」（同前、四巻）、前掲「国際司法裁判所ノ応訴義務受諾ニ関スル留保案」所収。

57——貴族院予算委員会、一九二五年二月二五日。本論では、議会議事録は会議名と日付のみ記す。

58——幣原発石井連盟理事二二六号電一九二五年八月二八日（『国際紛争平和的処理条約関係一件』四巻）。

59——『日外』大一四-一、一一二文書、同別電。

60——同右、一〇七文書、同前、大一五-一、七二文書付属書。

61——『日外』昭I二-二、一三、四八文書、同別電。

62——田中外相発佐藤連盟事務局長「安全保障問題ニ関スル訓令」一九二八年二月一四日（参謀本部『昭和五年、七年　国際連盟に関する書類』防衛研究所図書館蔵）、同機密条三、一六八号電同六月四日（『国際連盟安全保障問題一件』B.9.4.0.6 外務省記録）。

63——『日外』昭I一-一、三四〜三六頁。

64——『翠雨荘日記』三八〇頁。

65——議事は幣原外交の実質的継続を求める外務省の意向が反映され、満蒙の防護措置も「適当ノ措置」との抽象的字句にトーンダウンした（佐藤『昭和初期対中国政策の研究』原書房、一九九二年、三章）。議事は、『日外』昭

Ⅰ一‐一、二〜六七頁。

66――西田「第一次幣原外交における満蒙政策の展開」『日本史研究』五一四、二〇〇五年。

67――「対支政策綱領」と外務省第一次案、「東亜」の字句に関する陸海軍の意見は、『日外』大一三‐二、七三七文書一、一二〜一三、二〇号。

68――『日外』昭Ⅰ二‐一、一四九文書、同前、昭Ⅰ一‐二、七八六文書。

69――幣原「外交管見」一九二八年一〇月一九日（『幣原平和文庫』R七、憲政資料室蔵）、同「国際平和に関する世界の大勢」（『国際知識』一〇‐一、一九三〇年）、同「国際紛争平和的処理に就て」（同前、一一‐一一、一九三一年）。

70――「幣原男私見」（『条約案ニ対スル研究関係』一巻、B.10.3.0.1-3 外務省記録）。

71――『日外』昭Ⅰ二‐二、四九八文書付記。米国のＰＣＩＪの応訴義務容認は上院の反対で困難、ソ連は連盟に加入せず、中国も一度は認めた応訴義務の受諾期間が切れている上、革命外交の展開からその更新が望めなかった（条約局第二課「日米仲裁裁判条約及調停条約締結問題関係資料」［以下「関係資料」］一九三一年一月『日、米間仲裁裁判条約関係一件』一巻、B.5.0.0.J/U1 外務省記録）。

72――『日外』一九三〇年ロンドン海軍会議、三四八文書。

73――経緯と改正案は、条約局第三課「国際連盟第十一回通常総会報告」一九三〇年九月（『第十一回総会関係』一巻、B.9.1.0.2-11 外務省記録）、「不戦条約ノ締結ニ基ク連盟規約改正問題ニ関シ第十一回連盟総会ニ対シ同総会第一委員会ヨリ提出セル報告」同一二月、幣原発若槻首相条三機密「国際連盟規約改正案ニ対スル帝国政府ノ意見決定請議ノ件」（廃案）一九三一年五月二三日（『不戦条約ト連盟規約トノ適合ニ関スル規約改正問題』三巻、B.9.1.0.6-1 外務省記録）。

74――幣原発伊藤連盟事務局長代理七、一五号電一九三〇年二月三、二六日（同前、一巻）、幣原発佐藤一四四号電同八月二一日（同前、二巻）。

75――幣原発沢田連盟事務局長三〇号電一九三一年六月一日、同条三機密一一八号電同四日（同前、三巻）。

76――前掲、田中発佐藤「安全保障問題ニ関スル訓令」。

77――『日外』昭Ⅰ二‐一、四〇三文書別紙、四二六文書。

78――同右、四〇三文書付記、前掲、「関係資料」、中村条約局第二課事務官「日米仲裁裁判及調停条約締結交渉方針」一九二九年一二月二七日（『日、米間仲裁裁判条約関係一件』二巻）。

79――幣原発若槻［未提出］一九三一年九月一〇日起草「仲裁裁判及調停条約締結ニ関スル帝国政府ノ方針ニ関スル件」、付属の「仲裁裁判及調停条約大綱案」（同前）。

80――前掲、「関係資料」、杉原条約局第二課事務官「日華間仲裁裁判条約締結問題」一九三一年一〇月と塩崎条約局第二課長のコメント（同前）。連盟派外交官からも中国への適用除外が具申された（杉村連盟事務局次長兼政治部長発松永条約局長書翰、一九三〇年四月六日、「常設国際司法裁判所規程選択条項ノ受諾ニ関スル杉村公使意見（要領）」、安達駐ベルギー大使発筒井情報部第二課長「常設国際司法裁判所規程ノ選択条項受諾ニ関スル宣言（試案）」同一〇月一日『裁判所規程選択条項関係』）。

81――一九二九年中ソ紛争の経過は、ボリス・スラヴィンスキーほか『中国革命とソ連』加藤幸広訳、共同通信社、二〇〇二年、三章。本論で触れた幣原の調停の詳細は、拙著、二章。

82――小林道彦ほか編『内田康哉関係資料集成』一巻、柏書房、二〇一二年、三七〇頁。

83――『日外』昭Ｉ一－三、二四八～九文書。

84――無題（『帝国ノ態度』F.1.9.2.5-4-6 外務省記録）。

85――『東京朝日新聞』一九二九年七月二一日夕・朝刊。

86――『日外』昭Ｉ一－三、二九九文書。

87――海野、前掲書、四章、後藤春美『国際主義との格闘』中央公論新社、二〇一六年、四三～七八頁。

88――後には陸海外三省の課長級合意が影響した。守島康彦編『昭和の動乱と守島伍郎の生涯』葦書房、一九八五年、五三～五四頁、『国際連盟ニ於ケル折衝関係』二巻、A.1.1.0.21-12-1 外務省記録に所収の訓令原議。亜細亜局への移管は、『国際連盟対支技術援助問題一件』一巻、B.9.7.0.8 外務省記録所収の訓令原議の起案者や史料の回付状況で分かる。

89――『日外』昭Ｉ二－二、二五四文書。

90――同右、ならびに、外務省編『日本外交年表並主要文書』下、原書房、一九六五年、一七六～一七八頁。

91――前掲、重光『外交回想録』八一～八二頁。

92——満洲事変初期の日本、中国、連盟など各外交的アクターの詳細な態度は、拙著、五、六章。
93——『日外』満州事変［以下『日満』］一、八-二三四、二五一文書。
94——同右、八-五四四、七三九文書、六〇〇文書別電。
95——幣原は満蒙に対する保護措置の発動は邦人の権利利益の擁護（外交保護権）の範囲内にとどまるべきで、日本が満蒙を「内外人安住ノ地タラシム」ために実力を行使することは中国の主権侵害にあたると批判していた（貴族院本会議、一九二九年二月二、五日）。
96——閣議では満洲国承認は対外的配慮から先送りされ、事実関係を通じて承認の気運を促進することになった（閣議決定「満蒙問題処理方針要綱」、同承認「満蒙新国家成立ニ伴フ対外関係処理要綱」一九三二年三月一二日『満洲関係閣議決定集』Z.1.3.0.1-2 外務省記録、『東京朝日新聞』同日夕・朝刊）。
97——新国家承認に伴う既存条約との関係は、外務省の研究に委ねられていた（同前、一九三二年一月二四日朝刊）。
98——芳沢外相議会演説、一九三二年一月二一日（『演説集』三巻）。背景には、漸進的に満蒙を一国家に誘導し、その国防と治安維持は日本が担当するとの陸海外三省の課長級合意があった（小林龍夫ほか解説『現代史資料』七巻、みすず書房、一九六四年、三四二〜三四四頁）。
99——『東京朝日新聞』一九三二年三月二、六日夕刊、三日朝刊。
100——衆議院本会議、一九三二年六月四日。
101——『日満』二、四-六〇文書。
102——同右、四-一五文書付記、四-三〇文書。
103——『日満』二、一-四四文書、同別電。同前、四-二五二文書別電。
104——「満洲国承認ノ件」一九三二年六月二〇日（『帝国ノ部』二巻 A.6.2.0.3-3 外務省記録）。
105——『日満』二、二-二九九文書。
106——『日満』三、一-三七七文書付記一。
107——『日外』昭Ⅱ二-二、一〇三文書。これは欧米局第二課（課長岡本季正）が主管したローザンヌ経済会議の訓令で、原典の外務省記録『倫敦経済会議関係一件（「ローザンヌ」会議ニ基キ開催ノ会議関係）』五巻、B.10.5.0.14によれば、省内では条約局、通商局、省外では陸海軍と調整して態度を決定した。

108 ―『日外』昭Ⅱ二 ‐ 一、一文書付記一。

109 ―『日満』三、一 ‐ 三一九〜二〇文書、三一九文書別電、同前、昭Ⅱ二 ‐ 二、五、一二文書、一五文書別電一。

110 ―『日外』昭Ⅱ二 ‐ 二、一八、二〇、四三、五三文書。

111 ―『日外』一九三五年ロンドン海軍会議、七文書付記一、「昭和8年5月頃日付附覚書（5月23日〜7月27日）」（『重光葵関係文書』憲政記念館蔵）。

112 ―『日外』昭Ⅱ一 ‐ 二、四二八文書別電。

113 ―冨塚一彦「一九三三、四年における重光外務次官の対中国外交路線」（『外交史料館報』一三、一九九九年）、同「『連盟脱退ノ根本義』と日本外務省における『東亜』概念の生成」（『國學院大學日本文化研究所紀要』九二、二〇〇三年）。

114 ―佐藤尚武『回顧八十年』時事通信社、一九六三年、二二一〜二二三頁。矢嶋氏は、連盟派も中国問題での日本の主導権確保を目指していたとする（矢嶋、前掲書）。

115 ―東郷欧米局長「連盟脱退後ニ於ケル帝国ノ対欧米外交方針」一九三三年四月中旬（東郷、前掲書、三七七〜四〇六頁）。

116 ―条約局第二課「帝国諸外国間ニ締結スヘキ仲裁裁判条約ノ内容ニ就テ」一九二三年一二月四日（『日、瑞西間司法的解決条約締結一件（仲裁裁判条約）』2.8.1.30 外務省記録）。

117 ―戸部良一「白鳥敏夫と満州事変」『防衛大学校紀要』三九、一九七九年、八四、一〇七、一一〇〜一一一頁。

118 ―筒井潔（当時情報部第二課長）「風雲急な欧州に使いして」林正義編『秘められた昭和史』鹿島平和研究所出版会、一九六五年、一一八頁。「協調のための脱退」は、井上寿一『危機のなかの協調外交』山川出版社、一九九四年、一章。

119 ―武田知己「日本外務省の対外戦略の競合とその帰結」『年報日本現代史』一六、二〇一一年。

120 ―矢嶋、前掲書。

121 ―拙稿「外務省と日本の国連加盟外交」萩原稔・伊藤信哉編『近代日本の対外認識』Ⅱ、彩流社、二〇一七年、三四〇〜三四五頁。また、連盟派の系統に属する外交官は脱退論こそ口にしないが、理想への希望と現実政治のジレンマを感じていた。石井菊次郎『外交余録』岩波書店、一九三〇年、七〜一〇章、杉村陽太郎『国際外交

録』中央公論社、一九三三年、鹿島平和研究所編『松田道一遺稿　外交論叢』鹿島平和研究所出版会、一九七〇年、三〜二四、八〇〜九〇頁、沢田節蔵『沢田節蔵回想録』有斐閣、一九八五年、一二九〜一三〇、一五七頁、柳原「山川端夫の国際法観」柳井俊二ほか編『国際法の実践』信山社、二〇一五年。

122——亜細亜局第一課「連盟問題ニ関スル一般的形勢観察」一九三三年二月二五日(『帝国政府ノ国際連盟脱退関係一件』B.9.1.0.8 外務省記録)。

123——『日外』昭Ⅱ一－三、四文書別電。

124——『日外』昭Ⅱ二－二、一〇三文書、同付三。日米仲裁裁判条約の改訂は海軍が対米牽制の見地から反対したこともあり(同前、四文書付記一)、五相会議の外交方針には盛り込まれなかった。

参考文献

新井京「戦間期における強制的国際裁判制度とイギリス帝国」『帝京法学』二九巻一号、二〇一四年
伊香俊哉『近代日本と戦争違法化体制』吉川弘文館、二〇〇二年
井上寿一『危機のなかの協調外交』山川出版社、一九九四年
植田隆子『地域的安全保障の史的研究』山川出版社、一九八九年
臼井勝美「外務省——人と機構」細谷千博ほか編『日米関係史』一巻、東京大学出版会、一九七一年
海野芳郎『国際連盟と日本』原書房、一九七二年
外務省編『日本外交文書』
外務省『日本外交年表並主要文書』上・下巻、原書房、一九六五年
後藤春美『国際主義との格闘』中央公論新社、二〇一六年
柴田祐輔「国際連盟における防止措置」拓山堯司編著『集団安全保障の本質』東信堂、二〇一〇年
関野昭一『国際司法制度形成史論序説』国際書院、二〇〇〇年
武田知己「日本外務省の対外戦略の競合とその帰結」『年報日本現代史』一六号、二〇一一年
種稲秀司『近代日本外交と「死活的利益」』芙蓉書房出版、二〇一四年

冨塚一彦「一九三三、四年における重光外務次官の対中国外交路線」『外交史料館報』一三号、一九九九年
冨塚一彦「『連盟脱退ノ根本義』と日本外務省における『東亜』概念の生成」『國學院大學日本文化研究所紀要』九二輯、二〇〇三年
西嶋美智子「『戦争の違法化』と自衛権」『九大法学』一〇三号、二〇一一年
西田敏宏「ワシントン体制と国際連盟・集団安全保障」伊藤之雄ほか編著『20世紀日本と東アジアの形成』ミネルヴァ書房、二〇〇七年
番定賢治「戦間期における国際司法制度の形成と日本外交」『国際関係論研究』三一号、二〇一四年
矢嶋光「外務省連盟派とその政策」『名城法学』六八号、二〇一八年
柳原正治「近代日本と国際裁判」『国際法外交雑誌』一一三巻三号、二〇一四年
帝国議会衆議院本会議、貴族院本会議・予算委員会議事速記録
外務省記録（外務省外交史料館蔵）
Frank B. Kellogg, *The Settlement of International Controversies by Pacific Means*, Washington, Government Printing Office, 1928
Papers Relating to the Foreign Relations of the United States, 1928, vol. 1, Washington, Government Printing Office, 1942

第5章

国際法の法典化と戦間期日本

——国家責任問題における文明国標準を中心に

高橋力也
TAKAHASHI Rikiya

はじめに

「歴史上、日本は少なくとも二度にわたって国際法の創出と改定に携わる機会を逃してきた」。そう述べるのは、国際海洋法裁判所の判事を務めた国際法の碩学、山本草二である[1]。その一つ目の機会とは、一七世紀前半から一九世紀中葉まで続いた鎖国時代であり、二つ目は戦間期だという。前者は欧州において国際法が「創出された」といわれる時期、後者は第一次世界大戦を経て国際秩序の様相が一変し、戦争に対する法的規制を始めとして国際法が「改定された」——それは現代国際法の萌芽とも呼べる——時期と換言できるだろう[2]。そして戦間期に培われた現代国際法の基礎づくりに日本は何ら貢献できなかったという。

このような、戦前の日本は国際法の形成過程に主体的に関わることなく、それに対して一貫して受動的・消極的だったという言説は、程度の差こそあれ、山本に限らず国際法・外交史分野の学術界において長らく共有されてきたといえる[3]。中でも大沼保昭は、戦前の日本は「国際法の定立に積極的にかかわり、国際法の定立を通じて自己が不正と考える現存国際法秩序(『英米本位の平和』!)そのものを変革しようという発想に乏しく、そのための努力も払われていない」と手厳しい[4]。

しかし、こうした評価は誤りではないにせよ、やや一面的というべきだろう。従来の研究において、戦間期日本の国際法観が語られる際、その消極性を実証する題材には偏りがある。すなわち、言及される事例のほとんどが、ジュネーヴ平和議定書や不戦条約を始めとする戦争の規制や安全保障をめぐる日本の態度に集中しているのである。確かに「国際法学は、戦争との対決から出発した」とさえいわれ[5]、先行研究の主たる関心が戦争や平和であってもなんら不当ではない。だが、国際法が関わるのはなにもそれらの事象に限らない。例えば、当時の言葉でいう平時国際法の分野は、戦間期において飛躍的に発展した[6]。その中でも本章において論じることになる国家責任法は、「国際公法全体の屋台骨となる諸原則」が関わるともいわれ[7]、その進展に対して戦間期日本が積極的な関与を見せた事例がある。それが「国際法の法典化」である。

法典化(codification)とは、一般に、不文の慣習法として発展してきた国際法の諸規範を成文化し、法典の形に整えることをいう[8]。国際社会が組織的に国際法の法典化に着手するようになるのは一九世紀末で、さらに第一次世界大戦後、国際社会において国際法に対する期待が次第に高まるのに伴い、国際連盟も法典化事業に取り組むことになった。その努力が結実するのが、一九三〇年三月一三日から四月一二日までの約一ヵ月にわたり、連盟が主催したハーグ国際法典編纂会議(以下、ハーグ会議とする)である。

第一次世界大戦が日本とアジア太平洋地域に与えた影響を、国際法史の視点から見るとき、この法典化事業は重要な意味を有する。それまで国際法とはすなわち欧州国際法であり、非欧州諸国はそれを継受するほかなかった。ところが、国際連盟において法典化事業が始まるとともに、これまで国際法の形成に参加できなかった国々にも「つくり手」となる道が開かれる。中南米諸国をはじめとして、一九世紀以降新たに国際社会に加わった国々は、新しい国際法をつくり出す場として連盟を活用し、西欧本位の伝統的国際法の普遍性に挑戦した。ハーグ会議が扱ったテーマの一つである国家責任の問題は、国際法上の国家の責任をいかなる基準で認定するかをめぐり、文明国標準を求める欧米とそれを拒む非欧米諸国が対立するという、まさに国際法の新旧「つくり手」が対峙する場を提供した。「遅れて」国際社会に加わったとされる日本にも、連盟の登場によって、国際法の形成過程に携わる機会が訪れたのである。

こうした環境の変化の中で、日本は「つくり手」としてどのように国際法の形成に関わったのか。本章では、ハーグ会議を含めた連盟における法典化事業を題材に、国家責任法の法典化に関する日本の関与について明らかにしていく。以下では第一節として、そもそも連盟における法典化事業の経緯とはどのようなものだったのか、続く第二節で、ハーグ会議に至る過程において、日本の国際法学会が連盟に提出した独自の国際法典案を題材として、連盟における法典化事業に対して日本がどのような姿勢で応じたのかについて、それぞれ論じる。そして最後の第三節において、ハーグ会議における国家責任の議論と日本政府の対応について分析し、日本がその当時国家責任の問題に関してどのような法をつくろうとしたのかについて検討する。

結論を先取りすれば、ハーグ会議を含め、連盟における法典化事業に関わる過程で日本が示した国際法観は、既存の国際秩序の「変革」には程遠いものだった。国家責任の問題では、日本こそアジアにおける西洋文明の申し子といわんばかりに、欧米諸国と共に文明国標準を支持した。しかし、その姿勢は単なる追従とは異なる。連盟の法典化事業に参加する中で、むしろ日本は法典案を示すことで国際社会を先導しようとしていたともいえ、国際法の「つくり手」としての存在感を示したのだった。

なお、本章における引用文や参考文献名中の旧字体や歴史的仮名遣いは、新字体、平仮名に変換し、特に条文案等の文言は読みづらさを避けるため現代語風に適宜書き直した。

1　国際連盟における国際法の法典化事業

一般に、本格的な国際法の法典化が行われたのは、一八六四年のジュネーヴ会議か、一八九九年と一九〇七年の二度のハーグ平和会議が最初だったといわれる[9]。しかし、非欧米諸国も含めた国際社会全体が、国際法の整備について――戦時のみならず平時国際法の分野も対象としたという意味で――包括的に取り組むようになるには、国際連盟の設立を待たなければならなかった。なお、非欧米諸国が国際法の形成過程に参加したのは、戦間期が「初めて」ではない。一七～一八世紀のアジアと欧州の接触を通じて、宗主国・保護国関係の国際規範等の形成には、アジアの伝統や慣習が部分的に取り入れられたといわれる[10]。その意味で、連盟は、非欧米諸国が「再び」国際法の創出を担うための舞台を用意したというべきだろう。

❖常設国際司法裁判所と国際法の法典化

連盟における法典化事業の端緒となったのは、常設国際司法裁判所（ＰＣＩＪ）の設立だった。一九二〇年二月、連盟理事会はＰＣＩＪ規程案を作成するため、各国の専門家から成る法律家諮問委員会（Advisory Committee of Jurists）を設置した。同委員会は、同年六月から約一か月の審議を経て規程案を策定するが、これと併せて三本の勧告決議を連盟に提出している。その第一決議が、これまでの二度のハーグ平和会議に続くかたちで、国際法の法典編纂会議を定期的に開催することを連盟側に対して勧告したのである[11]。この決議をきっかけに、連盟において国際法の法典化が議論の俎上に載ることになる。

しかしなぜ、裁判所規程案の起草を任されたはずの委員会が、国際法の法典化を推進するよう勧告するに至ったのか。これにあずかって力あったのが、米国の委員で、陸軍長官、国務長官を歴任した法律家エリフ・ルート（Elihu Root）だった。委員会での討議において応訴義務制度の確立に腐心したルートだったが、同時に国際法の法典化を促進する必要性も訴えていた。すなわち、裁判所が適用すべき法が定まっていないか、その内容が不明確なままであれば、判決を下すその時々の裁判官に広範な裁量を与えることになる。そのような状況でＰＣＩＪを創設しても、恣意的な判断を恐れる主要国は裁判所規程を締結しない。国際社会における国際裁判の普及のためには、まず国際法の法典編纂を進め、法の内容を確定し、判決の予測可能性を高めることが最優先の課題となる[12]。こうした信念の下、ルートは第一決議の原案を起草し、委員長と連名で委員会に提出したのだった[13]。

もともとルートは国際連盟規約にひどく失望していた。規約は、国際法の定立に関してわずかに前文で言及するにとどまり、ルート自身も相当に尽力した一九〇七年のハーグ平和会議の成果に対して全く無関心としか思えなかったからである。「これではハーグ・システムが、完全にくず同然の扱いだ。この国際連盟とやらがつくられて、我々がハーグでつくった条約たちは一体どこに行ってしまうんだ？」[14]。パリで規約案がまとまりつつあった一九一九年四月、米国国際法学会（American Society of International Law）の理事会の席で、ルートは嘆きとも怒りともとれる感情を吐露した。ルートにとって法律家諮問委員会の場は、国際法の進展に関して十分な規定を欠いた連盟規約を補填する、またとない機会だったのである。

❖ハーグ会議への道程

こうして連盟における国際法の法典化事業が始動する。一九二四年一二月、総会の付託を受けた理事会により、各国の国際法学者や外交官から成る国際法典編纂専門家委員会(ＣＰＤＩ)が設置され、どのようなテーマが法典化に適しているかにつき検討する作業が始まった[15]。日本からは外務省の初代条約局長を務め、当時は国際連盟帝国事務局長だった松田道一が委員に選ばれた[16]。

その後三年にわたり三度の会合を経て、ＣＰＤＩは法典化すべき七題目を選出し、連盟に提出する。一九二七年九月、このうちの三つ、すなわち国籍、領海、国家責任について法典化に取り組むことが総会決議によって承認された。同時に、この三題目について、「討論の基礎(Bases of Discussion)」(以下、基礎案とする)と呼ばれる実質的な条約草案を起草するため、専門家五名で構成される国際法典編纂会議準備委員会(ＣＰＣＣ)が立ち上げられることになった。また、第一回目の国際法典編纂会議をハーグで開催することも決まる[17]。

一九二八年二月、基礎案を作成するにあたりＣＰＣＣは、「項目表(Schedules of Points)」と呼ばれるアンケートのようなものを各国に配布する[18]。これは先の三題目について主要な質問事項を並べ、各国の見解を聴取し、草案に反映するためのものである。そして翌二九年五月、ＣＰＣＣは各国の項目表に対する回答を取りまとめ、基礎案を作成した[19]。これが各国に配布され、法典編纂会議の準備は完了する。あとは会議の開催を待つだけとなった。

❖ハーグ会議と「未発」の可能性

こうして実に六年近い歳月を準備に費やし、一九三〇年三月、連盟非加盟国の米国も含めた四七か国の参加を得て、ハーグ会議は開催された。しかし、当初の期待に反し、会議の結果はあまり芳しいものではなかった。国籍については条約一つと議定書三つが成立した一方で、領海については領海の幅員問題、国家責任についてはは文明国標準をめぐって、それぞれ各国の対立の溝を埋めることができず、条約成立には至らなかった。

ただ、ハーグ会議は、当時「第一回国際連盟国際法典編纂会議」と呼ばれており、その開催を決定した一九二七年の総会決議においても、それ以降第二回、第三回と定期的に実施を継続することが予め想定されていた。一九三〇年のハーグ会議は最初のステップにすぎなかったのである。法典化の実現は重要だが、一朝一夕にはいかない。辛抱強く、慎重に取り組むことでようやく達成できる。そうした考えから、当時法典化を推進した米国の法律家などは、「ゆっくり急げ（*festina lente*）」という格言を好んで口にした[20]。ハーグ会議に参加した関係者にも、連盟における法典化事業について、ある種楽観的な見通しがあったようである[21]。

現代の我々は、こうした期待がその後の国際情勢の混乱によって霧散してしまうことを知っている。しかし、ハーグ会議が開催された当時、この事業がさらに発展する「未発」の可能性が確かに存在していた。次節でみるように、日本の国際法学者たちもこの可能性を現実的なものとして受け止め、主体的な関与をみせたのである。

2　日本国際法学会の国際法典案

それでは、前節でみた連盟の法典化事業に日本はどのように関わったのだろうか。ここでは日本国際法学会（ＪＳＩＬ）[22]が一九二六年に策定した国際法典案を題材として、その関与を明らかにする。

✤ＪＳＩＬによる国際法典案提出の背景

ＪＳＩＬによる法典案の起草は、大勢順応による受動的な動きではなく、むしろ日本の側から連盟に持ちかけた企画であった。先に触れたとおり、法典化事業の最初の段階は法典化の対象となる題目を選定したＣＰＤＩである。題目を選出するにあたり、ＣＰＤＩは、万国国際法学会(Institut de Droit International)、国際法協会(International Law Association)、米国国際法学会等の著名な学術団体に、どのような題目が法典化に適しているかにつき意見を求めていた。

一方、日本が連盟の常任理事国の地位を占めていたにもかかわらず、ＪＳＩＬに声はかからなかった。学術団体の選定は元スウェーデン首相で、ＣＰＤＩ委員長のヤルマル・ハマーショルド(Hjalmar Hammarskjöld)が中心となって行われたが、先述の法律家諮問委員会の勧告決議で、法典化事業に協力を求めるべき組織として名前が列挙されていた団体が主に選ばれた[23]。国際法学が依然欧米主流の学問として認知されていた当時、連盟の関係者にとり東洋からの知的貢献は想像し難かったのかもしれない。

とはいえ、日本に意見表明の機会が全く閉ざされていたわけではなかった。ＣＰＤＩの要請を受けた国際法協会は、ロンドンに本部を置く国際的な学術機関で、各国に支部を有し、当時東京にも日本支部が置かれていた。協会本部はＣＰＤＩへ返答するにあたって各支部に対し意見聴取をし、一九二五年三月末、日本支部にもその要請が届いていたのである[24]。

この機を逃さなかったのは、長らく海軍省の国際法顧問を務め、当時はＪＳＩＬの理事に就任していた山川端夫である。ＪＳＩＬと協会日本支部は形式的には別組織だが、実態はほぼ同一のもので、山川は日本支部の理事も兼ねていた。協会本部の連絡を受けた山川は、「わが国際法学会の会員がこの困難な事業に参加することを希望し」、国際法学界の二人の重鎮山田三良と立作太郎に相談したという[25]。その結果、連盟の法典化事業に対して独自に協力することが決まり、専門家一五名を集めた研究グループ「国際法典編纂委員会」を立ち上げることになった[26]。

こうして同委員会は、六月から約一年間、計四一回もの会合を重ね、ハーグ会議で法典化の対象となった国籍、領海、国家責任を含む九つの題目について法典案を完成させた。翌二六年六月、法典案は協会本部に送付される[27]。

❖「日本の」、そして「法典案」であることの意味

このような経緯で提出されたＪＳＩＬの法典案だが、二重の意味で国際連盟の、ひいては国際社会の期待を超えるものだった。

第一に、ＪＳＩＬという日本の学術団体から意見が寄せられることは、連盟にとり全く想定外のことだった。先述のとおり山川らは協会本部へ法典案を送ったのだが、実はこれに加えてハマーショルドに対しても同じ法典案をＪＳＩＬ名義で直接送っている[28]。いかにＪＳＩＬと協会日本支部が実質的に同一組織であるとはいえ、建前上ＣＰＤＩから協力を求められていたのはあくまで国際法協会である。法典案を連盟側に提示するにしても、それは日本支部から協会本部へ、そして国際法協会からＣＰＤＩへという手順を経るのが自然であった。

しかし、ＪＳＩＬは、日本の名を冠した法典案を出すことにこだわった。一九二五年五月一日、協会本部からの諮問への対応を協議するために集まった山川、山田、立らは、「日本国際法学会に対しては国際連盟より何等諮問ありたる次第には非るも…英国国際法協会本部への回答とは別に日本国際法学会の名を以て直接『ジエネヴア』の連盟事務局に対し」法典案を送付することを早々に決した[29]。まだ法典案の内容はお

ろか、法典案を作成することになる先述の委員会の設置すら決まっていない段階である。単に協会の一支部としてではなく、「日本の」国際法学会として法典案を世界に発信するという点が、山川らにとって何よりも重要であったことが窺われる。

第二に、CPDIに対して協力するにせよ、そもそも法典案の作成までは求められていなかった。CPDIの任務は、条約案の起草ではなく、何を条約の形にすればよいかという、法典化の対象となる論点の抽出だったはずである。したがい、協会をはじめとする各学術団体が求められていたのは、あくまで法典化に適したテーマを提示することだった。これに対しJSILは、題目の列挙では飽き足らず、それぞれの題目について条約の形を備えた法典案まで作ってしまう。

この予期せぬ贈り物には、CPDIの作業を補佐する連盟事務局も当惑する。一九二六年八月、委員の松田から法典案を受け取り、これをハマーショルドへ渡すよう依頼された連盟事務局法務部のヒュー・マキノン・ウッド(Hugh McKinnon Wood)は対処に困ってしまう。先述のとおりCPDIへの協力を期待したのは国際法協会であり、JSILではない。また、この法典案が役立つとしても、それはCPDIにおいて法典化の対象となる題目が決まり、その後開催されることになる国際法典編纂会議においてだろう。少なくとも当時のCPDIには無用の長物である。ただ、松田の立場もあり、突き返すわけにもいかない。長い逡巡の末、マキノン・ウッドはハマーショルドに相談し、ひとまずJSILの法典案をCPDI内での「参考資料」として回覧することで善処した[30]。

こうした、ともすれば前のめりな、国際法の法典化に対する日本側の姿勢だが、これはJSILという日本の一学術団体にとどまらず、少なからず政府のものでもあったといえる。事実、法典案作成は外務省の相当な関与の下で行われていた。

ＪＳＩＬでの法典案作成を牽引した山川は、当時外務省の条約局長でもあり、国際法典編纂委員会でも同省の見解を法典案に反映させるため、案文を提出している。委員会の運営には若手事務官三名を幹事として据え、会議の場所として条約局長室を使用した[31]。また、このＪＳＩＬの法典案が作られた後、条約局は在外公館に対してこれを海外の要人に配布することを指示し、積極的な宣伝活動も行っていた[32]。形式上、この法典案は一学会の私案にすぎない。しかし、法典案をＣＰＤＩに提出するということまでを含めたＪＳＩＬの法典案作成は、半ば公式の日本政府のプロジェクトだったと考えてよいだろう。

❖ ＪＳＩＬ国際法典案に対する反響

「これが外国の国際法学界では評判になったのである。」晩年の山川は法典案を連盟に提出した頃を思い返し、自らの回顧録にそう書き残している[33]。事実、各種の史料は、山川の言葉があながち誇張ではないことを教えてくれる。

法典案提出を通じてＪＳＩＬの国際的な評価を最も高めたのは、一九二八年の国際連盟総会決議だった。総会は、ハーグ会議で扱われることになる題目の研究に関し、「特に米国及び日本の学術団体が提供した有益なる援助に対し謝意を表する」として、ＪＳＩＬの尽力に対して謝辞の一文を決議の中で述べたのである[34]。

日本の貢献が国際連盟の場で取り上げられた。これにはＪＳＩＬの関係者も歓喜する。連盟事務局から総会決議文の贈呈を受けたＪＳＩＬは、「其の好意に酬ゆる」として山田に筆を執らせ、連盟における法典化事業についての論文を機関誌『国際法外交雑誌』に掲載した[35]。

第二次世界大戦後、山田は、「わが学会が世界万国に対して誇示するに足るべき一大業績であつた」と、戦前に学会全体をあげて取り組んだ法典案について振り返った[36]。連盟の法典化事業は、日本が国際法秩序の形成に参画する貴重な機会だった。日本は、国際法の「つくり手」としての存在感を確かに示したのである。

3　ハーグ国際法典編纂会議における国家責任問題

前節では、国際法の法典化という、国際法を「つくる」営為自体に対する日本の態度をみてきた。その上で本節では、日本が「どのような」法をつくろうとしたのかという点を明らかにするため、ハーグ会議における国家責任の問題に対する日本の対応を詳しく検討していく。

なお、ハーグ会議に対する日本の対処方針決定の過程を予め二つの段階に分け、整理しておきたい。一つは、一九二八年にCPCCの項目表に対する回答案を検討する段階、そして二つ目は、一九二九年に基礎案がCPCCから発出され、ハーグ会議に送る全権団への訓令案を検討する段階である。この両段階において、外務省は、松永直吉条約局長に、山川、山田、立らJSILのメンバーを加えた「準備委員会」を設け、原案を作成している。そして、項目表に対する回答、訓令案共に原案を外務省案として、各省との協議にかけ、その後閣議決定をするというプロセスをとった。この各省協議には、先のJSILの面々も外務省側の関係者として出席している。

❖文明国標準主義と内外人平等主義の対立

ところで、日本の立場の具体的検討に入る前に、国家責任の基本概念について概観しておきたい。「国家責任」とは、国際違法行為を行った国家が負う国際法上の責任を指し、概括的にいえば、国内法上の不法行為に基づく民事責任に類似するものである[37]。国家責任の法理は、在留国の違法な行為によって外国人に損害が生じたとして、当該外国人の本国が在留国に対して国際法上の責任を求める事例の集積を通じ、国際慣習法として発展してきたという歴史的経緯がある[38]。具体的な事例でいえば、裁判所が外国人に対して裁判を拒否する場合や、暴動などの騒乱に外国人が巻き込まれ負傷するような場合に、在留国の責任が問題となる。

このように私人が国外で損害を被った際に、その責を負う外国に対して当該私人の国籍国が適当な救済を図るよう求めることを、一般に「外交的保護」という[39]。特に一九二〇年代は、外交的保護をめぐる国家間紛争が頻発し、盛んに仲裁裁判などが利用されたことから、外交的保護に関する国際裁判の「真昼の時代」ともいわれる[40]。

外交的保護は、国家には外国人を保護する義務があるという国際慣習法上の原則に端を発するが、その義務を果たすためには外国人に対してどの程度の待遇をなすべきかという基準につき、内外人平等主義（国内標準主義）と文明国標準主義（国際標準主義）という二つの考え方がある。前者は、外国人に対しては自国民と同程度の保護を与えれば足りるとするのに対し、後者は、単に自国民と等しく待遇するだけでは足りず、「文明国（civilized states）」に期待される最低限度の保護を提供しなければならないとする。

両主義の相剋は、一九世紀、資本主義経済の世界的な展開と発展を背景に繰り広げられてきた。投資国たる欧米の先進諸国は、中南米等の中小国に対し、投下資本や自国民の経済活動の保護を名目に、外交的保護を用いて——しばしば武力行使を伴う——介入を繰り返した[41]。文明国標準は、このような内政干渉を正当化する装置として作用する。すなわち、先進諸国のいう文明国とは、国境を越えたヒト、モノ、カネの円滑な移動を可能にする程度の最低限の秩序と安定性を備えた国だった。それに見合う司法・行政の制度を具備していない国家は、文明国標準に満たないとして、国内法制の変革が強要される。かつて国際法学上の「文明」という言葉が含んだ、「キリスト教」、「ヨーロッパ」、「西洋」といった意味合いはもはや薄れ、資本主義経済の行動様式に沿った国内法を整備しているか否かが、文明国の資格を判断する具体的な基準となった[42]。文明国標準主義は、当時の先進国による「資本主義世界市場の形成と展開とを媒介する役割を果たすもの」だったのである[43]。

独立して間もない中南米諸国は、こうした欧米による干渉を防ぐため、外国人の待遇について内外人平等主義を唱え、抵抗した。アルゼンチンの法学者カルロス・カルボ（Carlos Calvo）が、国家主権平等の原則に基づいて、内外人平等の原則を訴え、彼の考えが国家と外国人の間に交わされる契約において外国人本国の外交保護権を排除する、いわゆるカルボ条項へと発展したことはよく知られている。

ハーグ会議においては、欧米の先進国グループが文明国標準主義をとり、より広い範囲で国家責任を問おうとし、一方で中南米諸国を中心とした中小国グループは、可能な限り責任を問われる範囲を狭くするために内外人平等主義をとるという構図が生まれ、両主義は正面から衝突した。そのような状況で、日本はいかなる舵取りを見せたのか。

❖「文明国」日本としての自負

…内部組織の整頓していない国は文明国並に取扱ふことは出来ない、故に「バックワード・カンツリース」の問題が出て来る此等の国に就ては内外人平等主義ではいけないと言ふ趣旨である[44]

各省協議会における立の発言である。このように日本政府の関係者は、文明国標準主義の立場をとることで基本的に一致していた。そしてハーグ会議では、英米等の先進国と歩調を合わせることにしたのである。

ＣＰＣＣが作成した国家責任についての基礎案の諸規定は、基本的に文明国標準主義を基調としていたため、日本代表団に発せられた訓令の大半は基礎案の規定振りに賛成せよとの指示が占めた[45]。例として、文明国標準主義を典型的な形で表した基礎案の諸規定を以下に挙げる（傍線は筆者）。

第一〇条　国家はその行政機関が文明国に期待される程度の注意をもって外国人を保護することを怠り、損害を与えた場合、その責任を負う。外国人が公人たる性質を有する場合は、特別の注意義務を負う。

……

第一七条　国家は、私人が外国人に対して損害を与え、当該外国人の保護につき当時の事情及び外国人の有する身分に照らして、文明国に期待される程度の注意を怠った場合は責任を負う。

第一八条　国家は、私人が外国人に対して損害を与え、当該私人を捜査・処罰するにあたり、文明国より期待される程度の注意を怠った場合は責任を負う。

いずれの規定も、外国人について国家は単に自国民と同等の保護を与えるだけでなく、その保護が文明国で通用する基準に適っていることを要求している。しかし、「文明国に期待される程度」とは具体的に何を指すのかは、曖昧なままである。これらの規定が条約に組み込まれ、実際に運用される場合、投資国たる大国と投資受入国となる中小国の力関係に鑑みれば、何をもってこの標準を満たすかは、結局のところ大国によって恣意的に決められることになる。中小国の反発は必至であった。

ある意味で、日本の文明国標準主義の方針は自明ともいえた。よく知られるとおり、不平等条約の改正を通じた文明国社会への仲間入りは、明治日本の国是だった。国内法の整備のほか、国際法の受容も文明国の資格の一つとして要求されることを意識し、日清・日露戦争では自軍がいかに戦争法を遵守しているかについて宣伝するため、盛んな対外発信が行われた[46]。そして、明治末期に不平等条約の解消に成功した日本は、第一次世界大戦後には列強の一角を担うまでになった。アジア随一の文明国を自負する日本が、ハーグ会議の場で文明国標準主義を標榜するのは必然ともいえる。

また、日本の立場は、英米と同様、経済的動機にも裏打ちされていた。一九二〇年代、中国に対する日本企業の資本輸出は急速に増加する。一九三〇年頃までに、在華紡などの直接事業投資を中心とした対中投資額の規模は、英国に比肩するまでに至った[47]。日貨排斥に揺れる大陸に多くの工場や居留民を抱えた当時の日本が、中国に対して文明国標準主義の鞭を振るい、在留邦人の経済活動の保護を要求すること、またそのような投資国の利益に資する国際法の法典化を求めることも不思議ではない。実際に、日本が問責国となった国家間賠償の大正期の事例をみると、その大半が中国に対するもので、排日暴動などで在留邦人が被害に遭ったケースであった[48]。

このような方針でハーグ会議に臨んだ日本だったが、文明国標準を掲げた姿勢は、他の欧米先進国と比しても際立って「西欧」的であった。もともと西欧本位の国際法観に由来する文明国標準主義を、連盟の法典化事業の過程で最も鮮明に体現したのは、欧米ではなく日本だったのである。

この点を示すのが、日本が連盟側に提出した「帝国政府回答第一六項」である[49]。これはＣＰＣＣが各国に配布した項目表に対する日本側の回答のうちの一つで、次のようなものだった。

(第一六項　特殊国家の責任)

国家は、国内秩序を保持するべく安定した政治組織を有さず、又は適当なる司法組織を備えないが為に文明国において与えられる程度の個人の身体又は財産に対する保護を提供できない場合、それによって生じた外国人の身体又は財産に対する損害を賠償することを原則とする(傍線は筆者)。

これが文明国標準主義を改めて強調したものであることは一目瞭然であり、その内容は他の先進国でも表明しそうな一般的見解のようにも思える。だが、一層の独自性は別の部分にあった。項目表で問われた質問は全部で一五あり、各国の回答も逐条的に対応する形で、一五項目それぞれ設けられた。これに対して日本の場合は、項目表の一五の問にそれぞれ答えた上で、対となる問が存在しない一六番目の回答を第一六項として、独断で加えているのである。

日本がこうした独特の回答に至った背景には、政府回答案を検討した各省協議会での議論が影響している。まず項目表中の総論部分で、国家責任の根拠に関する問「第二」について議論していた際、山川が、国際法というものは文明国同士の法であるから、非文明国との関係では別の準則を設ける必要があると発言し、協議会のメンバーも同意して、次のような案文が作られた。

なお国際義務の履行に不可欠な安定した組織を有せず又は国内秩序を維持し得ない政治単位に関しては別に準則を研究するべきである[50]

そして、山川ら外務省側の提案で、この一文は回答第二項の中ではなく、別途の意見表明として政府回答の末尾に加えられることになった。その趣旨として山川は、項目表の各論部分である問「第三」以下は全て文明国間の国家責任法に関する問題であって、いわゆる非文明国についての「準則」とは別なのだから、この「準則」についての見解は、位置としては文明国間の規範を論じた後、つまり問「第一五」に対する回答の後に持ってくるのがよいと説明している[51]。

しかし、最終的にこの案文は採用されず、先に挙げた第一六項の文言に落ち着いた。理由は明らかではないが、非文明国に対する特別なルールを設ける露骨な表現は――このルールの適用を認めることは、文明国でないことを自認することにもなるであろうから――中小国を中心として支持が得られないだろうという、省内準備委員会において出た意見が影響したものと思われる[52]。

表面上の書き方が変わったとはいえ、「特殊国家の責任」と題する一文が一六番目の回答として残ったことは、単に文明国標準主義を宣言するだけではなく、依然としてこれが「特殊国家」、つまりは非文明国に対する特別な「準則」であり、回答第三項から第一五項までが論じるものとは別個の規範として捉えられていたことを意味する。

このように文明の有無を起点にして国際法の差別的適用を考えるところは、ジェームズ・ロリマー(James Lorimer)ら一九世紀欧州国際法学者の国家承認論を彷彿とさせる。国家承認を、国際社会への受容を認める「完全な承認」と、主権国家として認めつつも国際社会の外に置かれる「部分的承認」に区別し、後者と国際社会のメンバー国との間には特別国際法上の関係が築かれる。この「関係」を規律するのが領事裁判権制度に代表される不平等条約にほかならない[53]。

こうして欧米を中心として同心円状に広がる世界に、文明の成熟度で濃淡の色付けがなされ、国際法の差別的適用が行われる。山川らの念頭にあった国家責任法上の文明国・非文明国の区別が、上記のロリマーらが描いた国家承認をめぐる構図とどのように重なり合うのかは定かでない。ただ、興味深いのは、「準則」の適用対象にソ連が入るかという点について、山川が「そこは未だ分からぬ『ロシヤ』の態度如何に依るべし」と述べているところである[54]。つまりは「準則」の適否は、中国やソ連の今後の国内法制の整備如何によって変わってくるということなのであろう。山川がこれらの国々に向ける眼差しは、中央の高みから周りを見下ろす、まさに一九世紀欧州において支配的だった国際法観そのものといえる。

❖「法的国際主義」に対する志向

このように日本は、中国やソ連のような特定国との二国間関係において自国が優位に立てるよう文明国標準主義を掲げ、ハーグ会議に臨んでいたことがわかる。他方で、こうした対外的な評価や個別の二国間関係とは別に、国家責任の問題について国際社会全体を規律する一般条約をつくるという志向も、日本代表団に対する訓令から読み取ることができる。

換言すれば、自国の国益のみを反映させ、一人勝ちを求める自国中心主義だけでなく、国際社会という共同体がその共通規則である国際法の規律に服するという発想が、目立つ形ではないにせよ、国際法の法典化に対する日本の姿勢に表れていたのである。これは入江昭のいう「法的国際主義」、すなわち、仲裁制度や国際法の普及によって国際秩序を保とうとする国際主義の一側面と多分に重なるところがある[55]。この点については、一九三〇年のハーグ会議開催を目前に控えた全権の長岡春一（駐独日本大使）と本省のやりとりが示唆に富む。

本省から国家責任に関する訓令案を閣議決定前に受け取っていた長岡は、いくつか注文をつける[56]。日本は特に中国との関係で問責国として国家責任を問う側にまわることが多い。それならば、基礎案のいくつかの規定に対する我が方の訓令案は、中国に対して国家責任を問い易くなるよう改善の余地があるのではないか。例えば、基礎案第一一条には、国家の行政機関が不当に外国人の自由を奪うことにより当該外国人が損害を被る場合には、国家責任が生ずるとしている。本省の訓令案は、ここでの「不当に」とは不明瞭なので、「不法に」へと変更せよと指示をしていた。これに対し長岡は、「不当に」のままの方がむしろ日本にとり有利なのではないかと主張した。「不法に」とする規定となると、被問責国の行政機関による明確な違法行為があったことを問責国側で立証する必要があるが、それが「不当に」であれば、何をもって不当とするのかは問責国の匙加減次第ともいえ、より広く中国側の責任を問うことができる。

この長岡の進言に、本省は次のように回訓した。

御来示の趣一応御尤なるも政府に於ては訓令の作成に当りては一般的国際規定を作ることを目的とし特に支那等を目標とせず又本邦が責任を問はるる場合をも考慮に入れた…るに付訓令通御措置相成度し[57]

日本としては対中関係だけを考えて国際法の法典化を推進しているのではない。一般条約を成立させるために行っている。そう返答し、本省は長岡の意見具申を却下したのである。個別の国益か、全体の公益か。どちらの確保に比重があったにせよ、一般条約という主権国家に対するある種の束縛を受け入れ、将来の紛争解決に国際法を利用する用意が少なくともあった。このことは、戦間期日本の国際法観を考える上で重要な意味をもつといえる。

国家責任問題に係る紛争を国際裁判に委ねることに関しても、当時日本は比較的前向きだった。例えば、項目表中、国際審査、和解、仲裁、裁判の紛争解決手段に関する問「第一五」に対して、日本側は、上記四種の手段のうちで、純然たる法律問題であればＰＣＩＪを用いることが望ましいと答えている[58]。また、基礎案にも第三〇条として、紛争解決に関する規定があり、これについても日本は好意的な反応を示した。すなわち、同条は、国家責任に関する争いを外交的に解決できない場合、当事国間に有効なその他の解決方法に抵触しない限り、当該紛争はＰＣＩＪに付託されるという規定を、条約とは別の特別議定書として設けるとする案文だった。これについて本省の訓令は――その議定書を実際に締結するか否かは別の問題であるにしても――法律問題であれば義務的裁判管轄を設置する特別議定書も「異存なし」としたのである[59]。

ＰＣＩＪ発足当初日本は国際裁判の利用に消極的であり、先に触れた法律家諮問委員会においても、日本の委員で、後にＰＣＩＪ所長にもなる安達峰一郎が応訴義務の導入について反対している[60]。しかし、近年の研究によって、その後の日本の態度が徐々に軟化していったことが明らかになっている[61]。こうした経時的な態度の変化が、項目表に対する政府回答の原案を作成するにあたっても表れている。外務省内の準備委員会では次のようなことが言明された。

仲裁裁判は事実に於て裁判長一人の意見を以て判決を下し得るを以て偏見伴ひ易く従つて公平を期し難し反之国際司法裁判所に於ては判事も多き故より一層公平と思惟さる、国際司法裁判所の活動が次第に拡張さるる大勢なるに鑑み司法的解決に進む覚悟を為す必要あり但し…義務的管轄は認めずに現状に止むるを可とす[62]

一般的な強制管轄権を認めることはさすがに時期尚早だが、昨今国際裁判の利用が益々盛んになる中、日本としても紛争の司法的解決を受け入れざるを得ない時がいつか来る。こうした認識が、条約局や山川らの間では共有されていたのである。

ハーグ会議閉会後の一九三〇年六月には、ＪＳＩＬが臨時総会を開催し、ＰＣＩＪの選択条項受諾を日本政府に対して勧告する決議を出している。選択条項とは、ＰＣＩＪ規程第三六条二項が規定するもので、同規程の締約国は特定の紛争（条約の解釈、国際法上の問題等）について任意に裁判所の管轄権を受諾することをあらかじめ宣言でき、同一の紛争についてこの受諾宣言をしている国同士で紛争が発生して一方が提訴する場合、他方には応訴義務が生じるという仕組みである[63]。ＪＳＩＬは、第一に紛争の平和的解決のため、法律問題については司法的解決が最適であること、第二に、既に四〇を超える国が選択条項を受諾し、大国のうち未受諾は日本のみであること、そして第三に、同年九月の裁判官選挙で安達を候補として送り出そうとしている国が、ＰＣＩＪの裁判管轄を積極的に受け入れないのは矛盾にほかならないという、三つの理由を挙げ、政府にＰＣＩＪに対する政策転換を迫ったのだった[64]。

このように日本の有識者らは、国際裁判が国家間紛争の解決手段として主流になりつつある潮の変わり目を鋭敏に感じ取っていた。選択条項の受諾では欧米にやや遅れをとった日本だったが、国際法をもって律する国際秩序の構築に参画する姿勢に変わりはない。日本の法典化事業参加には、法的国際主義の実現という公益確保の側面が少なからずあったといえるだろう。

おわりに

国際紛争の平和的解決の行はるる為めには、国際法規が平和的解決の明確なる準縄として存することを要するのである。故に国際平和に関する輓近の思潮より言ふも国際法の編纂が極めて望ましく、否、極めて必要であると言ふべきである[65]。

これは立作太郎の言である。立はときに歴史家によって、戦間期日本における反国際主義者の代表格として描かれることもあり[66]、この言葉に意外な印象を受ける読者もいるかもしれない。しかし、こうした認識は立に限らず、一九三〇年頃までは日本の国際法サークルにおいて支配的だった。JSILの法典案はそうした雰囲気の中で作られた。わずか一年足らずで九本もの条約草案を纏め上げたという例は、管見の限り、当時他国の学会においても例をみない。例えば、世界で最も権威ある学会とされる万国国際法学会などは、一九二六年秋になってようやくCPDIの照会に応じるなど大きく出遅れ、連盟での検討に資する貢献はできなかった[67]。ルートを擁する米国国際法学会も、連盟側の要請に応えるべく特別委員会を設けたものの、個々の委員の調整不足で作業もままならず、結局CPDIが出した報告書に対し、追加の題目として五つのテーマを提示するにとどまった[68]。これらのことからも、当時JSILが連盟の法典化事業に対して並々ならぬ意気込みで協力を行ったことが窺えよう。

国家責任の問題に関する限り、確かに日本が当時描いた国際法の未来図は極めて「西欧的」だった。「帝国政府回答第一六項」の作成過程にみられた文明国と非文明国の峻厳な区別は、その後のハーグ会議における議論の展開をみても、相当に際立って映る。というのも、先にみた基礎案の第一〇条、第一七条及び第一八条は、ハーグ会議第三委員会の第二小委員会によって次のような一つの条文にまとめられたが、そこでは「文明国」の文言が削除されているからである。

国家は、私人が外国人に対して損害を与え、状況に照らして正当に期待される予防または処罰の措置を怠ったときは、責任を負う[69]。

最終的にこの規定案は採択されなかったものの、こうした文言が妥協案として出てきたことは中南米諸国の激しい抵抗が功を奏し、欧米諸国に文明・非文明の峻別の放棄を受け入れさせたことを意味する。裏を返せば、当の欧米諸国も「文明国」の表現自体にはもはや固執していなかったのである。そのように考えると、国際法における文明国概念に対する忠実さにかけては、日本はまさに「王よりも王党派」だった。そこには、西洋文明との一体化を盲目的に目指した、明治日本の「集団催眠的ともいえる思考型」の残滓が見え隠れする[70]。

それでもなお、日本が法典化事業に対して貢献を試みたという事実の重要性に変わりはない。「変革」ではなくとも、それは主体的な関わりだった。「なにも法典化だけが国際法の発展の手段ではない」[71]。英国代表の言葉は、失意とともに閉会を迎えたハーグの議場の雰囲気を象徴するかのように響いた。そのような空気とは対照的に、日本の法典化に対する熱は一向に冷めなかった。日本代表団に随行し、ハーグから帰国した立は再び法典化について書いた。「平時国際法規の編纂事業は極めて必要であつて、今日に於ては戦時法規の編纂事業に比して一層之に重きを置かねばならぬこと勿論である」[72]。

一九二〇年四月のとある講演で、松田は、新たな時代の幕開けにについて「今日は寧ろ進んで大勢を自から率いるの心掛で行かなければならぬのである」と述べていた[73]。これからは日本が国際法の発展を先導していく。外務省やＪＳＩＬの関係者はそのような想いを強くしていた。法典案を連盟に提出し、またＰＣＩＪの選択条項受諾に関心を寄せたのは、単に西欧本位の国際法に賛意を示すためではない。日本が欧米の模倣から卒業し、欧米をも含む国際社会全体を牽引する意志の表れでもあったのである。

付記　本章は科学研究費助成事業（基盤研究B、課題番号17H02496）による研究成果の一部である。

註

1——Yamamoto, Soji, "Japanese Approaches and Attitudes towards International Law", *Japanese Annual of International Law*, No. 34, 1991, pp.117-118.

2——近代国際法が欧州で誕生したという従来の定説には近年多くの疑義が寄せられているが、本章の主題ではないのでこの問題には立ち入らない。この点については、Becker Lorca, Arnulf, "Eurocentrism in the History of International Law" in Fassbender, Bardo and Anne Peters eds., *The Oxford Handbook of the History of International Law*, Oxford University Press, 2012, pp.1034-1057を参照。

3——例えば、伊香俊哉『近代日本と戦争違法化体制——第一次世界大戦から日中戦争へ』吉川弘文館、二〇〇二年、Owada, Hisashi, "Japan, International Law and the International Community", in Nisuke, Ando ed., *Japan and International Law: Past, Present and Future*, Kluwer Law International, 1999, pp.347-415等。

4——大沼保昭「遥かなる人種平等の理想——国際連盟規約への人種平等条項提案と日本の国際法観」同編『国際法、国際連合と日本』弘文堂、一九八七年、四七四～四七五頁。

5——太寿堂鼎「現代国際法と義務的裁判」『思想』第四九六号、一九六五年、一二九九頁。

6——Shinohara, Hatsue, "International Law and World War I", *Diplomatic History*, Vol. 38, No. 4, 2014, pp.889-891.

7——Hackworth, Green H., "Responsibility of States for Damages Caused in Their Territory to the Person or Property of Foreigners: The Hague Conference for the Codification of International Law", *American Journal of International Law*, Vol. 24, No. 3, 1930, p.500.

8——村瀬信也「国際法の法典化」国際法学会編『国際関係法辞典(第二版)』三省堂、二〇〇五年、三一八頁。

9——Rosenne, Shabtai, "Codification of International Law", in Bernhardt, Rudolf ed., *Encyclopedia of Public International Law,* Vol. 1, North-Holland Pub. Co., 1992, p.635.

10——筒井若水「現代国際法における文明の地位」『国際法外交雑誌』第六六巻第五号、一九六八年、五三〜五四頁。

11——League of Nations Advisory Committee of Jurists, "Procès-Verbaux of the Proceedings of the Committee, June 16th-July 24th, 1920", 1920, pp.747-749.

12——Root, Elihu, "The Codification of International Law", *American Journal of International Law*, Vol. 19, No. 4, 1925, pp.675-684, Jessup, Philip C., *Elihu Root,* Vol. 2, Dodd & Mead, 1938, p.421.

13——League of Nations Advisory Committee of Jurists, *op. cit.*, pp.519-520.

14——"Minutes of the Meeting of the Executive Council, April 17, 1919", *Proceedings of the American Society of International Law*, Vol. 12-13, 1918-1919, pp.45-46.

15——League of Nations Official Document (以下、LN. Doc. とする), A.100.1924.V., reprinted in League of Nations, *League of Nations Documents, 1919-1946 [Microform]*, Research Publication, 1973-1975(以下、*Microform* と略記), Reel V-6.

16——LN. Doc., C.812.(1).1924.V., in *Microform*, Reel V-6.

17——LN. Doc., A.133.1927.V., in *Microform*, Reel V-10.

18——LN. Doc., C.44.M.21.1928.V., in *Microform*, Reel V-12.

19——LN. Doc., C.73.M.38.1929.V., C.74.M.39.1929.V., C.75.M.69.1929.V., reprinted in Rosenne, Shabtai ed., *League of Nations Conference for the Codification of International Law (1930)*, Vol. 1-4, Oceana Publications, Inc., 1975.

20——例えば、Baldwin, Simeon E., "Should International Law be Codified? and If So, Should it be Done through Governmental

Agencies or by Private Scientific Societies?", *Proceedings of American Society of International Law*, Vol. 9, 1915, p.153, Garner, James W., "The Function and Scope of Codification in International Law", *Ibid.*, Vol. 20, 1926, p.32 等。

21——Hudson, Manley O., "The First Conference for the Codification of International Law", *American Journal of International Law*, Vol. 24, No. 3, 1930, pp.465-466.

22——戦前は「Kokusaiho Gakkwai (International Law Association of Japan)」等が英名として用いられていたが、本章では便宜上現在のJapanese Society of International Law（JSIL）を同学会名の略記として用いる。

23——Letter from Van Hamel, J. A. to George W. Wickersham, February 6, 1925, Box R1275, 19/42143/10950, League of Nations Archives（以下、LNAと略記）.

24——国際法協会法典編纂委員会発同日本支部宛書簡（一九二五年三月二六日付）（外務省記録 B.10.2.0.8『国際法学会関係一件』（以下、B.10.2.0.8と略記）第一巻所収、外交史料館所蔵）。

25——山田三良『回顧録』山田三良先生米寿祝賀会、一九五七年、五九頁。

26——外務省条約局『日本国際法学会及国際法協会日本支部国際法典編纂事業』（外務省、一九二六年）、九九～一〇〇頁。

27——国際法協会日本支部発同法典編纂委員会宛書簡（一九二六年六月七日付）（B.10.2.0.8 第一巻所収）。なお、法典案の内容については、高橋力也「国際連盟における国際法典編纂事業と日本国際法学会——国際法の受け手から作り手へ」『アジア太平洋研究科論集』第三〇号、二〇一五年、一～二〇頁を参照。

28——「日本国際法学会より提出の国際法典案送付の件」条約局長発在蘭公使宛公信条一普通第一六号（一九二六年六月一〇日付）（B.10.2.0.8 第一巻所収）。

29——「国際連盟の国際法典編纂事業に関する英国国際法協会本部よりの照会の件に対する打合会決定事項概略」（一九二五年五月一日）（B.10.2.0.8 第一巻所収）。

30——Letter from McKinnon Wood, Hugh to Hjalmar Hammarskjöld, August 16, 1926, Box R1275, 19/42821/10950, LNA.

31——「緒言」外務省、『前掲書』、三頁。

32——「国際法学会及国際法協会日本支部国際法典案送付の件」条約局長発各在外公館長宛半公信（一九二六年六月

一二日付)(B.10.2.0.8 第一巻所収)。

33——山川端夫『私の足跡』私家本、一九六二年、一一四頁(国立国会図書館憲政資料室『山川端夫関係文書(個人蔵)』所収)。

34——"Resolutions and Recommendation Adopted on the Proposals of the First Committee", *League of Nations Official Journal Special Supplement*, No. 63, 1928, p.9. なお、本決議で言及されている「米国…の学術団体」とは、ハーバード大学が組織した研究グループのことで、JSIL同様、国際法典案を連盟に提出した。同法典案については、Research in International Law, "Nationality, Responsibility of States, Territorial Waters", *American Journal of International Law Special Supplement*, No. 23, 1929, pp.1-380 を参照。

35——山田三良「我が国際法学会に対する連盟総会の賛辞」『国際法外交雑誌』第二八巻第二号、一九二九年、九二～九三頁。

36——山田、『前掲書』、五九頁。

37——田畑茂二郎『国際法Ⅰ(新版)』有斐閣、一九七三年、三九五頁。

38——山本草二『国際法(新版)』有斐閣、二〇〇三年、六二五頁。

39——小畑郁「外交的保護」国際法学会、『前掲書』、一〇九頁。

40——加藤信行「国際裁判と外交的保護制度」浅田正彦・加藤信行・酒井啓亘編『国際裁判と現代国際法の展開』三省堂、二〇一四年、三四四頁。

41——Matsui, Yoshiro, "The Transformation of the Law of State Responsibility", *Thesaurus Acroasium*, Vol. 20, 1993, p.13.

42——松井芳郎「近代日本と国際法(上)」『科学と思想』第一三号、一九七四年、八八頁。

43——松井芳郎「伝統的国際法における国家責任法の性格——国家責任法の転換(一)」『国際法外交雑誌』第八九巻第一号、一九九〇年、二七頁。

44——「国際法典編纂準備各省協議会第一回会議録」(一九二八年七月一九日)(外務省記録B.9.2.0.2『国際連盟関係国際法典編纂会議一件(以下、B.9.2.0.2と略記)』第一巻所収、外交史料館所蔵)。

45——「国際法典編纂会議に於ける帝国代表者に対する訓令」(一九三〇年二月一五日付)(B.9.2.0.2 第三巻所収)。

46——明石欽司「日本の国際法学『対外発信』の一〇〇年——欧文著作公刊活動を題材として」国際法学会編『日本

と国際法の一〇〇年　第一巻』三省堂、二〇〇一年、二〇七〜二三二頁。
47――杉山伸也『日本経済史――近世‐現代』岩波書店、二〇一二年、三七七頁。
48――伊藤信哉「大正期における日本の国家間賠償（二）」『レファレンス』第五八三号、一九九九年、一〇二〜一〇四頁。
49――「国際法典編纂会議準備委員会作成質問集に対する帝国政府回答送付の件」外務大臣発在パリ連盟事務局長宛公信条二機密第三四八号（一九二八年一一月六日付）（B.9.2.0.2 第一巻所収）。
50――「国際法典編纂問題各省協議会第五回会合」（一九二八年八月九日）（B.9.2.0.2 第一巻所収）。
51――「国際法典編纂問題各省協議会第八回会合」（一九二八年九月七日）（B.9.2.0.2 第一巻所収）。
52――「国際法典編纂問題省内準備委員会」（一九二八年九月六日）（B.9.2.0.2 第一巻所収）。
53――松井、「前掲論文」、一九九〇年、二三一〜二九頁。
54――「国際法典編纂問題各省協議会第五回会合」。
55――入江昭著・篠原初枝訳『権力政治を超えて――文化国際主義と世界秩序』岩波書店、一九九八年、五頁。
56――「国家責任問題に関する訓令案中中国などとの関係上留意すべき点に関し意見具申」在独大使発外務大臣宛電信第一七号（一九三〇年二月二一日付）（外務省編『日本外交文書（昭和Ⅰ期第二部第二巻）』、一九九二年、六三〇〜六三一頁所収）。
57――「国家責任問題に関する意見具申に関し訓令通り対処方回訓」外務大臣発在ハーグ国際法典編纂会議代表宛電報第一号（一九三〇年三月一二日付）（外務省編、『前掲書』、六三二〜六三三頁所収）。
58――「国際法典編纂会議準備委員会作成質問集に対する帝国政府回答送付の件」。
59――「国際法典編纂会議に於ける帝国代表者に対する訓令」。
60――詳しくは、関野昭一『国際司法制度形成史論序説――我が国の外交文書から見たハーグ国際司法裁判所の創設と日本の投影』国際書院、二〇〇〇年を参照。
61――柳原正治「近代日本と国際裁判――『裁判嫌い』は神話なのか？」『国際法外交雑誌』第一一三巻第三号、二〇一四年、一〜二四頁、番定賢治「戦間期における国際司法制度の形成と日本外交――常設国際司法裁判所の応訴義務と仲裁裁判条約を巡って」『国際関係論研究』第三一号、二〇一五年、三三〜五六頁。

62——「国際法典編纂調査準備委員会第五回会議」（一九二八年七月四日）（B.9.2.0.2第一巻所収）。

63——牧田幸人「選択条項」国際法学会、『前掲書』、五四八～五四九頁。

64——「国際法学会臨時総会記事」『国際法外交雑誌』第二九巻第六号、一九三〇年、七七頁。

65——立作太郎「国際連盟の企図する国際法の改進的法典編纂」『法律時報』第二巻第三号、一九三〇年、二八頁。

66——例えば、Zachmann, Urs Mathias, "War and International Order in Japan's International Legal Discourse: Attitudes among Japanese International Lawyers during the 1920s", *Review of Asian and Pacific Studies*, No. 35, 2010, pp.103-120等。

67——Letter from McKinnon Wood, Hugh to Hjalmar Hammarskjöld, December 13, 1926, Box R1275, 19/42819/10950, LNA.

68——Kirgis, Frederic L., *The American Society of International Law's First Century: 1906-2006*, Martinus Nijhoff, 2006, p.91.

69——LN. Doc., C.351(c).M.145(c).1930.V., reprinted in Rosenne ed., *op cit.*, Vol. 4, p.143.

70——山内進『文明は暴力を超えられるか』筑摩書房、二〇一二年、三一八頁。

71——LN. Doc., C.351.M.145(c).1930.V., reprinted in Rosenne ed., *op cit.*, Vol. 4, p.47

72——立作太郎「戦時法規編纂の必要」『外交時報』第六二七号、一九三一年、六頁。

73——松田道一「向上の機運」鹿島平和研究所編『松田道一遺稿　外交論叢』鹿島研究所出版会、一九七〇年、八〇七頁。

参考文献

小畑郁「国際責任の法制度における『相当な注意』概念の再検討——国際連盟の法典化作業におけるその一般化」桐山孝信・杉島正秋・船尾章子編『転換期国際法の構造と機能』国際書院、二〇〇〇年、五五～八六頁

酒井一臣『近代日本外交とアジア太平洋秩序』昭和堂、二〇〇九年

高橋力也「戦間期日本の国際法実務と立作太郎——一九三〇年ハーグ国際法典編纂会議における領海幅員問題を事例として」『アジア太平洋討究』第二八号、二〇一七年、二四五～二五九頁

――「一九三〇年ハーグ国際法典編纂会議における『妻の国籍』問題と日本――『国際法の進歩』と『帝国の利益』」『国際政治』第一八八号、二〇一七年、一五〜二九頁

波多野里望「国家責任における国際標準主義の本質」『学習院大学政経学部研究年報』第九号、一九六二年、一四三〜一九八頁

萬歳寛之「国際法における法典化概念の特質――国連国際法委員会を中心として」『駿河台法学』第一八巻第一号、二〇〇四年、一〜五九頁

――『国際違法行為責任の研究――国家責任論の基本問題』成文堂、二〇一五年

広瀬善男『外交的保護と国家責任の国際法』信山社、二〇〇九年

松井芳郎「一九三〇年国際法典編纂会議における国家責任法――国家責任法転換への序曲」松井芳郎・木棚照一・薬師寺公夫・山形英郎編『グローバル化する世界と法の課題――平和・人権・経済を手がかりに』東信堂、二〇〇六年、一〇一〜一二五頁

柳原正治・篠原初枝編『安達峰一郎――日本の外交官から世界の裁判官へ』東京大学出版会、二〇一七年

Becker Lorca, Arnulf, *Mestizo International Law: A Global Intellectual History 1842-1933*, Cambridge University Press, 2014

Gong, Gerrit W., *The Standard of 'Civilization' in International Society*, Clarendon Press, 1984

第6章

アジア基軸通貨への夢と現実
——第一次世界大戦・シベリア出兵時の対外通貨政策

小野圭司 ONO Keishi

はじめに

近代日本の対外通貨政策は鎖国政策の解除（一八五四年三月「日米和親条約」調印）時の両・ドルの交換比率交渉に始まり、金本位制の導入（一八九七年一〇月「貨幣法」施行）等、基本的に欧米列強に対して受動的な姿勢に終始した[1]。しかし明治期に産業の近代化・工業化に成功した日本は、第一次大戦では大規模総力戦で欧州諸国が疲弊する中、欧州諸国への軍需品・民生品の提供、加えて欧州諸国から物資供給が途絶えたアジア・アフリカ諸国に対する輸出増大の機会に恵まれた。幕末の開国以来、慢性的な貿易赤字に悩まされていた日本は、ここで初めて貿易によって巨額の正貨を蓄積することになった。

このことは日本の対外通貨政策が受動性から脱却し、円をアジアの基軸通貨とする夢が現実味を帯びたことを意味する。具体的には、先ず井上準之助が日本を貿易金融取引の拠点とすべく、「東洋のロンドン構想」を唱えた。もう一つは、「日系通貨の大陸進出」である。第一次世界大戦開戦の時点では日本の植民地となっていた台湾と朝鮮で、それぞれ日本銀行券(日銀券)と等価である「台湾銀行券(台銀券)」・「朝鮮銀行券(鮮銀券)」が発行されていた。このため第一次大戦中・戦後のさらなる円系通貨展開の関心地域は、辛亥革命後の混乱に揺れる満州と帝政ロシア崩壊に直面したシベリア・北樺太であった。これらは共に政治経済のみならず通貨においても空白地帯となっており、それを円系通貨(鮮銀券)で埋めることが企図された。

本章では、まず基軸通貨に関する理論と当時の経済環境を概観する。続いて、当時現れた能動的な対外通貨政策である「東洋のロンドン構想」と「円系通貨の大陸進出」について、それぞれの経緯を考察する。そして最後に、第一次大戦とシベリア出兵の状況推移に即して対外通貨政策の結末に言及する。ここでの問題意識は、経済力で欧米列強に追い付いた当時の日本が身の丈を踏み出して取り掛かった対外通貨政策について、その理論的な背景と実践面での限界を結び付けることにある。

1　「受動性からの脱却」の背景

「東洋のロンドン構想」と「円系通貨の大陸進出」という能動的な対外通貨政策は、言い換えると円をアジアの基軸通貨とすることを目指す動きである。この背景にはそれを支える経済理論があり、当時の経済環境はこの能動的な動き(受動性からの脱却)を後押しすることとなった。以下では、当時の日本の対外通貨政策の背後にあった理論と現実を概観する。

❖基軸通貨の経済理論

マックス・ウェーバー(Max Weber)によると、「一般的交換手段としての貨幣の機能は、対外商業にその始まりがあ」り、対外支払い手段であった通貨が共同体内部でも交換手段として用いられるようになった[2]。つまり個々の共同体は、対外決済に用いられる通貨(国際通貨)に対して元来受動的な立場にあったわけだが、両者のこの関係は紀元前七〇〇年頃のリディア以降、中世に至る金属鋳貨の時代においても基本的に変わることはなかった。このような中で、慣習的な国際通貨が現れてくる。これは基軸通貨というよりも近世東アジアの渡来銭のように、関係する諸国が「支払協同体を形成して自律的に流動性を調整」したものであった[3]。ここでも国際通貨としての地位は、各通貨および通貨発行主体にとって受動的に付与されるものであった。

これはロンドン・スクール・オブ・エコノミクス(LSE)やウォーリック大学の教授を歴任したスーザン・ストレンジ(Susan Strange)が定義する、「貿易鋳貨」から「中立通貨」の段階に近いといえよう[4]。時代が下って中世を経て大航海時代に入ると、オランダ・ギルダーが広く世界に流通するようになった。ギルダーが国際通貨たり得た理由として、まず貿易が大幅な黒字基調であり銀の流入が続いていたこと、他の西欧諸国と異なりオランダ政府が貴金属の輸出を規制しなかったこと、このためオランダで鋳造された高品質銀貨に対する需要が旺盛であったこと、が指摘されている[5]。また中継貿易地であったオランダは一七世紀初頭から欧州最大の為替取引網を構築しており、このためアムステルダムは世界の金融中枢都市となっていた[6]。その後、英蘭戦争を経て一八世紀半ばに産業革命が起こると工業生産や貿易において英国の優位はゆるぎないものとなり、ポンドが基軸通貨としての地位を確立した。ストレンジの区分に従えば、この時点でのポンドは「最高通貨」であり、且つ植民地に対しては「支配通貨」でもあった[7]。この段階になると、通貨発行主体(国家)は能動的に国際通貨・基軸通貨の地位獲得を試みる。

基軸通貨国の利点は、第一に為替相場変動の回避がある。基軸通貨国は為替相場変動の影響を受けないため、通商政策や企業経営において将来の見通しが立て易い。換言すると、為替変動リスクは取引相手に追わせることが可能となる。第二に、基軸通貨の発行国は必然的に国際投資・国際金融の中心地となるが、これは雇用の増加に結び付き手数料収入を得ることができる。第三の利点としては、通貨発行益が挙げられる。基軸通貨国は対外運用資金を事実上の無利子で調達可能であり、国全体として運用益収入を得ることができる[8]。そして第四の利点であるが、基軸通貨国は国際収支の赤字を自国通貨(=基軸通貨)の増発で埋め合わせが可能となる。つまり第一次大戦直前の日本のように、構造的な貿易赤字に悩んでいた場合であっても、自国通貨の増発(対外債務の対内債務化)で処理することができる。もっともこれは過度に行うと自国通貨の信用低下を招き、いずれ基軸通貨としての地位を失うことにもなりかねない。以上のような経済面での利点とは別に、基軸通貨国は基軸通貨の発行権・管理権を有するが、このことは経済・通貨外交を超えて、広く国際政治の場でも影響力を行使し得ることを意味する。

欠点としては、基軸通貨国は基軸通貨を世界に対して供給する責務があると同時に、その価値(為替相場)の維持についても責任を有することが挙げられる。前者は金融緩和を意味する一方、後者のためには金融引き締めを行う必要があり、これら二つの目的は必然的に矛盾する。しかもここには自国の経済状況が考慮要件に入っておらず、自国の経済政策目標と他国の経済目標が背反する場合もある(例えば自国のインフレ抑制のための金融緊縮は他国にも景気抑制を強いる)。これは先に述べた、基軸通貨国が有する国際政治経済上の影響力の裏返しである。

✤大正期の日本の対外経済

第一次大戦が勃発した一九一四年七月末には、日本は一九億六二六四万円（対外債権は四億四七〇四万円）の対外債務を抱えていた。大戦勃発前年（一九一三年）の国民総生産（GNP）が五〇億円、経常赤字が一億三八六〇万円であり、日本にとって債務返済はもとより利払いも困難になりかけていた[2]。加えて大戦勃発後しばらくは、海運や国際金融が一時的に麻痺し、戦時の特別保険無しでは貿易が困難となり、不況が深刻な状態となった。そこで政府は特殊銀行を通じた輸出業者への融資、米や生糸の買い上げによる価格維持政策を実施した。しかし一九一五年後半にはアジアを中心に輸出が伸張し、海運の好況も相まって日本経済はかつてない好景気を享受することとなる。大戦期間中（一九一四〜一八年）の実質経済成長は一〇・七％を記録、特に輸出と民間設備投資が大きく伸びた。その結果、大戦が終結した一九一八年末には対外債務一六億三八〇四万円に対して対外債権一九億二五四一万円の債権国となった。

この状況を俯瞰すると、第一次大戦の日本経済への影響は大きく以下の二点に纏められる。つまり第一に米国とアジア（中でも宗主国からの輸入が途絶えたインドやインドネシア）への輸出増大であり、第二に欧州からの重化学工業製品の輸入途絶である[10]。欧州各国は戦争遂行に必要な物資の供給を輸入に依存し、その決済は対外債権の売却と米国での起債に頼った。このため米国経済は好況を呈し、日本でも繊維製品を初めとして対米輸出（特に生糸）が増加した。米国向け輸出増加により生糸の大戦中の生産量は一・七倍に伸びたが、単価が上昇したことも手伝い生産額では五倍を超えた[11]。同時に欧州からアジア地域への輸出も途絶えたため、日本の繊維製品の輸出が中国やインドを中心に急増、日本の綿糸生産額は大戦中に四倍となり綿織物のそれは七倍に膨れ上がった。

またドイツなどからの重化学工業製品の輸入が減少したため、その代替国産品の製造が急増し、産業の重化学工業化が進展した。例えば日本の商船建造高は、第一次大戦前（一九一一年）で既に英・独・米・仏・

蘭に次ぐ世界六位の地位にあった[12]。しかし大戦のもたらした貿易と海運の拡大はこれをさらに発展させ、一九一七年には英・米に次ぐ世界三位となった[13]。海軍艦艇でも世界で初めて一六インチ砲搭載戦艦「長門」を起工し（一九一七年八月）、大戦後半にはフランスに駆逐艦一二隻が輸出された（初の欧州向け海軍艦艇輸出）。こうした造船業の活況は、原材料である鉄鋼の需要増大をも招いた。大戦前は鉄鋼生産に占める官営八幡製鉄所の比率は七〜八割であったが、大戦中の民間製鉄業の設備投資により終戦直後にはその比率は五割近くに低下した[14]。

このような製造業（ハード）の進展とともに、サービス産業（ソフト）の躍進も見逃すことができない。この分野は、総合商社と海運業に代表される。鉄・小麦・船舶などの三国間貿易を通じて、三井物産、三菱商事（三菱合資営業部）などの財閥系や、鈴木商店、岩井商店のような非財閥系の総合商社が大きく成長した。このことは欧州戦線における塹壕の土嚢に、鈴木商店の社章が入った小麦袋が大量に使われていたことにも表れている[15]。海運業においても、大戦前の日本の貿易輸送量に占める日本籍船の積取比率は半分以下であったが、大戦の影響で世界的に船腹供給が三〇％ほど減少する中、日本の貿易が急増したことから、一九一八年にはこの比率が九割近くに跳ね上がった[16]。さらに外国船の配船減少を受けて、日本の海運業者は三国間貿易航路への配船も増やした[17]。この結果、運賃・傭船料収入は貿易外収支の首位を占めるようになった上に、貿易や海運の勃興は海上保険業の需要を高め、同分野への財閥系・非財閥系の新規参入が相次いだ[18]。そのため大戦終了後に貿易収支が入超に転じた後にも、貿易外収支の受取超過が続いた。

この様相は、当時のマクロ経済指標からも伺える。大戦勃発前の数ヶ年は対外債務に制約され金融引き締めが行われたこともあり、実質経済成長率は一九一一年に一・一％となって以降三年連続で一％未満となった[19]。しかし一九一五年には六％近くにまで回復し、長らく赤字基調であった貿易収支も黒字となった[20]。

これに伴い正貨在高も改善し、大戦が終結した一九一八年には大戦勃発前年の四倍を上回る正貨を保有することになった[21]。また貿易収支と正貨事情の好転を反映して、明治末年から大戦勃発年まで円安基調にあった円・ドル相場は、一九一五年以降円高に転じた[22]。これら第一次大戦を契機とする産業の発展、特に貿易・海運・海上保険等の通商分野のサービス産業進展は、受動性からの脱却を目指した対外通貨政策の下地となったと言えよう。

2 東洋のロンドン構想

第一次大戦を契機とする日本の輸出急増は、同時に貿易金融取引の増加をもたらす。当時は日本に限らず世界の貿易取引はロンドンで集中決済されていたが、第一次大戦の影響でロンドンの金融市場が一時的な機能中断に陥った。そこで貿易金融決済を日本で行うという考え(「東洋のロンドン構想」)が現れるが、これには日本が関わる貿易金融決済を、それまでのポンドに変えて円で行うという意図もあった。

❖第一次大戦と貿易決済の変化

一七世紀後半には三次にわたる英蘭戦争でオランダの国力は疲弊し、毛織物工業の勃興で貿易黒字を拡大しつつあった英国に経済覇権が徐々に移行した。さらに前述のように、一八世紀半ばには産業革命を通じて英国の経済優位が確固たるものになり、一九世紀に入るとアムステルダムに代わってロンドンが国際金融拠点として台頭した[23]。産業革命が欧州各国に広がると工業製品・原材料等の貿易量が加速度的に増えたが、その決済の多くは各国政府、銀行、商社が預金を置いているロンドンに宛てた手形で行われた[24]。その後、米独の工業化進展で英国の優位は揺らぎ、一八七〇年代以降には貿易収支は入超となるが、海外投資がもたらす収益(利子、配当等)や貿易関連のサービス収入(運賃、保険料、代理店手数料等)で構成される貿易外収支がそれを上回って経常収支の黒字基調は継続し、国際金融拠点としてのロンドンの地位は寧ろ強固なものとなった[25]。

一九世紀終盤から経済大国として台頭した米国は、第一次大戦が始まる頃(一九一三年)には輸出額が英国とほぼ拮抗し、GNP(購買力平価基準)では二・三倍となった[26]。ところが米国の輸入信用の九五%はロンドンに依存しており、ドルは国際取引に殆ど用いられず、各国の準備通貨として保有されていたのも英ポンド(約五〇%)、仏フラン(約三〇%)、独マルク(約一五%)、蘭ギルダー等の欧州通貨であった[27]。この理由として、米国の銀行規制、中央銀行の欠如、貿易手形引き受けのコスト高、そして米国での金融危機の頻発(遠因は中央銀行の欠如にある)が指摘されている[28]。

逆に言うと、これらの条件を克服するとニューヨークは国際金融の拠点都市となり得たわけであり、大戦勃発前年の連邦準備法(Federal Reserve Act)制定(一九一三年一二月)がその契機となった。これにより初めて米国に中央銀行制度(連邦準備制度)が整備され、金融危機に対する耐性が向上した。翌年七月に勃発した第一次大戦はロンドンへの外国為替集中や金現送を途絶・混乱させたが、ニューヨークでその代替機能を果たす準備が整えられることとなり、一九一五年二月にニューヨーク連銀による銀行引受手形割引が始まった(=貿易手形引き受けコスト低下)[29]。実際に大戦が始まると、連合国各国の外債代金や軍需物資の輸出代金の調達・決済等に、連銀から低利資金を調達できた民間銀行が深く関わった[30]。それに併せて戦時に入ってからの、英国の対米輸入増がもたらすドル高・ポンド安は、ポンドにリンクしていた通貨国(日本も含む)から米国への金流入を促した。

表1　1913〜18年の日本の主要貿易相手国と品目、貿易収支

（単位：百万円）

	輸出品目	輸入品目	貿易収支
欧州	生糸	機械、鋼材	483
インド	メリヤス製品、絹織物	綿花、米	▲679
インドネシア	メリヤス製品、綿織物	砂糖	▲12
中国	綿糸、綿織物、砂糖	綿花、油粕	615
米国	生糸	綿花、機械	308
その他共合計			1,306

出所：清水貞俊「日本の近代化過程における貿易構造の変化」『立命館経済学』第16巻第5・6合併号（1968年2月）67-70頁、菊池道男「日本資本主義の帝国主義的発展と横浜正金銀行の対外業務」『中央学院大学商経論叢』第22巻第2号（2008年2月）97-98頁、日本銀行統計局『明治以降本邦主要経済統計』（日本銀行統計局、1966年：1999年刊の復刻版）290-294頁より作成。

このような国際金融市場の状況変化は、日本の貿易決済にも大きな影響を与えた。日露戦後から第一次大戦に至るまでの日本の貿易収支は赤字基調であったが、大戦勃発直後から欧米各国向け、そして欧米からの輸出が途絶えたアジア向け代替輸出が大きく増加し、大幅な貿易収支を記録した（表1参照）。また円の為替相場も、対ポンド機軸が対ドル基軸に変化した。対米貿易額（輸出入合計）は大戦前（一九一三年）で既に対英貿易額の約二倍に達していたが、終戦時（一九一八年）には六倍近くとなっていることに鑑みると、実勢に合致した変化であったと理解できる。

✤井上準之助の基本的な考え方

井上準之助は第一次大戦末期の一九一八年六月（当時は横浜正金銀行頭取）に行われた講演の中で、「東洋のロンドン構想」を紹介している[31]。その中で金融拠点都市となる条件として、金の自由市場があること、資金決済・調達が行えること、対外投資の余力があること、貿易が殷盛であること、の四点を示している。これらは単純化すれば、貿易為替取引が盛んな上に貿易収支が黒字基調で、かつその最終決済（金本位制下での金現送）に規制・障害が無いことに集約される。そして井上には、日本が世界の金融拠点

表2　主要参戦国の中央銀行・政府保有金準備残高（在外保有分は含まない）

（単位：百万ドル）

	日	英	米	仏	伊	露	独	墺
1913年	65	165	1,290	679	267	786	279	251
1914年	64	426	1,207	803	271	803	499	214
1915年	68	389	1,707	968	264	831	582	139
1916年	113	396	2,202	653	224	759	600	59
1917年	230	417	2,523	640	208	667	573	54
1918年	226	521	2,658	664	203	n.a.	539	53
1919年	350	578	2,518	695	200	n.a.	260	45
1920年	557	754	2,451	686	206	n.a.	260	n.a.

註：残高は各年末現在の値を示す。

出所：The Board of Governors of the Federal Reserve System, *Banking and Monetary Statistics, 1914-1941* (Washington, D.C,: Federal Reserve System, 1943), pp.544-554

となり得るこれらの条件が、第一次大戦によって整ったという認識があった。

　もっとも金の自由市場という点でロンドン（英国）は、南アフリカという大産金地を植民地として抱えており、加えていざという場合には売却して国際収支の決済に充当可能な巨額の海外投資残高を有している（金現送による決済が不要）点で、他の都市には見られない圧倒的優位性を持っていた[32]。ただし大戦勃発後の日本は貿易黒字が累積しており、大戦によって欧州各国のアジア（特に中国）に対する投資が減退する中、日本がそれに代わる投資を行えば東洋に於いて完全ではなくとも、「或る程度の金の自由市場たることは出来る」というのが井上の見立てであった[33]。表2に示すように、第一次大戦を通じて日本の金準備高は急増し、井上が「東洋のロンドン構想」を述べた一年半後（一九二〇年）には、英仏両国に匹敵する金額に達した。同表には在外保有分を含まれないが、日本の場合は在外正貨も含めると一九二〇年の金準備高は一〇・九億ドルとなり、在外保有分を含めた値ではフランス（一〇・八億ドル）、英国（七・六億ドル）を凌いで世界第二位の金準備保有国（米国は在外保有なし）となったのである[34]。

むしろ井上が考える日本の課題は、貿易為替の集中にあった。ロンドンでは銀行の他に、手形引受業者、手形割引業者が手形引受市場を形成しているが、日本には輸入業者の信用を評価する手形引受業者が存在しない。この代わりは本来、輸入業者の信用力を理解している取引銀行（普通銀行）が行うべきであるが、当時は普通銀行が信用状を発行する習慣がなかった[35]。このため輸入業者との取引が薄く、信用度を必ずしも正確に把握していない横浜正金銀行（正金）がほぼ一元的に信用状を発行して輸入金融を組んでおり、銀行引受手形市場も十分機能していなかったことから、日本の貿易金融は非効率で金利も高かった[36]。従って貿易金融を組む際、日本の貿易業者であっても日本を避けてロンドンで行う方が合理的である[37]。なお当時の貿易金融はポンド建てのため、為替リスクは日本の貿易業者が負担していた。

この貿易金融の非効率は、第一次大戦を契機とする輸出入急増のなかで銀行経営の圧迫要因ともなっていた。正金頭取の頃から日本における銀行引受手形市場の必要性を痛感していた井上は、一九一九年三月に日銀総裁に就任すると翌々月には日銀による銀行引受手形の再割引を開始した（銀行引受手形市場の本格稼働）[38]。同時に貿易手形買取りについても、一九二〇年頃から邦銀に於ける正金独占状態が崩れ始め、一九二四年には外国為替銀行六行（正金、三井、住友、三菱、朝鮮銀行、台湾銀行）体制が完成した[39]。

井上は講演の中で対外放資（海外直接投資）についても言及しているが、「東洋のロンドン構想」の中心をなすものは飽く迄も貿易金融・外国為替であり、このためのシンガポールや香港のような自由港や保税地域の設置を提言する[40]。その上で海上保険の分野では、前述のように新規参入が相次いだもののロンドンには遠く及ばないと指摘している。このような状況に徴して井上は、当時の日本の金融拠点機能はロンドンに比べて六〇〜七〇年遅れていると見ていた。しかしこの講演の六〇〜七〇年前に当たる一八四〇〜六〇年頃の英国は、既に金融拠点として世界に覇を唱えていたのであり、「東洋のロンドン構想」は「国家が一定の政策を立てて、各部に於て大いに努力をしたならば、敢て実現せぬ事柄でもなかろう」というのが彼の見解であった[41]。

3　円系通貨の大陸進出

第一次世界大戦・シベリア出兵時には、円を軸とする外国為替取引を日本で行うという動きとは別に、日本円と結びついた日系通貨の普及・流通を目指す動きも現れた。この「円系通貨の大陸進出」と深く関わるのは、シベリア出兵である。この動きは「東洋のロンドン構想」と連携することはなかったが、いずれも円を基軸通貨たらんとする対外通貨政策の発露と言えよう。なお、「円系通貨の大陸進出」で主役を演じたのは朝鮮銀行であった。

❖朝鮮銀行券の満州進出

満州での日系通貨の浸透は、日露戦争中の軍需品調達、現地調達役務支払い、軍人・軍属の俸給等に充当するため、軍用切符(軍票)を発行したことに始まる[42]。日露戦争の戦況が日本優勢であったことに加え、軍票が円銀と交換可能であったこと(中国では金よりも銀が好まれた)、満州では銀行券よりも政府発行紙幣が信用されたこと、等の理由により戦地ではロシアの金兌換銀行券(ロシアは軍票を用いなかった)を駆逐して日本軍票(金兌換)の流通が拡大した[43]。そしてポーツマス条約締結二ヶ月前の一九〇五年七月一四日、満州で用いられた軍票は正金発行の一覧払い手形との交換で整理されることとなった。この正金手形は銀兌換であり一円、五円、一〇円の単位で発行され、日本政府は「将来一覧払手形ヲ同地方(満州…引用者註)ノ通貨タラシメンコト」を目論んでいた[44]。

当時の満州には中国系通貨だけでも、政府の発行した銀貨や銅貨（制度の不備で量目・品位は不統一）、各省政府の鋳造する銀貨とその兌換券、各省政府機関発行の兌換紙幣、政府系銀行等が発行する兌換銀行券（多くの場合支払い準備を欠く）、小規模金融機関や両替商の発行する銀貨兌換券、民間鋳造の銀塊（量目・品位は不統一）等、多種多様の通貨が流通していた。その上、外国からロシア通貨（紙幣と硬貨）と日系通貨（日銀券、正金券、鮮銀券、硬貨）が流入するなど、混乱を極めていた。この幣制を正金の一覧払い手形で統一することは、単に正金が「満州地方ニ於ケル金融ノ中枢機関トシテ市場ヲ支配」するだけでなく、「同地方（満州…引用者註）ノ資源ヲ開発シ、経済ヲ発展セシメ、日満貿易の発展ヲ計リ、我利権ヲ清国ニ拡張スル」ことまで視野に入っていた[45]。

正金は一九〇六年九月に関東州・清国での銀兌換銀行券（鈔票）の発行が認められたが、奉天将軍（満洲の軍民政を統括する清国の地方総督）が奉天省の中央銀行を設立（一九〇五年一二月）して通貨（銀兌換）を発行したり、清国で排外思想・反日感情が高まったこともあり、鈔票の流通は進まなかった[46]。満州の幣制統一について日銀や正金（高橋是清）は現地の経済事情に鑑み銀本位を支持する一方、南満州鉄道や関東都督府は、満州全体を日本の領土の延長と見て日本と同じ金本位を主張するなど、日本側でも意見が分かれていた。そのうち一九〇七年四月に関東都督府が歳入を銀建てから金建てに変更し、同年一〇月には満鉄の運賃受払いも金建てとなり、金兌換である日銀券の需要が徐々に高まった[47]。

ところで朝鮮の中央銀行として一九〇九年一〇月に設立された朝鮮銀行（鮮銀）は、日銀券と等価の朝鮮銀行券（鮮銀券：金兌換）を発行していた。ただし当時の朝鮮は貿易が赤字基調であったために一九一二年末には正貨保有高の維持策について議論が交わされており、その中では満州に店舗網を広げて鮮銀券で当地の輸出為替を買入れることが提言されている[48]。当時の満州は大豆製品(大豆、大豆粕、大豆油)の輸出が好調で基本的に貿易黒字(特に対朝鮮貿易では大幅な黒字)を確保していたので、これは朝鮮から流出する正貨を満州での正貨流入で補填することを意味する[49]。因みに日銀券(五円券)は券面上に「此券引換に金貨五圓相渡可申候」とあるのに対し、鮮銀券(一円券)は「此券引換に金貨又は日本銀行兌換券壹圓相渡可申候也」とあり、日銀券は鮮銀券の価値維持手段として機能していた[50]。

朝鮮総督は一九一三年五月二〇日に鮮銀に対して満州での支店開設(奉天、大連、長春)を命じ、これとは別に満州で既に鈔票(銀兌換)を発行していた正金に対しては、同年六月二一日の勅令で金兌換券の発行が認められた(金兌換券と銀兌換券の両方を発行)。ここに需要と供給の両面から、日系通貨による満州幣制の金建てによる統一が推進される仕組みが形成されたが、それをさらに推し進めようとしたのが勝田主計であった。勝田は一九一五年一二月から一〇ヶ月の間、鮮銀総裁の職にあったが、彼が鮮銀券を軸とする円系通貨の流通域拡大に向けて具体的な行動を採るのは、寧ろ寺内正毅内閣の蔵相就任を打診されて鮮銀総裁を辞任してからである。勝田には第一次大戦で経済力・軍事力が飛躍的に向上した米国への警戒心があり、対抗措置として日本には軍備強化が必要で、その基盤としての経済力強化は中国との関係強化(『日支経済の親善』或は『日支経済の同盟』)で達成すべきという世界観があった[51]。その延長にあったのは、日本を軸とする日満支の金融通貨政策ではなく通商政策である。

勝田主計が中心となって実行した所謂「西原借款」も、経済面での日中及び鮮満の通商面での紐帯強化が目的であり、鮮銀券の満州や華北への進出は飽く迄もその結果である。従って勝田は、円系通貨(鮮銀券)の為替変動回避や通貨発行益の追及、対外債務の対内債務化といった、基軸通貨国としての利益獲得を目論んではいない。彼にとって満州や華北での鮮銀券普及は日中・鮮満共同市場化の手段以上のものではなく、強いて言うならば貿易にかかわる為替変動の回避が視野に入っていたと言える程度である。このように勝田には円を東アジアの基軸通貨とする考え迄は無く、次に述べる鮮銀券のシベリア進出も彼とは離れたところで実行された。

❖シベリア出兵と朝鮮銀行券

第一次大戦当時シベリアは勿論、北満州でも金兌換の帝政ロシア通貨（ロマノフ紙幣）の信用は高く、日系・中国系通貨と並んで広く流通していた[52]。一九一七年の二月革命後には、ロシア臨時政府が帝政時代のロマノフ紙幣の発行継続に加えて新紙幣（ドゥマ紙幣、ケレンスキー紙幣。「ドゥマ」は議会の意、「ケレンスキー」はロシア臨時政府の首班）を発行した。続く一〇月革命後にも、ソビエト政府はロマノフ紙幣やドゥマ紙幣・ケレンスキー紙幣の発行を続けた上に、独自の各種新通貨（ソビエト紙幣）を策定・発行した。これと並行して、各地方政権や反革命政権も所要資金調達のため独自通貨を発行したことから、ロシアの通貨制度は大いに混迷した。

シベリア出兵を連合国各国と協議中だった日本政府は、一九一八年七月に、シベリアと北満州での軍費支払いを鮮銀券もしくは金兌換の軍票とすることに閣議で決定した。こうして日本政府はシベリアの政治経済の混乱に乗じて、彼の地での日系通貨（鮮銀券・軍票）の普及を目論んだのである。そして日本のシベリア出兵は、一九一八年八月の第一二師団（小倉）のウラジオストック上陸と、第七師団（旭川）のザバイカル方面進出で始まった。

対独宣戦直後の一九一四年八月九日に帝政ロシアは金兌換を停止し、その上で通貨を増発したため革命前からロシア系通貨の価値は下落を続けていた[53]。また中国系通貨は、本位貨幣が秤量貨幣（品位・重量が不統一のため鑑定で金額が決まる)であったことは流通の大きな障害となった。このような中で金本位ではあったが(満州では銀が好まれていた)、本位貨幣が計数貨幣(品位・重量が統一され個数で金額を示すことができる)であった鮮銀券は、日本政府の支援や鮮銀の営業努力もあり満州で広く受け入れられるようになった[54]。

第一次大戦で日本からロシアへの軍需品・生活物資輸出が急増しており、鮮銀も邦銀支店を買収する形で一九一六年三月にウラジオストックに進出した。それに続けて日本軍のシベリア出兵に伴い、出兵期間中に鮮銀は七拠点をシベリア(沿海州、ザバイカル州、北樺太)に開設し、軍費の送金や軍票・鮮銀券とロシア通貨との両替を行った[55]。シベリアでの軍費支払いは、いずれも金兌換である軍票と鮮銀券を用いることとされたが、現地での軍票の兌換要求には原則として鮮銀券との交換で応じる方針が大蔵省理財局長名で通達された(一九一八年八月)[56]。軍票が日系通貨普及の先導となった点で、日露戦争時の満州と同じである。

日本軍の進出と共に信用の堕ちたロシア系通貨に代わって鮮銀券が受け入れられるようになり、北満州や沿海州からザバイカル州に流通域を広げて行った。さらに尼港事件(一九二〇年三~五月)後に日本は事件の解決を求めて北樺太を保障占領するが(同年八月)、鮮銀がサガレン州派遣軍の金庫業務と為替送金を担当することになり、一九二〇年九月にアレクサンドロフスク(北樺太西岸)に出張所を開設した。ここに日本列島(南樺太を含む：日銀券)、台湾(台銀券)、朝鮮半島・関東州・満州・沿海州・ザバイカル州・北樺太(鮮銀券)という形で日本海・東シナ海を囲む、「円系通貨」流通域が形成されることになった[57]。正金も一九一八年一二月に、ウラジオストック出張所を開設し(翌年五月に支店昇格)、一九一九年一〇月には鮮銀と共同でウラジオストックのロシア国立銀行に融資をした[58]。もっともシベリアで日系通貨普及の任を負っていたのは飽く迄も鮮銀であり、正金の進出は貿易金融の拡大を狙ったものである。

鮮銀がシベリアで行った活動に、旧帝政ロシアが保有していた金塊・金貨の保管があった。第一次大戦当時、ロシアは世界第二位の公的金準備を保有していた(表2参照)。ロシア革命後にそれらはソビエト政府の手に落ちたが、ファウストシュラーク作戦に成功した独墺軍がバルト三国や白ロシア・ウクライナを占領したこともあり、一九一八年三月にソビエト政府はそれら正貨を東方(カザン)に疎開させることに決定した。しかし八月にカザンが反革命勢力(チェコ軍団)によって陥落した後、この正貨はアレクサンドル・コルチャークその他の反革命勢力や革命勢力の間に四散し、一部は日本陸軍が支援していたグリゴリー・セミョーノフ(Григóрий Семёнов)が入手した。これらは紆余曲折を経て鮮銀のハルビン支店や大連支店が買い入れ、代金として鮮銀券がロシア側の手に渡っている[59]。因みに鮮銀が買い取った正貨の過半は、同行大阪支店を経由して大阪の造幣局に納入された。他方で革命前のロシアは米国に次ぐ金準備高を誇っていたものの、一九二〇年時点でソ連が保有していた金準備は二六〇〇万円(在外分を入れても一億五四〇〇万円)に過ぎず、日本の二〇分の一以下(在外分を考慮しても六分の一)の水準であった[60]。

4 第一次大戦終結と対外通貨政策

第一次世界大戦・シベリア出兵期を通じて、「東洋のロンドン構想」と「円系通貨の大陸進出」の条件は一応整った。このため円は、アジアの基軸通貨となるやに見えた。ところが外国為替取引では、既に東アジアの中心地たる地位を確立していた上海の牙城を崩すには至らず、円系通貨もシベリア撤兵と同時にシベリア・北樺太から引き揚げることとなった。付言すると、基軸通貨を目指した能動的な対外通貨政策が、終息に至った経緯も受動的であった。

❖第一次大戦終結と「東洋のロンドン構想」

井上準之助が示す、「東洋のロンドン構想」(円為替圏構想)実現のための四つの前提条件の内、戦時対応の金輸出禁止で金の自由市場が開設できないことを除き、資金決済・調達(手形割引市場創設)、対外投資の余力(貿易収支の黒字化)、貿易の伸張については大戦中に達成された。併せて日本を巡る為替決済においても、「日本(綿花輸入代金)↓インド(砂糖輸入代金)↓南洋・蘭印(インドネシア)(輸入代金、南洋華僑の本国送金)↓中国(繊維製品輸入代金)↓日本」という国際的資金循環が形成されつつあった[61]。つまり東アジアから東南アジア・南アジアに至る日本が関係する為替決済を、日本で一元的に行う環境が整い始めていた。

それでは「東洋のロンドン構想」は、実現可能であったか。結局のところ、一九一五年から翌年にかけて日本は対外決済地をロンドンからニューヨークへ移動させるが、それを日本に引き寄せることはできなかった[62]。鶴見誠良はその理由として、手形引受市場(資金決済・調達を円滑にする)と自由金市場が不十分であった点を挙げる。これは井上準之助が、金融拠点都市に必要として示した四条件の内の二つに相当する。

まず井上準之助が日銀総裁となって始めた手形引受市場であるが、三井物産と組んで欧米向けを中心として貿易金融に実績のあった正金に有利な運営になっていた[63]。特に鈴木商店との関係を強めて、対アジア貿易金融に積極的に乗り出し始めていた台銀には、手形割引金額に上限が設けられた(正金は無制限)。さらに日銀の再割引が欧米向け輸出手形に限られ、インド・南洋・中国向け輸出手形がリスクの観点から当初除外されていた(一九二四年に割引対象となる)。

そして一九一九年六月の米国金解禁に日本が追随しなかったことで、自由金市場の確立も妨げられた[64]。もっともこの時期は円の対ドル相場が低下しており、金解禁をすると米国への大量の金流出は避けられず、表2に見るような公的金準備の蓄積は不可能であったと思われる。つまり第一次大戦直後に金解禁を行っても行わなくても、日本に自由金市場を整備することには無理があり、これは逆説的であるが金本位制を採っている以上避けられなかったことである。

これら二つの理由に加えて、日本が「東洋のロンドン」たり得なかった大きな理由に、上海の存在が挙げられよう。二〇世紀初頭は日中の貿易額に大差はなく、本来であれば両国間の外国為替取引の需要に開きはないはずである[65]。ところが上海は第一次大戦以前からアジア最大の外国為替市場であった上に、朝鮮半島から関東州・満州へと円系通貨(鮮銀券・金兌換)が広まる中で、依然として銀通貨が流通する中国本土との間の金銀間為替取引・鞘取りが上海を中心として行われていた[66]。さらにはこれら通貨間の為替相場も、英国系の香港上海銀行が上海市場で決定する日本向建値が基準となった。

外国銀行の進出においても、上海と日本では大きな差があった。上海では一九世紀から欧米系(英、米、独、仏、露、ベルギー等)、日系の外国銀行が直接、または現地資本との合弁で進出していた[67]。これら外国銀行は、対中貿易での貿易金融参入、下関条約で日本及び欧米各国に工業企業権が認められたことによる投資資金提供、清国政府への借款供与と各種賠償金受け取りの仲介、地場金融機関(銭荘)への貸付け等を通じて、上海の金融市場を支配していた[68]。一九世紀末には銀価が大きく下落したが、このことで金本位制を採っていた欧米諸国は安い費用で対中進出が可能となった。さらに辛亥革命直後の上海では、軍閥が外資導入を狙って外国銀行を誘致した(因みに進出する側はリスクを伴う)[69]。

他方で日本では一九一一年の外国為替取引の五五%は外国銀行が占めていたものの、その約九割(四九%)は香港上海銀行、チャータード銀行(共に英系)、インターナショナル銀行(米系)が占める三行鼎占状態で、外国銀行進出の裾野の広がりが決定的に欠けていた[70]。結果として日本の銀行行政は、正金に続く財閥系民間銀行(三井、住友、三菱)の外国為替取扱育成には成果を上げたが、広く外国銀行を誘致するには至らなかった[71]。ただしこれは明治期に日本が産業・金融基盤を固めることに成功して、「外資による植民地化の懸念がなくなったこと」も要因としては大きい[72]。

❖シベリア出兵撤収と「円系通貨の大陸進出」

開戦前の円・ルーブル相場は、ほぼ一円＝一ルーブルで安定していた。しかし開戦直後に、帝政ロシアは紙幣の金兌換を停止したのでインフレ(金属素材の価格高騰)が進んだ。このため補助貨幣も含めた金属貨幣は資産として退蔵され、一九一六年初めには紙幣のみが流通するようになった[73]。そこで退蔵された補助貨幣補充のため、ロシア政府は一九一五～一六年に銀貨(一〇及び一五コペック貨：一ルーブル＝一〇〇コペック)製造を日本に依頼し(約一億六七〇〇万枚)、大阪の造幣局がこれを請け負っている(初の外国通貨製造引き受け)[74]。

二月革命時には既に開戦前の三分の一に下落していたルーブルの価値は、その後も下落を続けた[75]。シベリアでの例を挙げると、一九一九年八月初めのチタでの市中相場はロマノフ紙幣で一円＝二〇ルーブル、コルチャークの独裁であった臨時全ロシア政府(オムスク政権)の通貨(シベリア紙幣)では一円＝三四ルーブルであった[76]。さらに同時期のハルビンでは、中国人商人はロマノフ紙幣かケレンスキー紙幣しか受け取らなかったという記録もある[77]。このように革命後のシベリアで円は価値を維持し続けた一方、ルーブル相場は下落を続けた。特にオムスク政権の通貨(シベリア紙幣)が、帝政ロシアの通貨(ロマノフ紙幣)やロシア臨時政府の通貨(ケレンスキー紙幣)よりも価値が低かったことには、同政権に対する市井の人々の評価が反映されていた(両紙幣共ソビエト政府が公式に発行を継続)[78]。

一九二〇年初め頃にはシベリアでも鮮銀券が広く流通するようになり、革命で極東に逃れてきたロシア貴族は、ルーブル金貨を鮮銀支店に持ち込んで日常生活に必要な鮮銀券を入手していた[79]。ところが一九二〇年後半からの日本軍のシベリア撤収に伴い、鮮銀のシベリア域内店舗も閉鎖され、鮮銀券の流通も縮小を余儀なくされた。ただしシベリアは経済的に朝鮮、満蒙と密接に結びついており、日本軍のシベリア撤退後もウラジオストック港輸出品の約八割を日本の商社が扱っていたことから、ウラジオストック支店は一九三〇年まで営業を継続した[80]。さらにロシア系通貨が暴落して無価値同然になったため、鮮銀券はシベリア出兵期間中に、シベリアに於いて貿易金融の他、一般取引でも重要な地位を確立した。このため鮮銀券は、極東共和国(一九二〇年三月にソビエト政府が極東に置いた地方政権。一九二二年一一月にソビエト政府へ統合)やソビエト政府の公納等にも用いられた。実際、極東共和国は一九二〇年六月に新通貨を発行したが通貨改革は成功せず、日系通貨(鮮銀券、日本軍票)の流通を認めた。この結果、一九二一年末時点で、鮮銀券総発行高の四%がシベリアで流通していた。また鮮銀の満州・シベリア関連貸し付けも拡大し、一九二四年末現在で全貸出の約一七%を占めるようになった。

なおソビエト政府は各種通貨の乱発を継続したため、インフレが止まることはなかった。これに対応して一九二一年一一月に一万分の一、翌年一〇月に百分の一、そして一九二四年三月には五万分の一(三回の通算で五〇〇億分の一)のデノミが実施されている[81]。このデノミと並行して一九二二年一〇月に発行された金兌換の国立銀行券(ただし金兌換は名目的)の価値が安定して流通するようになり、大戦・革命・内戦を通じたインフレは漸く終息を迎えた。このような通貨改革の一環として、ソビエト政府は極東で一九二三年から鮮銀券排除の方針を採るようになり(日本のシベリア撤兵が完了するのは一九二二年一〇月)、同年五月にはウラジオストックへの鮮銀券輸入が禁止され、鮮銀券の回収も命じられた。このように朝鮮半島・満州からシベリア・北樺太に至る日系通貨普及の試みは、シベリア出兵そのものの失敗により満州で留まることになった。

おわりに

冒頭に触れたように、本来基軸通貨は当該通貨の発行国の経済力や貿易の拡大に伴い、受動的な結果として現れる。しかし「東洋のロンドン構想」や「円系通貨の大陸進出」は、第一次大戦を契機として日本の経済力が大きく伸長した時期に、日本の対外通貨政策が能動的に基軸通貨を目指すべく舵を切ったものであった。例えば銀に対する選好が強い中国を抱える東アジアで、金兌換である円の流通域を拡大するということは、銀通貨圏への金通貨の挑戦でもあった。

「東洋のロンドン構想」とは、既に述べたように第一次大戦の影響でロンドンの手形決済機能が頓挫したことに加えて日本の貿易額が大きく伸びたため、「日本→インド→南洋→中国→日本」という資金循環決済を日本で行うというものであった。確かに日本が関わる対アジア(含む豪州)貿易決済は円為替が中心となったが、決済は基本的に各地で行われた[82]。同時に大陸が銀通貨圏であるという前提はそのままであったために、この資金循環とは別に「銀通貨と金通貨の両替」が引き続き必要であった。金銀通貨間の為替取引や鞘取りの中心地は依然として上海であり、そこでは引き続き外国銀行が重要な役割を果たしていた[83]。

一方の「円系通貨の大陸進出」では、銀選好が強い中国大陸での金兌換通貨(円系通貨:鮮銀券)普及を目指し、シベリアでは金兌換通貨の交代(帝政ロシア・ルーブル紙幣から鮮銀券)を目論んだ。しかしこの能動的な動きは、軍事的進出という別の能動性の上に乗ったものだった。従って日本軍のシベリア撤収に伴い、鮮銀券もシベリア・樺太からの撤退を余儀なくされた。ただしロシア系通貨(帝政ロシア通貨や革命後に乱立した各政権が発行した通貨)が暴落・無価値化する中で、鮮銀券が安定した価値を維持し続けたのも事実であった。ソビエト政府も当初は鮮銀券の流通を前提に、鮮銀券での納税を認めざるを得ない状況であったように、鮮銀券のシベリア進出は一時的にせよ軍事的進出を上回る成功を収めたとも言える。
「東洋のロンドン構想」や「円系通貨の大陸進出」という能動的行動は、第一次大戦で日本を取り巻く通商・金融環境が大きく変化したことが契機となっている。そのためそれらの変化が元に戻った後では、日本の対外通貨政策も再び受動的な地位に甘んじることとなったのが現実であった。このように見ると、円をアジアの基軸通貨たらんとする一世紀前の試みは、経済力で欧米列強の背中が見えた中での、日本の対外通貨政策史における一炊の夢であったように思われる[84]。

註

1――一八七一年五月一〇日(旧暦)布告の「新貨条例」で日本において一旦金本位制が導入されたが、一八七八年五月二七日に金銀複本位制となり、一八八四年五月二六日公布の「兌換銀行券条例」で銀本位制(日本銀行が銀兌換銀行券を発行)となった(明治財政史編纂会編『明治財政史 第一一巻』(復刻版)吉川弘文館、一九七二年、三四八~三五三頁、四〇一~四〇二頁、日本銀行百年史編纂委員会『日本銀行百年史 第一巻』日本銀行、一九八二年、二八五~二八七頁)。

2――マックス・ウェーバー(黒正巌・青山秀夫訳)『一般社会経済史要論 下巻』岩波書店、一九五五年、七二頁。

3――黒田明伸「一六・一七世紀環シナ海経済と銭貨流通」歴史学研究会編『越境する貨幣』青木書店、一九九九年、一四頁。

4――スーザン・ストレンジ(本山美彦他訳)『国際通貨没落過程の政治学――ポンドとイギリスの政策』三嶺書房、一九八九年、一〇~二四頁。

5――湯浅赳男『増補新版 文明の「血液」――貨幣から見た世界史』新評論、一九九八年、二九四~二九五頁。

6――石坂昭雄「一七・一八世紀におけるアムステルダム仲継市場の金融構造――その系譜と継承」『経済学研究』(北

大）第一八巻第三号、一九六八年一一月、一二三頁。
7――ストレンジ、前掲書、三〇～四八頁。
8――この仕組みについては、谷内満「ドル基軸通貨体制のゆくえ」『早稲田商学』（早稲田大）第四三二号、二〇一二年六月、四二頁を参照。
9――石井寛治『日本経済史』東京大学出版会、二〇〇一年、二八三頁。
10――橋本寿朗・大杉由香『近代日本経済史』岩波書店、二〇〇〇年、一五八～一六三頁。
11――今井清一『日本近代史Ⅱ』岩波書店、一九七七年、一二六頁。
12――高橋亀吉『日本近代経済発達史 第三巻』東洋経済新報社、一九七三年、六一七頁。
13――今岡純一郎・湊一磨「船舶工業一般」工学会編『大正工業史 中巻』原書房、一九九三年（一九二五年刊の復刻版）七一九頁。
14――高橋、前掲書、五六八頁。
15――神戸新聞社編『遥かな海路――巨大商社・鈴木商店が残したもの』神戸新聞総合出版センター、二〇一七年、一一七頁。
16――高橋、前掲書、六八頁。
17――橋本・大杉、前掲書、一七三頁。
18――橋本寿朗「財閥のコンツエルン化」法政大学産業情報センター・橋本寿朗・武田晴人編『日本経済の発展と企業集団』東京大学出版会、一九九二年、一〇一～一〇四頁。
19――大川一司他『長期経済統計1 国民所得』東洋経済新報社、一九七四年、二一三頁より算出。
20――日本銀行統計局『明治以降 本邦主要経済統計』日本銀行統計局、一九九九年（一九六六年刊の復刻版）二七八頁。
21――日本銀行統計局、前掲書、一六九頁より算出。
22――日本統計研究所『日本経済統計集』日本評論新社、一九五八年、一七一頁。
23――湯浅、前掲書、三八一頁。
24――徳永正二郎『為替と信用』新評論、一九七六年、一七～二〇頁。

25——中西市郎・岩野茂道『国際金融論の新展開』新評論、一九七二年、三六〜三八頁。

26——United Nations, “International Trade Statistics 1900-1960” (May, 1962), p.49, p.52. マディソン・プロジェクト・ホームページ（https://www.rug.nl/ggdc/historicaldevelopment/maddison/releases/maddison-database-2010、二〇一八年三月二七日最終確認）。奥和義「両大戦間期の国際金融におけるイギリス、アメリカと中国」『関西大学経済論集』第六五巻第三号、二〇一五年一二月、三三六頁。

27——Hal B. Lary and Associates, *The United States in the World Economy: The International Transactions of the United States during the Interwar Periods* (Washington, D. C.: U. S. Government Printing Office, 1943), p.114. 谷内、前掲論文、四五頁。

28——谷内、前掲論文、四五〜四六頁。独立直後の米国での中央銀行設立を巡る連邦主義者と集権主義者との論争については、小野圭司「西南戦争の戦費調達政策再考——歴史的法則性における南北戦争との比較」『軍事史学』第五二巻第三号、二〇一六年一二月、一二〜一三頁を参照。

29——中尾茂夫「第一次大戦後のニューヨーク金融市場の国際化——ロンドン型との相違について」『經濟論叢』第一二七巻第六号、一九八一年六月、五〇〜五一頁。金岡克文「アメリカ銀行引受手形市場の形成と展開——一九一四年〜一九三五年」『社会環境研究』（金沢大）第六号（二〇〇一年三月）二四〜二七頁。

30——菅原歩「アメリカ合衆国」国際銀行史研究会編『金融の世界史——貨幣・信用・証券の系譜』悠書館、二〇一二年、二〇七〜二〇八頁。

31——井上準之助「東洋に於ける日本の経済上及び金融上の地位」井上準之助論叢編纂会『井上準之助論叢 第二巻』（復刻版）原書房、一九八二年、一五三〜一九五頁。

32——井上、前掲書、一五八〜一五九頁。

33——井上、前掲書、一五九頁。

34——Economic and Financial Section, League of Nations, *International Statistical Year-book 1926* (Geneva: League of Nations, 1927), pp.144-147, pp.166-169より算出。

35——井上、前掲書、一七二〜一八一頁。

36——大戦前（一九一一年）の外国為替取扱高は横浜正金銀行が四五％、香港上海銀行が二九％、チャータード銀行が一二%、残りも他の外国銀行が占めていた(大蔵省『明治大正財政史 第一七巻——金融』財政経済学会、一九四〇年、四八〇頁)。
37——井上、前掲書、八〇~八七頁。
38——金岡克文「日本における銀行引受手形制度の創設——一九一九(大正八)~一九二七(昭和二)年における銀行引受手形市場の展開」『人間社会環境研究』(金沢大)第一四号、二〇〇七年九月、四一~四三頁。
39——小倉信次『戦前期三井銀行企業取引関係史の研究』泉文堂、一九九〇年、二〇六頁。
40——井上、前掲書、一九二~一九三頁。
41——井上、前掲書、一九五頁。
42——日清戦争では、戦地の支払いには基本的に現地通貨(韓銭)が用いられた。具体的な現地調達の様相については、山村健「日清戦争期韓国の対日兵站協力」『戦史研究年報』(防衛省防衛研究所)第六号、二〇〇三年三月を参照。
43——今村忠男『軍票論』商工行政社、一九四一年、一〇~一六頁。小野圭司「日露戦争の戦費と財政・金融政策」日露戦争研究会編『日露戦争研究の新視点』成文社、二〇〇五年、一一三頁。
44——今村、前掲書、四一頁。
45——今村、前掲書、四一頁。
46——島崎久彌『円の侵略史』日本経済評論社、一九八九年、八五~八七頁。満州中央銀行史研究会『満州中央銀行史』東洋経済新報社、一九八八年、三四~三五頁。
47——島崎、前掲書、八九頁。朝鮮銀行史研究会編『朝鮮銀行史』東洋経済新報社、一九八七年、一一五頁。
48——朝鮮銀行史研究会、前掲書、一一三頁。
49——当時の満州の貿易については、堀和夫「近代満州経済と日本帝国——貿易構想の分析」『経済論叢』第一八〇巻第一号、二〇〇七年七月を参照。
50——金兌換日銀券の最小金額は五円であり、一円の日銀券は一円銀貨との引換が可能な旨を券面に表記している。
51——勝田主計「菊の根分け(其二)——日支経済上の施設に就て」(一九一八年一二月)(国立国会図書館所蔵)三~二三頁。

52――朝鮮銀行史研究会、前掲書、一七九頁。

53――第一次大戦時の各国の通貨・金融政策の概要は、小野圭司「総力戦と通貨・金融政策――戦時通貨・金融政策思想の視点から」『軍事史学』第五一巻第三号、二〇一五年一二月、五一～五二頁。

54――島崎、前掲書、九一～九七頁。

55――多田井善生『朝鮮銀行』ＰＨＰ新書、二〇〇二年、一一八～一一九頁。

56――朝鮮銀行史研究会、前掲書、一七九頁。

57――南洋群島は日銀券を法貨とし、経済規模も小さいことから、台湾や朝鮮のような独自の中央銀行を設立しなかった。

58――横浜正金銀行『横浜正金銀行史』(復刻版)坂本経済研究所、一九七六年、四九八～四九九頁。

59――この経緯については、多田井、前掲書、一二六～一四四頁を参照。なお革命直後の混乱に乗じて、代金はロシア側の個人蓄財となった可能性は否定できない。

60――Economic and Financial Section, League of Nations, op. cit., pp.144-147, pp.166-169より算出。

61――鷺見誠良「円ブロックの形成――円為替圏から円系通貨圏へ」『アジア研究』第二〇巻第四号、一九七四年一月、三八～三九頁。

62――小島仁『日本の金本位制時代(一八九七－一九一七)』日本経済評論社、一九八一年、二五八～二五九頁。

63――鷺見、前掲書、三四～三六頁。

64――鷺見誠良「円為替圏構想とその現実――第一次大戦期における帝国日本の対外政策」『経済学雑誌』(大阪市大)第六七巻第三号、一九七二年九月、六一頁。

65――一九一三年の輸出額は日本が三・二億ドルで中国は二・九億ドル、輸入額は日本が三・五億ドルで中国は四・一億ドル、一九二八年の輸出額は日本が九・五億ドルで中国は七・一億ドル、輸入額は日本が一〇・〇億ドルで中国は八・三億ドル(United Nations, op. cit., p.53, p.56)。

66――菊池道男「日本資本主義の沈滞・危機と横浜正金銀行の対外業務」『中央学院大学 商経論叢』第二五巻第二号、二〇一一年三月、四四頁。

67――詳しくは、*Zhaojin Ji, A History of Modern Shanghai Banking: The Rise and Decline of China's Finance Capitalism*

(Armonk NY: M. E. Shape, 2003), Ch.2-5.

68——下関条約で日本は中国開港場での工業企業権を得たが(第六条)、これは最恵国待遇によって欧米各国にも適用された。浜下武志「中国通商銀行の設立と香港上海銀行(The Hongkong and Shanghai Bank)——一八九六年、盛宣懐の設立案をめぐって」『一橋論叢』第八四巻第四号、一九八〇年一〇月、四四八~四五〇頁、浜下武志「一九世紀末における銀価変動と上海金融市場——中国通商銀行の初期活動に関連して」『一橋論叢』第八七巻第四号、一九八二年四月、四二八~四三五頁。

69——Ji, op. cit., pp.161-163.

70——当時の欧米系銀行(香港上海銀行)の国際的資金調達・運用において東アジア拠点が果たした役割については、安富歩「香港上海銀行の資金構造、一九一三年~一九四一年」『アジア経済』第四四巻第一〇号、二〇〇三年一〇月を参照。

71——一九二〇~二三年は第二次大戦前における外国銀行の日本進出の最盛期であったが、それでも一一行に過ぎず、その数も関東大震災(一九二三年九月)後には減少し始めた(立脇和夫『外国銀行と日本』蒼天社、二〇〇四年、三二四頁)。

72——立脇和夫『在日外国銀行百年史 一九〇〇~二〇〇〇年』日本経済評論社、二〇〇二年、二四頁。

73——斉田章『ロシア革命の貨幣史』耕文出版、一九八六年、九頁、一一頁。

74——大蔵省造幣局『造幣局百年史』大蔵省造幣局、一九七六年、一六九~一七二頁。

75——John Parke Young, *European Currency and Finance*, Foreign Currency and Exchange Investigation, serial 9, vol.1, (Washington, DC: Government Printing Office, 1925), p.253.

76——八杉貞利(和久利誓一監修)『八杉貞利日記 ろしあ路 図書新聞双書五』圖書新聞社、一九六七年、五八頁。

77——八杉、前掲書、七〇頁。

78——斉田、前掲書、三五~四二頁。

79——多田井、前掲書、一三八~一三九頁。

80——朝鮮銀行史研究会、前掲書、一八四頁。

81——斉田、前掲書、二一頁。

82——靍見「円ブロックの形成」三六〜四一頁。
83——曽憲明「近代における上海金融センターの形成と発展（一八五〇〜一九二七）」『経済論叢別冊 調査と研究』第一二号、一九九七年一月、七一頁。Ji, op. cit., pp.138-139.
84——太平洋戦争勃発後に、大東亜共栄圏構築の一環として「大東亜金融圏構想」が画策されるが、これは排他的な円ブロック経済建設を前提としており、「東洋のロンドン構想」や「円系通貨の大陸進出」とは性質を異にする。「大東亜金融圏構想」については、山本有造「「大東亜金融圏」論」『人文学報』第七九号、一九九七年三月を参照。

参考文献

石井寛治『日本経済史』東京大学出版会、二〇〇一年
石坂昭雄「一七・一八世紀におけるアムステルダム仲継市場の金融構造——その系譜と継承」『経済学研究』（北大）第一八巻第三号、一九六八年一一月
井上準之助「東洋に於ける日本の経済上及び金融上の地位」井上準之助論叢編纂会『井上準之助論叢 第二巻』（復刻版）原書房、一九八二年
今井清一『日本近代史Ⅱ』岩波書店、一九七七年
今岡純一郎・湊一磨「船舶工業一般」工学会編『大正工業史 中巻』原書房、一九九三年（一九二五年刊の復刻版）
今村忠男『軍票論』商工行政社、一九四一年
大川一司他『長期経済統計1 国民所得』東洋経済新報社、一九七四年
大蔵省『明治大正財政史 第一七巻——金融』財政経済学会、一九四〇年
大蔵省造幣局『造幣局百年史』大蔵省造幣局、一九七六年
奥和義「両大戦間期の国際金融におけるイギリス、アメリカと中国」『関西大学経済論集』第六五巻第三号
小倉信次『戦前期三井銀行企業取引関係史の研究』泉文堂、一九九〇年
小野圭司「日露戦争の戦費と財政・金融政策」日露戦争研究会編『日露戦争研究の新視点』成文社、二〇〇五年

――「西南戦争の戦費調達政策再考――歴史的法則性における南北戦争との比較」『軍事史学』第五二巻第三号、二〇一六年一二月
――「総力戦と通貨・金融政策――戦時通貨・金融政策思想の視点から」『軍事史学』第五一巻第三号、二〇一五年一二月
金岡克文「アメリカ銀行引受手形市場の形成と展開――一九一四年～一九三五年」『社会環境研究』（金沢大）第六号（二〇〇一年三月）
――「日本における銀行引受手形制度の創設――一九一九（大正八）～一九二七（昭和二）年における銀行引受手形市場の展開」『人間社会環境研究』（金大）第一四号、二〇〇七年九月
菊池道男「日本資本主義の沈滞・危機と横浜正金銀行の対外業務」『中央学院大学　商経論叢』第二五巻第二号、二〇一一年三月
黒田明伸「一六・一七世紀環シナ海経済と銭貨流通」歴史学研究会編『越境する貨幣』青木書店、一九九九年
神戸新聞社編『遥かな海路――巨大商社・鈴木商店が残したもの』神戸新聞総合出版センター、二〇一七年
小島仁『日本の金本位制時代（一八九七－一九一七）』日本経済評論社、一九八一年
斉田章『ロシア革命の貨幣史』耕文出版、一九八六年
勝田主計「菊の根分け（其二）――日支経済上の施設に就て」（一九一八年一二月）（国立国会図書館所蔵）
島崎久彌『円の侵略史』日本経済評論社、一九八九年
スーザン・ストレンジ（本山美彦他訳）『国際通貨没落過程の政治学――ポンドとイギリスの政策』三嶺書房、一九八九年
菅原歩「アメリカ合衆国」国際銀行史研究会編『金融の世界史――貨幣・信用・証券の系譜』悠書館、二〇一二年
曽憲明「近代における上海金融センターの形成と発展（一八五〇～一九二七）」『経済論叢別冊　調査と研究』第一二号、一九九七年一月
高橋亀吉『日本近代経済発達史　第三巻』東洋経済新報社、一九七三年
多田井善生『大陸に渡った円の興亡　下巻』東洋経済新報社、一九九七年
――『朝鮮銀行』ＰＨＰ新書、二〇〇二年

立脇和夫『外国銀行と日本』蒼天社、二〇〇四年
――『在日外国銀行百年史 一九〇〇〜二〇〇〇年』日本経済評論社、二〇〇二年
谷内満「ドル基軸通貨体制のゆくえ」『早稲田商学』(早稲田大)第四三二号、二〇一二年六月
朝鮮銀行史研究会編『朝鮮銀行史』東洋経済新報社、一九八七年
靏見誠良「円為替圏構想とその現実――第一次大戦期における帝国日本の対外政策」『経済学雑誌』(大市大)第六七巻第三号、一九七二年九月
――「円ブロックの形成――円為替圏から円系通貨圏へ」『アジア研究』第二〇巻第四号、一九七四年一月
徳永正二郎『為替と信用』新評論、一九七六年
中尾茂夫「第一次大戦後のニューヨーク金融市場の国際化――ロンドン型との相違について」『經濟論叢』第一二七巻第六号
中西市郎・岩野茂道『国際金融論の新展開』新評論、一九七二年
日本銀行統計局『明治以降 本邦主要経済統計』日本銀行統計局、一九九九年(一九六六年刊の復刻版)
日本銀行百年史編纂委員会『日本銀行百年史 第一巻』日本銀行、一九八二年
日本統計研究所『日本経済統計集』日本評論新社、一九五八年
橋本寿朗「財閥のコンツエルン化」法政大学産業情報センター・橋本寿朗・武田晴人編『日本経済の発展と企業集団』東京大学出版会、一九九二年
橋本寿朗・大杉由香『近代日本経済史』岩波書店、二〇〇〇年
浜下武志「中国通商銀行の設立と香港上海銀行(The Hongkong and Shanghai Bank)――一八九六年、盛宣懐の設立案をめぐって」『一橋論叢』第八四巻第四号、一九八〇年一〇月
――「一九世紀末における銀価変動と上海金融市場――中国通商銀行の初期活動に関連して」『一橋論叢』第八七巻第四号、一九八二年四月
堀和夫「近代満州経済と日本帝国――貿易構想の分析」『経済論叢』第一八〇巻第一号、二〇〇七年七月
マックス・ウェーバー(黒正巌・青山秀夫訳)『一般社会経済史要論 下巻』岩波書店、一九五五年
満州中央銀行史研究会『満州中央銀行史』東洋経済新報社、一九八八年

明治財政史編纂会編『政治財政史 第一一巻』(復刻版)吉川弘文館、一九七二年
安富歩「香港上海銀行の資金構造、一九一三年～一九四一年」『アジア経済』第四四巻第一〇号、二〇〇三年一〇月
八杉貞利(和久利誓一監修)『八杉貞利日記 ろしあ路 図書新聞双書五』圖書新聞社、一九六七年
山村健「日清戦争期韓国の対日兵站協力」『戦史研究年報』(防衛省防衛研究所)第六号、二〇〇三年三月
山本有造「「大東亜金融圏」論」『人文学報』第七九号、一九九七年三月
湯浅赳男『増補新版 文明の「血液」——貨幣から見た世界史』新評論、一九九八年
横浜正金銀行『横浜正金銀行史』(復刻版)坂本経済研究所、一九七六年
Economic and Financial Section, League of Nations, *International Statistical Year-book 1926* (Geneva: League of Nations, 1927)
Ji, Zhaojin, *A History of Modern Shanghai Banking: The Rise and Decline of China's Finance Capitalism* (Armonk NY: M. E. Shape, 2003)
Lary, Hal B. and Associates, *The United States in the World Economy: The International Transactions of the United States during the Interwar Periods* (Washington, D. C.: U. S. Government Printing Office, 1943)
United Nations, "International Trade Statistics 1900-1960" (May, 1962)
Young, John Parke, *European Currency and Finance*, Foreign Currency and Exchange Investigation, serial 9, vol.1, (Washington, DC: Government Printing Office, 1925)

第7章

日中経済提携の理想

——第一次世界大戦後の日本の対中国政策再考

西田敏宏
NISHIDA Toshihiro

はじめに——第一次世界大戦後の対中国政策における理想主義的要素

第一次世界大戦後の日本外交が直面した課題は、国際環境の変化への対応であった。すなわち、従来の帝国主義を否定し、新たに国際協調と民族自決を推進する、いわゆる「新外交」への対応である。第一次大戦終盤の一九一八年一月に、アメリカのウッドロー・ウィルソン（Woodrow Wilson）大統領が発表した「一四ヵ条」に代表される「新外交」の構想は、大戦後の国際政治に大きな影響を及ぼした。それが現実のアジア太平洋地域の国際関係や日本外交に、はたして実質的な変化をもたらしたのかどうかについてはかねてより論争がある。しかし、対中国政策を中心とする当時の日本外交において、「新外交」への対応が重大な課題となったこと自体は、異論のないところであろう[1]。

日本政府内部で、早い時期に「新外交」に呼応したものとして有名なのは、外務省の小村欣一政務局第一課長による一九一八年一一月の意見書である。また、パリ講和会議の全権代表に任命された牧野伸顕は、小村の意見書を受けて、赴任前の一二月の臨時外交調査委員会で「新外交」への積極的対応を説いた。小村や牧野は、従来の帝国主義的政策によって不信を招いている日本が国際的孤立に陥らないために、「新外交」を率先して提唱して対外イメージを一新し、国際的な信用を回復しなければならないと訴えた。そして、特に対中国政策に関して、中国に融和的な新方針を打ち出すことが不可欠であると主張した。すなわち、「此際帝国より進て世界の大局に合致し、且誠悃以て日支の真実なる諒解親善の実を挙け得る共益公正の方途に出て、茲に帝国の政策に新生面を啓き、新地歩を樹立することゝ致度」と。その具体的政策として、中国における治外法権の撤廃や外国軍隊の撤退、義和団事件賠償金の放棄などを小村や牧野は提案した[2]。

牧野の意見が臨時外交調査委員会で消極的な支持を得るに過ぎなかったこともあり、これらの主張は、日本政府において少数意見にとどまったと捉えられがちである。しかしながら、その一ヵ月後の一九一九年一月の第四一回帝国議会において、内田康哉外相は小村や牧野の意見を反映した内容の外交方針演説を行っている。内田は、「我が対支方針に関しましては、往々にして生ずる無稽の風説あるに顧みまして、特に茲に明白に致したい事がございます」として、「帝国は……日支両国の永遠にして、且つ真実なる諒解親善を齎すべき、公正共益の方針を基幹と致しまして、隣邦に対する我が友誼を尽し、支那が光輝ある発達を遂げ、国民全般の幸福を増進することに、力を致さんことを期して居る次第でございます」と強調したのである。また内田は、演説の最後の段で、「国際政局の大勢に関する私の所感」として、「今や……世界は一大革新の道程を進みつゝありまして、此運動の根底たる理想が、所謂正義に基く恒久の平和を確立せんとするに在ることは、敢て多言を要しないことゝ考へます」との見解を示している[3]。

小村や牧野が提言した具体的な対中国新政策に関しても、右の二カ月後の三月、内田外相はパリ講和会議の全権代表に対し、中国における勢力範囲の撤廃、治外法権の撤廃、外国軍隊の撤退と、義和団事件賠償金の放棄について、政府内で積極論もあり、前向きに協議中であると明かしている。その上で、もし日本政府の方針確定に先立ち他国から提案があった場合には、日本もそれに好意的考慮を加えると言明してよいと指示した。これを受けて、全権代表は、右の四問題に対する日本政府の前向きな姿勢を明らかにしたのである[4]。なお、こうした動きの背景として、国内の新聞論調でも、融和的な対中国政策の推進を説く新しい主張が現れていた[5]。

このように、第一次世界大戦後の日本の対中国政策には、「新外交」の潮流に対応した、いわば理想主義的な要素が見られた。それは、第一次大戦後の日本の対中国政策に関して、無視できない特質の一つだと考えられる。それでは、この時期に日本は、具体的にどのような理想を追求し、またそれにはどのような背景があったのだろうか。本章では、第一次世界大戦後の日本の対中国政策について、いくつかの鍵となるポイントに着目して再検討し、右の問いに対する答えの一端を浮かび上がらせることを試みたい。

1　満蒙から中国全体への政策関心の移行

第一次世界大戦後の日本の対中国政策に関して、第一に着目するポイントは、その政策関心の中心が、満蒙権益の維持・強化から、中国全体への経済的進出へと発展的に移行したことである。

第一次世界大戦後の日本の対中国政策について、かねて指摘されてきたのは、軍事主義的アプローチから経済主義的アプローチへの転換である[6]。第一次大戦終結からワシントン会議までの時期の外交を担った原敬内閣によって、従来の帝国主義的な勢力拡張政策から、通商などの平和的手段を通じた経済的利益の追求へと、対中国政策の基本的な方向性の転換が図られた。ただしそれは、南満洲・東部内蒙古における日本の勢力範囲、いわゆる満蒙特殊権益を、安定的に維持していくことを前提とするものであった。

このことは言い換えると、満蒙における日本の立場が十分に強固であるとの認識のもとに、満蒙権益の維持・強化から中国全体への経済的進出へと、政策の重点が移行していったものと見ることができる。それは第一次世界大戦中の日本外交の展開に照らすと、より明瞭となる。しばしば指摘されるように、大戦中の外務省においてすでに、中国全体への経済的進出に対する関心の萌芽が生じていた[7]。こうした動きが現れるのは一九一六年以降のことであり、その背景には、一九一五年の中国に対するいわゆる二十一カ条要求交渉の妥結により、日露戦争後の一貫した懸案であった満蒙権益の強化が果たされたことがあったと考えられる。第一次世界大戦後の展開は、満蒙から中国全体へという、このような大戦中からの流れの延長線上にあるものといえる。

さて、第一次世界大戦後の日本の対中国政策の転換を象徴するのが、アメリカの主導により一九二〇年一〇月に結成された対中国新国際借款団への参加である。新借款団の結成は、中国における列強の勢力範囲を打破し、経済上の門戸開放と機会均等を実現しようとする試みであった。日本が新借款団に参加したのは、中国全体への経済的進出に対する強い関心から、中国における門戸開放・機会均等の原則に積極的に賛同したからに他ならない。その一方で、よく知られているように、日本は新借款団への参加に際して、新借款団の活動範囲から満蒙を除外することを要求した[8]。

この対中国新国際借款団への参加についても、日本は満蒙における支配的地位が揺らぐことはないとの自信ゆえに、新借款団の結成に積極的に対応したと捉えることができる。実際、満蒙除外問題をめぐる欧米諸国との交渉において、日本は一貫して強気の姿勢で臨んだ。そして結果としても、日本は実質的に満蒙除外の承認を勝ちとり、その自信をより確かなものにしたのである。

満蒙除外問題をめぐる日本と欧米諸国の交渉については、交渉開始にあたっての臨時外交調査委員会での議論を踏まえて、「列記主義」か「概括主義」かという枠組みで捉えられることが多い。しかしながら、実際の交渉の展開に関しては、交渉開始後に臨時外交調査委員会で伊東巳代治が示した次の整理に依拠して説明した方が、より明確に理解することができる。伊東は満蒙除外の方法として、①「既得権のみを除外する歟」、②「既得未得を論せす事体の利害関係に依りて勘別する歟」、③「事態の如何に拘らす概して満蒙の地域を主眼として一切の除外を主張すへき歟」の三つがあると述べている[9]。「列記主義」は右の①〈既得の権益の除外〉に、「概括主義」は③〈満蒙の地理的除外〉に、それぞれあたる。一方、日本が実際にとることになった立場は、③〈満蒙の地理的除外〉からの譲歩にとどまり、①〈既得の権益の除外〉のみならず、②〈将来の借款企画も含めて個別の案件ごとに、日本が除外を判断する権利を留保すること〉をも要求するものであった。日本はこの線を超えて譲歩することをあくまでも拒否し、最終的に、欧米諸国にそれを認めさせたのである。

このことは、交渉妥結から一年余り後に作成された、帝国議会での質問に対する政府回答の外務省修正案の中で、次のように明確にされている。「満蒙に於ける我特殊地位に関しては、已に関係各国政府に於て之を諒認し、一般的保障を与へたる関係あるを以て、或る借款にして、若し之を借款団の共同活動に委するに於ては我経済的生存及国防の安全に危険を及ぼすものと認めらるるものは、之を借款団の共同範囲より除外すべきことを主張することを得べし」[10]。このように、満蒙における新国際借款団の活動に関して、日本はいわば拒否権をもつと解釈した。そしてアメリカも、交渉妥結時にそのような日本の解釈を黙認したのである[11]。

こうして、対中国新国際借款団組織をめぐる交渉を通じて、「帝国の満蒙に於ける地位は関係列国によりて始めて明確に承認」されることとなった[12]。第一次世界大戦中以来の満蒙における強固な地位に対する日本の自信は、あらためて確認されたのである。このような自信が前提としてあったがゆえに、日本は中国全体への経済的進出に関心を向け、新借款団の結成に積極的に対応したといえる。

さらに、日本の対中国政策の関心の中心が、満蒙権益の維持・強化から中国全体への経済的進出へと移行していく流れは、その後の一九二一年一一月〜二二年二月のワシントン会議において、一層明瞭に読みとることができる。

ワシントン会議における日本の対応に関しては、満蒙特殊権益をめぐる慎重な態度が強調されがちである[13]。確かに内田外相が、右の新借款団交渉妥結時の了解をワシントン会議であらためて確認することを要求するよう、現地の全権代表に指示するなど、日本政府の対応には満蒙特殊権益について神経質なところがあった。しかしながら、こうした指示は全権代表によってほとんど受け流され、ワシントン会議では満蒙問題が大きな争点となることはなかった。アメリカは、中国における門戸開放および中国の領土保全の原則の確立に熱心であったが、満蒙の現状に挑戦する意向はなかった[14]。確かにアメリカは、門戸開放原則の適用範囲から満蒙を除外することを認めることはなかった[15]。だが、アメリカの関心の焦点は中国山東省権益の問題にあり、そのためにもむしろ満蒙の現状は放置する方針であったと考えられる。例えば、ワシントン会議で満蒙問題を取り上げることを求めた中国の駐米公使の要請に対して、アメリカのチャールズ・エヴァンズ・ヒューズ(Charles Evans Hughes)国務長官は、山東問題を優先する方針を示したという[16]。

その一方で、従来看過されてきたものの、日本の対応に関して注目されるのは、中国全体への経済的進出に対する強い関心である。内田外相は、中国の内地開放や閉鎖的制度の撤廃を要求するよう、再三にわたってワシントン会議の全権代表に指示している。右の問題は、「日本にとり最も緊切なる人口問題乃至原料問題の解決上、我方の相当重きを措く所にして、之に触れすして会議を了るか如き、甚だ遺憾に付、……此の際特に御配慮ありたし」と[17]。これを受けて、全権代表の幣原喜重郎は、中国の経済開発に関して機を見て提議を行い、中国の天然資源の開発・利用のために、「支那に於て外国の資本、貿易及企業に対し、其の門戸を開放すること」への希望を表明した[18]。

以上のように、第一次世界大戦後の日本の対中国政策には、満蒙における日本の立場の確立を前提とした上での、中国全体への経済的進出に対する関心の増大という、一貫した傾向を見てとることができる。こうした流れが、後の幣原外交に通じていくものであることは言うまでもない。

なお、右の背景にあったのは、日本の国力の増大と国際的地位の向上であった。第一次世界大戦中に日本は、ヨーロッパ列強勢力の後退により、東アジアで圧倒的優位に立つとともに、一定の経済発展を遂げて国力を増大させた[19]。もっとも大戦後に日本は、欧米諸国による巻き返しを受けて、大戦中に膨張させた勢力を後退させられる。その象徴が、ワシントン会議に際しての中国山東省権益の大部分の放棄である。しかしながら、日本が求められた譲歩はあくまで限定的だった。全体として見れば、第一次世界大戦からワシントン会議を経て、日本は米英両国と並んで、アジア太平洋地域の秩序を担う三大国の一角を占める存在へと躍進を遂げたといえる。こうした国力の増大が、満蒙から中国全体へと、対中国政策における関心の対象の拡大・発展をもたらしたと考えられる。

2 日中両国の経済提携・共存共栄の理想

第一次世界大戦後の日本の対中国政策に関して、第二に着目するポイントは、日中両国の経済提携・共存共栄などの理想が、広く政府指導層によって語られたことである。第一次大戦後の日本の対中国政策は、中国全体への経済的進出を志向するにあたって、必ずしも利己的に日本の利益だけを追求しようとするものではなかった。大戦後にたびたび表明されたのが、中国の資源開発への期待と、日中両国の経済提携・共存共栄の理想であった。冒頭で述べたように、第一次世界大戦後の日本の対中国政策は、一定の理想主義的色彩を帯びるものだったのである。

先に挙げた、一九一九年一月の第四一回帝国議会における内田外相の外交方針演説でも、中国問題に関する部分の最後で、次のように述べられている[20]。

政府は其経済的生存上、直接間接、支那の豊富なる資源に俟たねばならぬものが多々ありまして、此点に付きましては、支那朝野が……特別懇切なる援助を吝まないことは私の確信する所でございます。是と同時に、支那一般の康寧福祉の為め、必要な財政経済上の援助は勿論、……支那国民の正当なる希望は、帝国に於て率先是が達成に助力するに躊躇致しませぬ。

また、第一次世界大戦後の政府要路者による日中経済提携論で有名なのは、原内閣の高橋是清蔵相の一九二一年五月の意見書である。なお高橋は、その半年後に首相に就任する。この意見書において高橋は、日中両国が提携して、アジアに独自の経済的中枢を築く構想を体系的に論じた。「日支両国提携して各々其国力を開発し、経済的共存の実を挙げ、以て亜細亜の経済力を樹立し、之を伸張する」。すなわち、「日本の財力と支那の天然資源と、日本の工業能力と支那の労力とを渾然結合し、以て東亜の経済力を伸張し、物資の算出を旺盛ならしむる」と[21]。さらに高橋は、ワシントン会議を経て首相退任後の一九二三年一月に、

「経済本位の新世界政策」と称する対外政策構想を雑誌で発表している。その中でも、「当面の急務」の第一として、中国の門戸開放の実現を進め、「そして我国からは資本と技術とを供給し、支那からは其の豊富な天然資源を提供せしめ、両国の経済提携により共存共栄の実を挙ぐべきである」と主張したのである[22]。

右の高橋の蔵相時の意見書について、首相の原敬が、「今行はれるもせざる書生論」と批判的に書き記したことはよく知られている。しかし原も、将来の方向性の議論としては、必ずしも意見を大きく異にするわけではなかったように思われる。原は一九二〇年六月に雑誌に発表した論説において、日本の対中国政策をアメリカ向けに説明するという文脈ながら、次のように述べている。「日本国民の希望は国家の進運に伴ふ経済的需要を充たさんとするのでありまして、之れが為め支那と親交を重ね、其の資源を開発して、亜細亜の共存同栄を図るに外ならないのであります」[23]。

一方、外務省の対中国政策の担当者らもこの時期、多少のバリエーションはあるものの、前向きな理想を語っている。亜細亜局第一課長の木村鋭市は、日中経済提携ではなく、中国における新借款団を通じた国際協力に期待を向けた。木村は一九二一年四月発表の雑誌論説において、新国際借款団の活動が中国側の理解を得て、中国鉄道網の整備が実現し、中国の経済開発が進むことへの強い希望を表明している[24]。また、第一次世界大戦終結直後の一九一八年から一九二三年まで駐華公使を務めた小幡酉吉は、離任・帰国後の一九二四年四月に、日中両国民の提携を熱望するとして次のように論じている[25]。

〔日本側の〕唯一の国民的要望は、条約に於て既定の条項と、国際間の成例の許す限り、我等をして無尽蔵なる支那の富源を開発するに参加せしめ、依て日本国民の稍もすれば不安を感ずる経済上食糧上の安定を得るに資せしめん事である。……斯くの如き支那の富源開発は、支那自身の富強を致す所以であつて、日本の参加は之れを助力する機会を得せしむるに外ならないのは言ふまでもないのである。

そして、日中両国の経済提携と共存共栄を体系的な政策目標として前面に押し出し、その実現を目指したのが、一九二四年六月に外相に就任した幣原喜重郎であった。幣原は、ワシントン会議の全権代表時にすでに、日中両国の経済提携を志向する姿勢を明らかにしている。ワシントン会議閉会近くの一九二二年二月に、日本全権団を代表して行った演説において、幣原はこう述べている。「日本は……〔中国の〕広大なる天然資源の経済的開発に対し、緊切なる利益を持つものである」。また、「日本は〔中国において〕門戸開放と機会均等主義の下に日本のみならず、支那にも利害ある経済的活動の分野は之を求める」と。なお、右の後段については、原文は、“we do seek a field of economic activity beneficial as much to China as to Japan, based always on the principle of the open door and equal opportunity”であり、幣原自身は、「門戸開放、機会均等主義の下に、日支両国双方を利すべき経済的活動の地歩に至つては我々は確かに之を求むる」と訳出している[26]。

幣原は外相に就任すると、日中両国の経済提携・共存共栄を一貫して政策スローガンに掲げた。幣原は、外相就任後初めて行った一九二四年七月の第四九回帝国議会における外交方針演説で、日本の対中国政策の目的を、最後に次のように総括している。「吾々は固より支那に於きまして、機会均等主義の下に両国民の経済的接近を図らんとするものでありまして、之が為めには単に日本を利するのみならず、又支那をも均しく利するの方法を以て目的の遂行を期するものであります」。さらに、幣原外交の政策理念の集大成として位置づけられる、一九二七年一月の第五二回帝国議会における外交方針演説で、幣原は日本の対中国政策の基本方針を四点にまとめている。その中でも第二として、「〔日中〕両国間に共存共栄の関係並に経済上の提携を増進せんことを期する」ことを挙げているのである。ちなみに、それ以外の三点は、第一が中国内政不干渉、第三が中国の国民的希望実現への協力、第四が日本の権益擁護である[27]。

ところで、以上に見たような、第一次世界大戦後の日本の政府指導層による理想主義的な対中国政策論は、直接的には言うまでもなく、中国におけるナショナリズムの高まりに対応しようとするものであった。中国では、一九一九年のパリ講和会議から五・四運動へといたる過程で、帝国主義に反発するナショナリズム運動が本格化する。中国のナショナリズム運動は、当初は排日運動の様相が濃かったこともあり、融和的な対中国政策を日本に迫ることとなった。

さらに、より広い視野から捉えると、これらの理想主義的な対中国政策論は、第一次世界大戦後の「新外交」の潮流を受けたものでもあった。とりわけ、第一次大戦後の世界で大きな潮流となった経済的自由主義、ないし経済的国際主義の理念の影響を、それらに見てとることができる。すなわち、経済交流から日中両国はともに利益を得るのであり、それゆえ両国は協調的な関係を形成することができるという考えが、その底流にある。そしてかねて指摘されてきたように、幣原外交は、経済的国際主義の潮流を日本で最もよく体現するものであった[28]。幣原は一九二六年九月の外務省主催の貿易会議で、こう述べている[29]。

申すまでもなく国際通商は彼我有無相通ずるの途であります。我国を利すると共に他国をも等しく利することがその本質であつて、また我々の目的でなければなりませぬ。

以上に加えて、第一次世界大戦後の理想主義的な対中国政策の背景にはまた、先に触れた日本の国力の増大と、それに対する自信があったと考えられる。そうした第一次大戦後の日本の国際的地位に対する自信を示すものとして、しばしば言及されるのが、原首相の認識である。原は元老の山県有朋との会談の中で、

「要するに世界は英米勢力の支配となりたるが東洋に於ては之に日本を加ふ」(一九一九年六月)とか、「世界の大勢は英米日の強大国の力に待つ現況」(一九二一年五月)などと語っている[30]。また、先に挙げた高橋の蔵相時代の意見書にも、「〔英米の〕二大勢力に次ぐものは我が日本なり」との認識が見られる。そして幣原も、原や高橋と同様の対外認識を示している。すなわち、「我国の国際的地位を見るに、……世界の大戦乱〔第一次世界大戦〕に参加しては五大国の一として平和条約に特殊の地位を占め、又華府会議〔ワシントン会議〕以来、三大海軍国の一として列国間に重きを成して居るのである」と[31]。以上のような、日本が世界の三大国の一つであるとの自信からくるある種の余裕もまた、中国に対して融和的な姿勢をとることにつながったと考えられる。

3　中国の安定化をめぐる協調と自主

第一次世界大戦後の日本の対中国政策に関して、第三に着目するポイントは、中国において欧米諸国と協調することが基本とされながらも、日本独自の立場が強く意識されたことである。

第一次世界大戦後の日本の対中国政策が、日中両国の経済提携と共存共栄を理想に掲げたことは右に見た。しかし、現実の中国は、理想の実現にはほど遠い状況にあった。中国では一九一二年に清朝が滅亡して中華民国が成立したが、各地に軍閥が割拠し、内戦が繰り返される状態にあった[32]。中央政権としての北京政府は、その時々の有力軍閥の支配下にあるに過ぎず、全国に行きわたるような権威も実力ももたなかった。一方、それに対抗する有力な地方政権として、中国国民党の広東政府が存在した。それゆえに、日中経済提携の理想に近づくためには、まずはその前提条件として、中国に統一と政治的安定をもたらすことが課題となった。先に挙げた種々の日中経済提携論においても、ほとんどの場合、中国の統一や安定が早期に実現することへの希望が併せて表明されている。

中国の統一と政治的安定の実現はまた、中国自身や日本にとってだけの問題ではなく、欧米諸国を含めた国際的な課題であった。一九二一〜二二年のワシントン会議で調印された中国に関する九国条約において、日米英三国を中心とする諸国は、「支那か自ら有力且安固なる政府を確立維持する為、最完全にして且最障礙なき機会を之に供与すること」に合意したのである[33]。そしてワシントン会議後に、中国の安定化を目指した国際協調が試みられていくことになる。しかしながらそれは、日本にとって、必ずしも容易なものではなかったことに注意する必要がある。

ワシントン会議後の中国における国際協調では当初、イギリスの積極的な行動が目立った。しかし日本側では、イギリス主導の一連の政策について、右の九国条約などで謳われたワシントン会議の精神に反するのではないかとの疑念が抱かれ、欧米諸国との協調政策に動揺が生じることになる。

ワシントン会議後の中国において、まず浮上したのが、第一次奉直戦争(一九二二年四月〜六月)後の北京政府に対する借款供与問題である。北京政府は国際借款団に借款供与を要請し、日米英仏四国の駐華代表も一致して借款供与を支持した。だが日本は、北京の現政権は中国を代表するだけの勢力を有していないとして、借款供与に再三にわたり反対した[34]。日本の反対の最大の理由は、親日的な安徽派軍閥と奉天派軍閥を破って政権を掌握した直隷派軍閥が、反日的で英米両国に近いと見られていたことにあったと考えられる。その上、イギリスの駐華代理公使が借款供与に積極的であったことから、日本はイギリスによる親英政権援助の企てと見て警戒した。もっとも実際には、イギリスにはそのような意図はなかった[35]。いずれにしても結局、アメリカがイギリスの立場を支持したので、日本は疑念を抱きつつも、借款供与に向けた協議の開始に同意した[36]。

ところが、一九二三年五月に、列車に乗った外国人が匪賊により誘拐される事件(臨城事件)が起こり、北京政府に対する借款供与は一転して取り止めとなった。他方、この事件の善後措置をめぐる折衝で、イギリスは今度は北京政府に対し、極めて強硬な対応をとった。イギリスは将来に対する保証として、中国鉄道警察の国際管理を要求し、さらに要求貫徹のための手段として海軍による示威を提案した。アメリカは、海軍示威の実効性には疑問を呈したものの、何らかの強制措置が必要であることについてはイギリスに同意した[37]。これに対し、日本は海軍示威に反対し、またイギリスの鉄道警察国際管理案に修正案を提出したが、欧米諸国の強硬な政策を抑えるのにそれ以上のことはできなかった。米英仏三国の駐華公使は、新しく中華民国大総統に就任した曹錕の承認問題を利用して、北京政府に圧力をかけることを主張した。日本は懸念を深めながらも、結局それに追随した[38]。

また、同年一一月~一二月に、広東政府が広東海関を実力で接収しようとする危険が迫った際にも、イギリスが強硬な政策で列強のイニシアティブをとった。日本は穏和な手段で解決することを望んだが、米英両国をはじめとする関係諸国が共同で海軍示威行動をとることに一致したため、やむなくそれに従った[39]。

ワシントン会議後の右の一連の過程で、日本が受動的な対応に終始した背景には、高橋是清内閣(一九二一年一一月~二二年六月)、加藤友三郎内閣(一九二二年六月~二三年九月)、第二次山本権兵衛内閣(一九二三年九月~二四年一月)と、短命で弱体な内閣が続いたことがあったと考えられる。さらに、一九二三年九月に関東大震災が起こり、国内が混乱に陥ったことも影響したであろう。

他方、右に見たような欧米諸国の強硬な政策は、これらの国々で当時、中国国際管理論が論じられていたことを背景として、欧米諸国が中国に対する共同干渉に踏み切るのではないかとの危惧を日本側に抱かせた。

臨城事件に際して内田外相は、「支那の問題は容易《たやす》からざる事にて列国の干渉が来るは当然の事となれり」と狼狽した。そして、日本国内では、中国の国際共同管理への危機感から、中国において欧米諸国に追随するのではなく、自主的な外交への刷新を求める声が高まっていった[40]。

なお、中国に対する強硬な政策や中国の国際管理に日本が反対であったのは、もちろん一義的には、自国の利益を考えてのことである。それらの結果として、中国において欧米諸国の影響力が強まるような事態は、日本にとって望ましくなかった。しかしそれに加えて、日本が中国との経済提携や共存共栄を理想として描いていたことも、二義的だったにせよその重要な要因であったと考えられる。

以上のような状況を受けて、一九二四年一月に成立した清浦奎吾内閣の松井慶四郎外相は、内閣成立直後の第四八回帝国議会における外交方針演説で、注目すべき一節を盛り込んだ。松井外相はまず、「支那国内の和平統一と国情の改善は主として支那国民自身の覚醒と努力に俟つべきものでありまして、外間より妄りに関与すべき筋合のものではありませぬ」と、欧米諸国の中国国際管理論を牽制した。さらに、「政府は……華府会議に於て協定せられたる諸条約及び決議の精神を十分に尊重」する考えであると断った上で、「之が為には固より国際協調を主眼となすべきこと申すまでもありませぬが、我国と支那とは御承知の通り由来特殊の関係がありますから、政府は常に此点を念頭に」置くとして、日本独自の立場を主張したのである[41]。

さらに清浦内閣において、対中国政策の確固とした方針の確立を企図して、外務・陸軍・海軍・大蔵の四省間で「対支政策綱領」がまとめられたのも、同様の文脈からだと考えられる。その作成過程で外務省は、欧米諸国による中国への干渉を警戒するとともに、それに対する牽制の意も込めて、ワシントン会議の諸条約・諸決議を積極的に尊重する方針を第一に掲げた。そして、国際協調を主眼とする立場を確認しながらも、必要な場合には自主的行動に出ることを強調したのである。その上に、最終的には陸軍の主張が大幅に取り入れられ、国際協調にとどまらず、ワシントン諸条約・諸決議の尊重の趣旨も弱められ、日中両国間に排他的な提携関係を形成する方針が前面に押し出されることとなった[42]。

清浦内閣は短命に終わったため、この「対支政策綱領」が、その後の政策に影響を及ぼすことはなかった。だが右の経過は、自主的な対中国政策を求める国内の要求の高まりを受けて、ワシントン会議後の欧米諸国との協調政策に動揺が生じていたことを示すものだったといえる。なお、一九二四年五月のアメリカにおけるいわゆる排日移民法の成立も、一時的に激しい反米感情を引き起こし、協調外交に一層の動揺をもたらすこととなった。

清浦内閣の退陣後、先述のように一九二四年六月に幣原喜重郎が外相に就任し、幣原外交が開始されたのは、このような状況においてであった。当時の新聞は、新たに成立した護憲三派内閣が、日中提携の実現のために外交刷新を図ることを主張していた[43]。すでに他で論じたように、一九二四〜二七年の第一次幣原外交は、欧米諸国に対して自らが妥当であると信じる政策を主張し、中国における国際協調を主導しようと努めるものであった。幣原外交は、いわば自主的協調外交というべきものだったのである[44]。それは幣原自身の個性によるものであると同時に、右に見たような国内一般の要望に応えるものでもあったのである。

第一次幣原外交は、具体的政策としては、中国の統一と政治的安定の実現を促すことを一貫して追求した。幣原外交は当初、中国中央政権としての北京政府の強化を目指した。そのために幣原が特に重視したのが、一九二五年一〇月〜二六年七月に開催された北京関税特別会議である。幣原は関税会議を通じて日本の経済的利益を確保すると同時に、中国中央政府の財政再建のための道筋をつけることを目指した。関税会議において幣原外交は、中国ならびに列強間の審議を大筋において主導したといえる[45]。

ところが、中国ではその後、中国国民党が北京政府と各地の軍閥の打倒を目指して、一九二六年七月に北伐を開始する。ナショナリズム運動の高揚を背景として、北伐軍は破竹の勢いで進軍し、中国全土にわたって急激な政治変動が進展していくこととなった。こうした中で、列強の対応は混乱を極めることになる。しかし幣原外交は、イギリスとの間で摩擦を引き起こしながらも、中国の政治情勢を相当程度、的確に見通し、列強の対中国政策をリードした。幣原は中国内政不干渉政策を堅持する一方で、中国の新たな安定勢力として国民党の蔣介石をいち早く見いだし、一九二七年三月以降、混乱した事態の収拾を図っていったのである[46]。

しかしながら、中国内政不干渉政策に対する国内の批判の高まりを受けて、同年四月に幣原は外相を辞すことになる。だが、その後中国国民政府の指導者となる蔣介石との間に、列強の中で先駆けて協調的な関係を築きつつあったのは、幣原外交下の日本であった[47]。

おわりに——理想主義的な対中国政策の終わり

以上のように、第一次世界大戦後の日本の対中国政策は、一定の理想主義的要素を含みもつものであった。それは日中両国の経済提携と共存共栄を理想として掲げ、その実現のために中国の統一と政治的安定を志向した。またそれゆえに、中国において欧米諸国と協調することを基本としながらも、日本独自の立ち位置を強く意識した。そしてこのような第一次大戦後の日本の対中国政策の特質を最もよく体現し、その理想を最も力強く追求したのが、一九二四〜二七年の第一次幣原外交だったといえる。

その一方でまた、第一次世界大戦後の日本の対中国政策は、満蒙特殊権益が強固で揺るがぬ地位にあるとの認識のもとに、その関心の中心を中国全体へと発展的に移行させたものであった。つまり、幣原外交に代表される第一次大戦後の日本の対中国政策は、中国における日本の帝国主義的現状を維持することを前提とするものであった。そのためそれは本質的に、中国のナショナリズムと相容れないものであったとする指摘は、その構造的な限界を突くかねてからの有力な批判である。

しかしながら一九二七年の時点では、日本の対中国政策と中国のナショナリズムとの間に、両立・共存の可能性が限られたものにせよ開かれていたというのが、筆者の見解である。以前に論じたように、第一次幣原外交は、その後の中国の急激な政治変動に対応しながら、満蒙特殊権益を安定的に維持していく可能性を指し示していたのである[48]。

実際、幣原は一九二七年四月に外相を辞す際に、その後の日本外交の行く末に関して楽観的であった。幣原は自らの政策の妥当性を確信し、政権交代後もそれと異なる対中国政策が行われることはないとの見通しを他国の駐日大使に語っている。当時の新聞論調も、幣原外交を積極的に擁護することはなかったものの、中国で強硬な政策をとることにはあくまで反対であった[49]。ところが、第一次世界大戦後の日本の対中国政策にとって、一九二七年は一つの画期となった。その後それは急速に変質していき、その特質であった理想主義的要素を喪失するにいたるのである。

一九二七年四月に成立した田中義一内閣は、よく知られているように、鉄道敷設を中心とする満蒙権益の拡張政策を推進していった。それは対中国政策の中心的な関心の対象を、中国全体から満蒙へと、それまでの政策から逆行させるものであったといえる。こうした視野の狭さから田中内閣は、一九二八年春以降の中国の急激な政治変動への対応に失敗することになる。中国では国民党が北伐を完遂し、同年六月の北京政府の崩壊を経て、一二月に国民政府が全土が統一するにいたる。この過程で田中内閣は、五月に済南事件を引き起こして日中関係を決定的に悪化させた。さらに、六月の張作霖爆殺事件とその後の満洲での事態の展開の結果、満蒙問題が日中関係の前面に立ち現れることとなる[50]。こうして、一九二九年七月に田中内閣が退陣する頃には、満蒙特殊権益の地位が動揺を始めたことで、中国全体を対象として積極的に政策を展開することはもはや不可能となった。

政権交代によって、幣原が外相に再び就任するが、このような状況が大きく改善することはなかった。幣原は外相復帰から四カ月後の一九二九年一一月に、ラジオ講演を行っている。その中で幣原は、日中関係に言及して、「我々は……双方の利益、即ち所謂共存共栄を目的といたして真剣に努力する決心であります」と、あらためて表明した。しかしそれと同時に、「若し帝国の国民的生活に脅威を与へて、支那単独の生存と、繁栄とを図らんとするが如き要求がありまするならば、我々は到底これを問題とする余地は無いことを、明白に、率直に答へざるを得ません」と、中国に対して警告を発せざるを得なかったのである[51]。

一九二九〜三一年の第二次幣原外交の対中国政策は、満蒙問題によって終始、制約を受けることになる。この時期の中国をめぐる国際関係で焦点となったのは、中国の治外法権撤廃問題であった。だが幣原は、欧米諸国が共同で進める中国との治外法権撤廃交渉に加わろうとしなかった。それは治外法権撤廃問題が、満蒙問題と結びつくものだったためである。

日本は中国の治外法権撤廃と引き換えに、中国の内地開放を実現することをかねて重視していた。特に満洲における日本人の土地商租権（半永久的借地権）を中国側に承認させることは、年来の懸案であった。さらに、満洲の一地方で朝鮮半島に隣接する間島では、多数の朝鮮人が居住しており、土地をめぐる問題は一層深刻になっていた。これに対し、中国は内地開放をあくまでも拒否する姿勢をとった。また欧米諸国も、中国に内地開放を要求することには消極的であった。こうした状況から幣原は、満蒙問題に波及しかねない治外法権撤廃問題を先送りにして、日本独自に中国との間で関係の改善を進めることを選択した。第二次幣原外交は、第一次幣原外交のように自主的協調外交を展開することなく、中国において国際的孤立への道を進んだのである[52]。

日中関係改善の努力は結局、限定的な成果しかあげなかった。そして一九三〇年一一月以降、中国による外国権益回収の動きが本格化すると、国内では満蒙特殊権益に対する危機感が高まっていく。それに加えて、一九二九年に始まった世界恐慌の影響により不況が深刻化し、国民生活は危機的状況に陥っていった。こうして、第一次世界大戦後まもない時期に広く見られた、日本の国力や国際的地位に対する自信は消え去り、逆にそれらが失われるのではないかという危機感に変貌を遂げた。その結果、融和的な対中国政策は、国内の支持基盤を失うこととなる。一九三一年に入り、新聞では一部に例外は見られたものの、中国に対する強硬な意見が目立つようになった。さらに帝国議会では、平和的手段によってはもはや日本の存立を守ることができないとして、第一次大戦後の日本外交のあり方への根本的な疑義が投げかけられるにいたる[53]。

最終的に、融和的な対中国政策を終わりに導いたのは言うまでもなく、一九三一年九月に関東軍が引き起こした満洲事変であった。幣原も結局、関東軍の軍事行動を追認し、中国からの満洲の分離を既成事実化する方向へ進むことを余儀なくされる。さらに、政変を受けて同年一二月に幣原は外相を辞すことになり、こうして幣原外交とともに、第一次世界大戦後の融和的な対中国政策は終わりを迎えることとなった[54]。満蒙問題を武力により「解決」した日本はその後、再び中国全体へと政策関心を向けていく。だがむろんそれは、かつてのように一定の普遍的な理想を掲げるものではなく、独善的に自国の利益を追求するものに他ならなかった。

第一次世界大戦後の日中両国の経済提携と共存共栄の理想は、日本側の一方的な幻想であり、はかない夢想に過ぎなかったのかもしれない。実際、それは一時の理想に終わり、現実に近づくことさえなかった。しかしながら、大戦後の限られた時期であったとはいえ、そうした理想が広く政府指導層によって語られ、実際の政策にも一定程度、反映されたことは確かである。そのことは、とかく現実主義的に捉えられがちな日本外交の歩みにおいて、あらためて顧みられるべき一面なのではないだろうか。

註

1――第一次世界大戦後のアジア太平洋地域の国際関係や日本外交における変化と連続性をめぐる論争については、服部龍二『東アジア国際環境の変動と日本外交　1918-1931』有斐閣、二〇〇一年、序論、小池聖一『満州事変と対中国政策』吉川弘文館、二〇〇三年、第三章、中谷直司『強いアメリカと弱いアメリカの狭間で――第一次世界大戦後の東アジア秩序をめぐる日米英関係』千倉書房、二〇一六年、イントロダクションを参照。また、「新外交」への対応の一環として対中国文化外交に着目した近年の研究として、熊本史雄『大戦間期の対中国文化外交――外務省記録にみる政策決定過程』吉川弘文館、二〇一三年を参照。

2――一九一八年一一月三〇日付、小村欣一「講和会議ノ大勢カ日本ノ将来ニ及ホス影響及之ニ処スルノ方策」、国立国会図書館憲政資料室所蔵「牧野伸顕文書」322。小林龍夫編『翠雨荘日記』原書房、一九六六年、三二六〜三二八、三三三〜三四三頁。直接引用は後者から。なお、本章では史料からの直接引用に際し、引用文の仮名は平仮名に、漢字は新字体にそれぞれ改めるとともに、適宜に句読点およびルビを付す。また、〔　〕は引用者による注記を示す。

3――「第四一回帝国議会衆議院議事速記録」一九一九年一月二一日、『官報』号外、一九一九年一月二二日。

4――一九一九年三月二八日発、内田外相→全権、外務省編『日本外交文書』(以下、『日外』と略記)大正八年第三冊、一九七文書、四月二三日発、松井駐仏大使→内田、同前、二二〇文書、五月五日、日本全権声明、同前、二三八文書。西田敏宏「幣原喜重郎の国際認識――第一次世界大戦後の転換期を中心として」『国際政治』第一三九号、二〇〇四年一一月。中谷、前掲書、一二七〜一三二頁。

5——『東京日日新聞』一九一九年一月一九日「勢圏撤廃運動——朝野の熟慮を望む」(社説)、一月二五日「支那を助けて其志を遂げしめよ」(社説)。

6——三谷太一郎『日本政党政治の形成——原敬の政治指導の展開』増補版、東京大学出版会、一九九五年、第二部。

7——一九一六年一〇月、外務省政務局第一課「支那問題ヲ中心トシテ観タル日米関係処分案」、『日外』大正六年第二冊、四四二文書。「対支方針大綱決定ニ伴ヒ施設スベキ細目」、山本四郎編『寺内正毅内閣関係史料』上、京都女子大学、一九八五年、三〇〇〜三三一頁。

8——三谷、前掲『日本政党政治の形成』第二部。また、対中国新国際借款団組織に関する近年の詳細な研究として、中谷、前掲書、第4章・第5章を参照。

9——前掲『翠雨荘日記』六七一頁。

10——一九二一年六月二八日付、木村亜細亜局第一課長↓富田大蔵省理財局国庫課長、附属書、『日外』大正一〇年第二冊、一五一文書。

11——三谷太一郎『ウォール・ストリートと極東——政治における国際金融資本』東京大学出版会、二〇〇九年、七八〜八三頁。Warren I. Cohen, "America's New Order for East Asia: The Four Power Financial Consortium and China, 1919-1946," in *Essays in the History of China and Chinese-American Relations* (East Lansing: Asian Studies Center, Michigan State University, 1982).

12——一九二一年五月一三日、閣議決定、『日外』大正一〇年第二冊、一四三文書。首相の原敬が同様に、「今回の借款団解決にて具体的に列国の承認を得たる事」になったと認識していたことは、よく知られている。原奎一郎編『原敬日記』5、福村出版、一九六五年、一三五〜一三六頁、一九二〇年五月四日条。

13——ワシントン会議に対する日本の対応に関しては、麻田貞雄『両大戦間の日米関係——海軍と政策決定過程』東京大学出版会、一九九三年、第二章・第三章、服部、前掲書、第二章を参照。

14——麻田、前掲書、一二八〜一三二頁。Thomas H. Buckley, *The United States and the Washington Conference, 1921-1922* (Knoxville: University of Tennessee Press, 1970), 145-171.

15——服部、前掲書、九四〜九九頁。Memorandum from MacMurray [Chief of Division of Far Eastern Affairs, State

Department] to Hughes [Secretary of State], November 21, 1921, Charles Evans Hughes Papers, Library of Congress, Washington, D.C., microfilm edition, reel 124; diary of Chandler P. Anderson, November 18, 1921, Chandler P. Anderson Papers, Library of Congress, Washington, D.C., microfilm edition, reel 2.

16 ―Memorandum by Phillips [Undersecretary of State] of conversation with Chinese Minister, June 19, 1922, National Archives, Washington, D.C. (hereafter cited as *NA*), RG 59, 793.94/1420.

17 ―一九二一年一二月八日発、一九二二年一月一〇日発、二月二日発、内田外相→全権、『日外』ワシントン会議 下、事項四、36、53、71文書。直接引用は53文書から。

18 ―一九二一年一月二三日着、一九二二年二月一二日着、全権→内田、『日外』ワシントン会議 下、事項四、56、85文書。直接引用は56文書から。

19 ―第一次世界大戦期から大戦後にかけての日本経済の概観として、深尾京司・中村尚史・中林真幸編『岩波講座 日本経済の歴史4 近代2 第一次世界大戦期から日中戦争前（1914-1936）』岩波書店、二〇一七年、序章を参照。

20 ―「第四一回帝国議会衆議院議事速記録」一九一九年一月二一日、『官報』号外、一九一九年一月二二日。

21 ―高橋是清「東亜経済力樹立ニ関スル意見」、小川平吉文書研究会編『小川平吉関係文書』2、みすず書房、一九七三年、一四四～一四九頁。この意見書の成立過程の分析を通じ、高橋の政策構想を体系的に考察した研究として、小林道彦「高橋是清『東亜経済力樹立ニ関スル意見』と井上準之助」『北九州市立大学法政論集』第二九巻第一・二合併号、二〇〇一年一〇月を参照。

22 ―高橋是清「全世界の門戸開放」『外交時報』第四三六号、一九二三年一月一日。

23 ―前掲『原敬日記』5、三九九～四〇〇頁、一九二一年六月一四日条。原敬「帝国外交の近状」『外交時報』第三七四号、一九二〇年六月一日。なお、小林、前掲「高橋是清『東亜経済力樹立ニ関スル意見』と井上準之助」も、中国の資源開発を通じた日中両国の経済発展を志向する点では、原と高橋の政策構想は基本的に一致していたと指摘している。

24 ―木村鋭市「支那鉄道の発達と借款団の真使命」『外交時報』第三九五号、一九二一年四月一五日。

25 ―小幡酉吉「対支雑感」『外交時報』第四六四号、一九二四年四月一日。

26——幣原平和財団『幣原喜重郎』一九五五年、二五三〜二五四頁。この演説の原文は、『日外』にはそれを伝える全権からの電報が「見当らず」として収録されていないが（『日外』ワシントン会議 下、事項四、81文書）、外務省外交史料館所蔵「外務省記録」、2.4.3.46「華盛頓会議一件（総会議事録）」の英文（一部仏文）議事録に掲載されている。幣原自身による引用は、幣原喜重郎「支那問題概観」『外交時報』第五六〇号、一九二八年四月一日にある。

27——「第四九回帝国議会衆議院議事速記録」一九二四年七月一日、『官報』号外、一九二四年七月二日。「第五二回帝国議会衆議院議事速記録」一九二七年一月一八日、『官報』号外、一九二七年一月一九日。

28——入江昭『日本の外交』中央公論社、一九六六年、八五〜一〇三頁。同『二十世紀の戦争と平和』増補版、東京大学出版会、二〇〇〇年、三八〜四四、七七〜八四頁。Akira Iriye, "The Failure of Economic Expansionism: 1918-1931," in *Japan in Crisis: Essays on Taishō Democracy*, ed. Bernard S. Silberman and H. D. Harootunian (Princeton, N.J.: Princeton University Press, 1974).

29——幣原喜重郎「貿易の振興は刻下の急務」『台湾時報』第八三号、一九二六年一〇月。

30——前掲『原敬日記』5、一〇八〜一一一頁、一九一九年六月一九日条、三九三〜三九五頁、一九二一年五月三一日条。

31——幣原、前掲「支那問題概観」。

32——この時期の中国の軍閥抗争に関する近年の通史として、杉山祐之『覇王と革命——中国軍閥史一九一五-二八』白水社、二〇一二年を参照。

33——外務省編『日本外交年表竝主要文書』下、原書房、一九六六年、文書一五〜一九頁。

34——入江昭『極東新秩序の模索』原書房、一九六八年、三三〜三六頁。

35——一九二二年一〇月二五日発、小幡駐華公使→内田、一一月四日発、内田→林駐英大使、『日外』大正一一年第二冊、五九、六六文書。Cohen, "America's New Order for East Asia."

36——Memorandum from MacMurray to Hughes, November 17, 1922, *NA*, RG 59, 893.51/4085-1/2; memorandum from Hughes to Japanese Chargé d'Affaires, November 23, 1922, *NA*, RG 59, 893.51/4019; Warren [Ambassador to Japan] to Hughes, January 17, 1923, *NA*, RG 59, 893.51/4154.

37——馬場明『日中関係と外政機構の研究——大正・昭和期』原書房、一九八三年、第四章。Roberta Allbert Dayer, *Bankers and Diplomats in China 1917-1925: The Anglo-American Relationship* (London: Frank Cass, 1981), 156-161; memorandum from British Chargé d'Affaires to Hughes, June 30, 1923, memorandum from Hughes to British Chargé d'Affaires, July 9, 1923, *Papers Relating to the Foreign Relations of the United States, 1923*, I, 671-677.

38——馬場、前掲『日中関係と外政機構の研究』第四章。

39——細谷千博「ワシントン体制の特質と変容」、細谷千博・斎藤真編『ワシントン体制と日米関係』東京大学出版会、一九七八年、所収。一九二三年一二月六日発、伊集院外相→天羽広東総領事、一二月一九日発、伊集院→芳沢駐華公使、一二月二一日付、伊集院→イギリス大使、『日外』大正一二年第二冊、六一三、六三四、六四〇文書。

40——岡義武・林茂校訂『大正デモクラシー期の政治——松本剛吉政治日誌』岩波書店、一九五九年、二三三〜二三五頁、一九二三年六月一八日条。『東京日日新聞』一九二二年一二月二八日「共管への途——四国の対支外債整理要求」(社説)、一九二三年八月一二日「自業自得——列国外交団の対支要求」(社説)、八月二三日「警備より共管へ——列国の対支策、我国の拙外交」(社説)。なお、右で「共管」とあるのは、国際共同管理の略である。

41——「第四八回帝国議会貴族院議事速記録」一九二四年一月二二日、『官報』号外、一九二四年一月二三日。

42——一九二四年六月、出淵外務省亜細亜局長「清浦内閣ノ対支政策　緒言」、二月二八日提出、出淵「対支政策綱領(資料)」、三月一四日提出、畑陸軍省軍務局長「対支政策私案」、三月一五日提出、畑「出淵局長私案ニ対スル陸軍側意見」、四月二二日提出、畑「対支政策綱領緒論ニ関スル意見書」、五月六日、畑「対支政策綱領ニ対スル再修正意見」、五月二六日、海陸大蔵外務大臣次官及関係四局長調印「対支政策綱領確定案」、『日外』大正一三年第二冊、七三七文書。

43——『東京日日新聞』一九二四年六月一九日「外交刷新の機」(社説)、七月一〇日「後れを取るな」(社説)。『大阪朝日新聞』一九二四年六月一五日「新内閣の対外政策——連立内閣の強味を発揮せよ」(社説)、七月五日「現内閣の対支政策——更に徹底的なれ」(社説)。

44——西田敏宏「東アジアの国際秩序と幣原外交——一九二四〜一九二七年」(一)(二)、『法学論叢』第一四七巻第二号、二〇〇〇年五月、第一四九巻第一号、二〇〇一年四月。同「幣原喜重郎と国際協調——北京関税会議・北

伐をめぐる外交再考」、伊藤之雄・中西寛編『日本政治史の中のリーダーたち』京都大学学術出版会、二〇一八年、所収。

45——同前。

46——同前。衛藤瀋吉『東アジア政治史研究』東京大学出版会、一九六八年、IV。

47——鹿錫俊『中国国民政府の対日政策　1931-1933』東京大学出版会、二〇〇一年、九～一一頁。

48——西田敏宏「第一次幣原外交における満蒙政策の展開——一九二六～一九二七年を中心として」『日本史研究』第五一四号、二〇〇五年六月。

49——Schurman [Ambassador to Germany] to Kellogg [Secretary of State], April 21, 1927, *NA*, RG 59, 893.00/8738; Tilley [Ambassador to Japan] to Chamberlain [Secretary of State for Foreign Affairs], May 13, 1927, *British Documents on Foreign Affairs: Reports and Papers from the Foreign Office Confidential Print, Part II, Series E*, vol. 8, doc. 168.『東京日日新聞』一九二七年四月七日「共同抗議の疑義」(社説)、四月二八日「外相選任を急げ」(社説)。『大阪朝日新聞』一九二七年四月二二日「慎重なれ——新内閣の対支政策」(社説)。

50——田中内閣の対中国政策については、臼井勝美『日中外交史——北伐の時代』塙書房、一九七一年、II～V、佐藤元英『昭和初期対中国政策の研究——田中内閣の対満蒙政策』増補改訂新版、原書房、二〇〇九年、小林道彦『政党内閣の崩壊と満州事変——1918～1932』ミネルヴァ書房、二〇一〇年、第一章を参照。

51——幣原喜重郎「国際平和と世界の大勢」『外交時報』第六〇一号、一九二九年一二月一五日。傍点は原文。

52——西田敏宏「ワシントン体制の変容と幣原外交——一九二九～一九三一年」(一)(二)、『法学論叢』第一四九巻第三号、二〇〇一年六月、第一五〇巻第二号、二〇〇一年一一月。一九三一年四月二六日付、「中国ニ於ケル治外法権撤廃ニ伴フ同国内地開放問題ニ関スル件」、作成日付なし、「中国ニ於ケル治外法権撤廃ニ際シ満州並間島ニ関シ特ニ考慮スヘキ事項ニ関スル件」、一九三一年四月二七日付、「中国ニ於ケル治外法権撤廃ニ関スル大綱方針案説明書」、「外務省記録」、松B.4.0.0.C/X1「支那治外法権撤廃問題一件」第一巻。満洲の土地問題に関しては、馬場明『日露戦争後の満州問題』原書房、二〇〇三年、第九章を参照。

53——西田、前掲「ワシントン体制の変容と幣原外交」(一)(二)。

54——同前。

参考文献

麻田貞雄『両大戦間の日米関係――海軍と政策決定過程』東京大学出版会、一九九三年
入江昭『日本の外交』中央公論社、一九六六年
――――『極東新秩序の模索』原書房、一九六八年
――――『二十世紀の戦争と平和』増補版、東京大学出版会、二〇〇〇年
臼井勝美『日中外交史――北伐の時代』塙書房、一九七一年
衛藤瀋吉『東アジア政治史研究』東京大学出版会、一九六八年
『大阪朝日新聞』
岡義武・林茂校訂『大正デモクラシー期の政治――松本剛吉政治日誌』岩波書店、一九五九年
小川平吉文書研究会編『小川平吉関係文書』全二巻、みすず書房、一九七三年
小幡酉吉「対支雑感」『外交時報』第四六四号、一九二四年四月一日
外務省編『日本外交年表竝主要文書』上・下巻、原書房、一九六五年・一九六六年
――――『日本外交文書』
「外務省記録」外務省外交史料館所蔵
木村鋭市「支那鉄道の発達と借款団の真使命」『外交時報』第三九五号、一九二一年四月一五日
熊本史雄『大戦間期の対中国文化外交――外務省記録にみる政策決定過程』吉川弘文館、二〇一三年
小池聖一『満州事変と対中国政策』吉川弘文館、二〇〇三年
小林龍夫編『翠雨荘日記』原書房、一九六六年
小林道彦「高橋是清『東亜経済力樹立ニ関スル意見』と井上準之助」『北九州市立大学法政論集』第二九巻第一・二合併号、二〇〇一年一〇月
――――『政党内閣の崩壊と満州事変――1918~1932』ミネルヴァ書房、二〇一〇年
佐藤元英『昭和初期対中国政策の研究――田中内閣の対満蒙政策』増補改訂新版、原書房、二〇〇九年
幣原喜重郎「貿易の振興は刻下の急務」『台湾時報』第八三号、一九二六年一〇月

――――「支那問題概観」『外交時報』第五六〇号、一九二八年四月一日
――――「国際平和と世界の大勢」『外交時報』第六〇一号、一九二九年一二月一五日
幣原平和財団『幣原喜重郎』一九五五年
杉山祐之『覇王と革命――中国軍閥史一九一五‐二八』白水社、二〇一二年
高橋是清「全世界の門戸開放」『外交時報』第四三六号、一九二三年一月一日
「帝国議会貴族院議事速記録」『官報』号外
「帝国議会衆議院議事速記録」『官報』号外
『東京日日新聞』
中谷直司『強いアメリカと弱いアメリカの狭間で――第一次世界大戦後の東アジア秩序をめぐる日米英関係』千倉書房、二〇一六年
西田敏宏「東アジアの国際秩序と幣原外交――一九二四～一九二七年」（一）（二）、『法学論叢』第一四七巻第二号、二〇〇〇年五月、第一四九巻第一号、二〇〇一年四月
――――「ワシントン体制の変容と幣原外交――一九二九～一九三一年」（一）（二）、『法学論叢』第一四九巻第三号、二〇〇一年六月、第一五〇巻第二号、二〇〇一年一一月
――――「幣原喜重郎の国際認識――第一次世界大戦後の転換期を中心として」『国際政治』第一三九号、二〇〇四年一一月
――――「第一次幣原外交における満蒙政策の展開――一九二六～一九二七年を中心として」『日本史研究』第五一四号、二〇〇五年六月
――――「幣原喜重郎と国際協調――北京関税会議・北伐をめぐる外交再考」、伊藤之雄・中西寛編『日本政治史の中のリーダーたち』京都大学学術出版会、二〇一八年、所収
服部龍二『東アジア国際環境の変動と日本外交　1918‐1931』有斐閣、二〇〇一年
馬場明『日中関係と外政機構の研究――大正・昭和期』原書房、一九八三年
――――『日露戦争後の満州問題』原書房、二〇〇三年
原奎一郎編『原敬日記』全六巻、福村出版、一九六五年

原敬「帝国外交の近状」『外交時報』第三七四号、一九二〇年六月一日
深尾京司・中村尚史・中林真幸編『岩波講座　日本経済の歴史4　近代2　第一次世界大戦期から日中戦争前（1914-1936）』岩波書店、二〇一七年
細谷千博「ワシントン体制の特質と変容」、細谷千博・斎藤真編『ワシントン体制と日米関係』東京大学出版会、一九七八年、所収
「牧野伸顕文書」国立国会図書館憲政資料室所蔵
三谷太一郎『日本政党政治の形成――原敬の政治指導の展開』増補版、東京大学出版会、一九九五年
――――『ウォール・ストリートと極東――政治における国際金融資本』東京大学出版会、二〇〇九年
山本四郎編『寺内正毅内閣関係史料』上・下巻、京都女子大学、一九八五年
鹿錫俊『中国国民政府の対日政策　1931-1933』東京大学出版会、二〇〇一年
British Documents on Foreign Affairs: Reports and Papers from the Foreign Office Confidential Print
Buckley, Thomas H., *The United States and the Washington Conference, 1921-1922* (Knoxville: University of Tennessee Press, 1970)
Chandler P. Anderson Papers, Library of Congress, Washington, D.C., microfilm edition
Charles Evans Hughes Papers, Library of Congress, Washington, D.C., microfilm edition
Cohen, Warren I., "America's New Order for East Asia: The Four Power Financial Consortium and China, 1919-1946," in *Essays in the History of China and Chinese-American Relations* (East Lansing: Asian Studies Center, Michigan State University, 1982)
Dayer, Roberta Allbert, *Bankers and Diplomats in China 1917-1925: The Anglo-American Relationship* (London: Frank Cass, 1981)
Iriye, Akira, "The Failure of Economic Expansionism: 1918-1931," in *Japan in Crisis: Essays on Taishō Democracy*, ed. Bernard S. Silberman and H. D. Harootunian (Princeton, N.J.: Princeton University Press, 1974)
National Archives, Washington, D.C., RG 59
Papers Relating to the Foreign Relations of the United States

第Ⅲ部

総力戦・デモクラシー・帝国

第8章 失われた教訓
——第一次世界大戦が日本陸軍の用兵思想に及ぼした影響

齋藤大介 *SAITO Daisuke*

「物の一般的性質が根底に置かれていない限り、また特殊的性質がこれらの一般的性質に基づくのでなければ、我々は普遍から特殊を推及し得ない。」[1]

はじめに

軍隊は直前に戦った戦争の教訓で次の戦争に備えるという。たしかに、結果として見るならば、第一次世界大戦は、次の戦争の用兵[2]の趨勢を生み出したと言える。それは、形式としては戦車や自動車を組織的に戦場に投入して戦う機械化戦争であり、内容としては戦闘力を有機的に結合して敵の有機的連関を破壊する戦いである。この両者は不可分であり、英国陸軍のジョン・フリデリック・チャールズ・フラー（John Frederick Charles Fuller）によって「戦略的麻痺」[3]という概念で表明された。それは「指揮の破壊」と表現される、敵部隊の指揮機関の破壊により組織として機能不全に陥れることでその戦闘力を奪い、敗北に至らしめるという考え方である。この概念は第二次世界大戦において、ドイツ国防軍のいわゆる「電撃戦」[4]と用兵とソ連労農赤軍の「縦深作戦」[5]として実現されることになった。第一次世界大戦の用兵思想史上の教訓は、そのような戦い方が生まれたことといっても過言ではない。

この世界戦争に際して、日本陸軍は主戦場である欧州大陸の戦闘には直接参加しなかったが、多くの将校を戦地に派遣し、そこで行われている戦闘に関する情報を収集した。第一次世界大戦の用兵上の教訓は二つの系統で獲得され、分析された。その一つは陸軍省内に設けられた臨時軍事調査委員であり、他の一つは参謀本部であった[6]。多くの研究で指摘されているように、日本陸軍は、欧州の戦場の様相や各国の行動の観察から、勝敗は投入する物資の量によって決まるという認識を持ち、「国家総動員」によって国家の持てるあらゆる資源を効率的に戦争に用いる「総力戦」の遂行が必要であるということを政治的または軍事行政的教訓とした[7]。他方、用兵においても、陸軍省と参謀本部による仔細な観察は、第一次世界大戦が示唆した近代軍の戦争の遂行の様相をほぼ正確に描き出していた。しかしながら、全軍の運用、特に軍以上の大部隊の運用を規定する「統帥綱領」の改訂と、新しく開発された師団以下の運用を律するドクトリンである「戦闘綱要」の新規の作成を経て、導き出された諸教訓が反映されたとは必ずしも言い難い用兵の体系が現れた[8]。ここでは、日本陸軍の第一次世界大戦における戦場での戦いの様相に関する研究と、「統帥綱領」と「戦闘綱要」という形で表出したドクトリンの内容を吟味することで、第一次世界大戦が日本陸軍の用兵に及ぼした影響を明らかにすることを試みる。

1 日本の安全保障環境と帝国陸軍

日本にとっての第一次世界大戦後の安全保障環境は、戦前および戦中の環境の延長にあった。戦前からの満蒙権益の確保に加えて同大戦に乗じた中国本土への影響力の行使による対中関係の悪化、同じくソヴィエト・ロシアへの対応、それらと関連した対米関係の変化、そして資源の不足と産業の未発達が、日本が直面していた課題であった。

❖満蒙権益の確保と中国本土への勢力の拡張

一九一四(大正七)年八月、日本は第一次世界大戦に際して、日英同盟に基づき協商国側に立ち対独参戦した。日本陸軍は、火力を増強した一個師団を派遣して、膠州湾のドイツ軍の青島要塞を陥落させ[9]、その結果接収した膠州湾租借地とドイツが所有していた鉄道を占領した。翌一九一五(大正四)年、膠州湾を含む山東の権益を確保するため、日本は中国政府に対して「二十一ヵ条要求」を行なったが、その中には中国の主権を大きく損なう内容が含まれていた。それは米国をはじめ主要国の反対を受けたため、日本は、最終的に当該項目の内容を取り下げる形で中国に要求を受諾させた。この結果、日本は山東における既得権益を確保することができた一方、中国における反日感情が強まった[10]。この時期の中国は政治的に統一されておらず、日本は親日政権の樹立を目指して段祺瑞を首班とする北京政府を援助する方針をとっていた。しかしながら、段祺瑞が内紛によって失脚したことで、中国本土への積極的な関与は失敗に帰した。その後日本は満洲の軍閥である張作霖と提携し、満蒙権益の確保を図った。膠州湾租借地を含む山東問題は一九二一(大正一〇)年から一九二二(大正一一)年にかけて行われたワシントン会議において、日本が譲歩する形で決着した。その後、一九二六(大正一五)年、国民党は蒋介石のもと、国共合作下で北伐を開始、中国各地の軍閥を撃破し、武漢に国民政府を樹立した。さらに蒋介石は共産勢力を排除し、南京に政府を設置した。この北伐に対して日本は在留邦人の保護を目的としつつ、満蒙権益の保護も兼ねて山東半島に軍を派遣したが、それは中国の対日感情を悪化させた。一九二八(昭和三)年二月の第二次北伐に際して行われた山東出兵では、日中両軍が衝突し、双方の民間人にも死者が出たことで排日運動はさらに激化した。北伐の結果、中国の大半は国民党によって掌握され、日本の中国本土への勢力拡大は困難になるとともに、満洲の権益が脅かされることとなった[11]。

✣ソヴィエト・ロシアの状況

ロシアでは一九一七(大正六)年三月に帝政が廃されてソヴィエト政権が誕生した。これによって日本は日露協商に基づいて同盟関係にあったロシアを失った。翌年、帝政ロシア側に立ってソヴィエト政権と戦ったチェコスロヴァキア軍の救援を目的とするシベリアへの共同出兵が米国から日本に対して提案された。これを受け、日本は、米国の兵力七〇〇〇に対して、一万二〇〇〇の兵力を派遣した。米軍が撤兵した後も日本軍は東進を続け、最大時には七万を超える兵力を、シベリアを超えてバイカル以東にまで進めた。これによって日本に対する米国の不信はさらに高まったとともに、日本とソヴィエト政権との関係も悪化した[12]。この間、一九一九(大正八)年四月、満洲権益の保護の強化のため、関東都督府の機能が分離、廃止され、新たに民生部門の関東庁と満洲の防備を担任する関東軍司令部が設置された[13]。ロシアの欧州正面ではソヴィエト政権に対する反革命勢力の抵抗が行われていたが、極東地域においては、一九二一(大正一〇)年一〇月にソヴィエト政権はウラジオストクを掌握し、翌年一二月にソヴィエト連邦が成立した。一九二五(大正一四)年、ソ連と日ソ基本条約を締結し、同国を承認するとともに国交を樹立したが、コミンテルンを介して影響力を行使する共産主義の拡大は日本にとって大きな脅威と認識された[14]。一九二八(昭和三)年に開始された五カ年計画による重工業を中心とする産業振興策は軍備拡張を含んでおり、イデオロギーだけでなく、実質的にもソ連が脅威であることを日本に認識させることとなった。その一方で、革命後の混乱が続くソ連の状況から、第一次世界大戦が終わった段階では日本陸軍はその軍事力に対して低い評価を与えていた。

❖対米関係の変化

日本と米国の関係は、表面上は悪くなかったが、日本の中国における勢力拡大の意図やシベリア出兵に際しての協約違反もあり、米国は日本に対して不信感を募らせていた。その一方、一九一八(大正七)年に誕生した政党内閣が対米協調路線を取り始め、満蒙権益を除いて米国に譲歩することで両国の関係は静穏化した。しかしながら、一九二一(大正一〇)年のワシントン会議において主力艦の保有を制限する海軍軍縮条約が調印され、主力艦の保有量が制限されると、日本国内、特に日本海軍の中に不満が生まれた[15]。また一部には海軍の軍縮に影響を受けつつ、日本陸軍においても一九二二(大正一一)年とその翌年、そして一九二五(大正一四)年の三度にわたり兵力量を削減する軍備整理が行われた。とりわけ一九二三(大正一二)年一二月の「帝国国防方針」の改訂では、それまで第一の仮想敵国であったソ連に代わり、米国が第一の仮想敵国とされた。とはいえ、一九二〇(大正九)年には国際連盟に加盟し、ワシントン会議では日英同盟に代わる四国条約を締結するなど、政府の方針は依然対米協調であり、米国との関係は比較的安定していた。

❖資源と産業

第一次世界大戦における莫大な物量の戦場への投入は、「総力戦」という概念を生み出す契機であった。

戦争の遂行には国家の国力の全てを使用するだけでなく、それを平時において準備する「総動員」という概念が生まれた。この問題は日本陸軍においても早くから認識され、陸軍省のみならず用兵を司る部署である参謀本部においてもそれを指摘する報告書が作られたことは注目に値する[16]。この認識から日本陸軍が立案する形で、戦争が終結する前の一九一八(大正七)年三月に軍需工業動員法が制定され、併せて内閣総理大臣直轄の機関として軍需局が設置された。また、国内のあらゆる資源と産業力を統制して組織化することを狙って、一九二六(大正一五)年には陸軍内に整備局が設置され、また陸軍の働きかけで政府に資源局が設置され、国力の統制的使用に関する施策が進められた[17]。

✤小括

このように、第一次世界大戦後の日本陸軍を取り巻く環境は、満州における既得権益の維持と中国への関与を除き、比較的静穏であった。ソ連という新しい脅威が生まれつつあったが、この時期においてそれはそれほど影響を及ぼすものではなかった。日本海軍は米国との対決姿勢を前面に打ち出していたが、それは日本陸軍の主要な関心ではなかった。その一方、資源不足と産業の未発達は、主として軍備の観点から、一早く具体的な処置が取られつつあった。なお、第一次世界大戦以降、日本陸軍は青島における対独戦以外、主として在外邦人の保護や他国の軍隊の救援、あるいは進出地域の確保といった任務を遂行する辺境警備部隊として運用されていた。当時の日本陸軍の役割は政策を背後で支える物理的圧力であり、政治の延長としての戦争において戦場で戦う実力組織という性質は希薄であったと言えるであろう。このような安全保障環境の下、日本陸軍はどのような用兵の教訓を導き出したのであろうか。

2 陸軍省が認識した「戦術ノ趨勢」

陸軍省は、第一次世界大戦が始まった翌年の一九一五(大正四)年一二月に、欧州地域の戦争を体系的に調査するために臨時軍事調査委員を設置した。委員長には教育総監部に所属していた菅野尚一少将が就き、専任委員七五名、兼務委員四八名が任命された[18]。同委員は、三つの課から構成され、第一課は主として編制や制度、動員、補充、経理といった軍事行政を、第二課は外交、戦略、戦術、兵站などの運用に関わる事項を、第三課は兵器に関する事項をそれぞれ担任した。この第二課は、外交と「戦略戦術」を担任する第五班と、兵站、築城、運輸、交通を担任する第六班から構成された。第三課は、戦車、自動車、そして航空機などの機械兵器を担当した[19]。

用兵に関する事項を担当した第五班の報告の内容は、「戦略戦術」という項目でまとめられ、「一般ニ就テ」、「歩兵」、「騎兵」、「砲兵」、「工兵」、そして「輜重兵」の下位項目に区分された。その項目は総じて五二項目であった。そこでは、軍の運用や捜索、遭遇戦、陣地に対する攻撃、防御、追撃、退却といった各種戦術行動が取り扱われ、また、第一次世界大戦で先鋭化した、包囲、中央突破、迂回、並びに戦場の拡大とそれに適応する部隊運用の変化を示唆する内容が対象となっていた。特に、「縦長区分」という言葉で表される戦場において投入される兵力の縦深性は、第一次世界大戦の戦場で生まれた新しい用兵の基盤であった。

同委員は一九二三(大正一二)年に「作戦資材整備会議」に改められ、担任していた業務が引き継がれるとともに、日本陸軍の用兵を司る参謀本部第一部長が加えられる形で陸軍省単独の事業から発展し、解消した[20]。臨時軍事調査委員の情報収集の項目は広範多岐にわたり、編制、動員、補充、兵站、建築、経理、衛生、外交、戦略戦術、築城、輸送、兵器、器材など、総計三五五項目であった[21]。これらの収集項目は一九一六（大正五）年五月以降、「臨時調査委員月報」、それらを年度ごとに要約した「臨時軍事調査委員年報」[22]、そして各種の収集項目に関する総括的な意見として陸軍大臣に報告され、その後軍内並びに関係官庁に配布された。それらの最終的並びに体系的評価は、一九一七（大正六）年から五回にわたって改訂されて発行された『欧州交戦諸国ノ陸軍ニ就テ』[23]にまとめられ、列強に匹敵する軍備を保有する必要があるという結論が導き出された[24]。

これに対して、臨時軍事調査委員の用兵に関する研究の成果は、「各兵操典改正要項ニ関スル意見」[25]と『欧洲戦ニ於ケル戦術ノ趨勢』[26]という二つの報告文書にまとめられた。前者は、第一次世界大戦の教訓を各兵種の操典に反映する上での考慮事項の提言であり、後者は、当時の臨時軍事調査委員による同大戦の観察から類推した用兵上の趨勢に関する総合的な結論である。

❖「各兵操典改正要項ニ関スル意見」

第一次世界大戦が終結して間もない一九一九（大正八）年に発行された「各兵操典改正要項ニ関スル意見」は、第一次世界大戦の研究結果を国情や国民性、そして陸軍を取り巻く環境に照らして取捨選択して摂取するという基本方針のもとに編纂された[27]。本意見は、「起案ノ為採リタル基礎」、「戦闘威力構成ノ要素」、「戦闘状態変遷ノ要点」、「戦闘原則改正ノ要項」の四つの章から構成されている。

第一章の「起案ノ為採リタル基礎」では、本意見の前提が述べられている。その基礎とは、第一に、対象を戦場で第一線に配置される師団に関するものとするということ、第二に、敵は優良の編成装備を有し、それに対して短期に決着をつけることを企図するものの、戦争が長期化することを覚悟すること、そして第三に、これに対する自軍の編制は現有の装備を基準としつつ、機関銃や砲兵、高射砲、無線電信、偵察用航空機、十分に準備された縦深のある陣地の攻撃及び防御に必要な兵器等を装備する部隊の採用の検討を前提としていることであった。

ここで提言されている内容は、主として第一次世界大戦末期の西部戦線の観察から得た情報資料を日本陸軍の置かれた環境に即して取捨選択したものであった。その一方、当時一般的であった第一次世界大戦の西部戦線で生起した陣地戦は特殊な事象であり日本陸軍の作戦環境とは異なるという見解は否定され、第一次世界大戦の陣地戦における攻撃や防御、追撃、退却、遭遇戦等の諸戦術行動は日本陸軍の採用する戦い方の参考となるとして、その教訓の普遍性が認められ、摂取の正当化が図られた[28]。

第二章の「戦闘威力構成ノ要素」においては、戦力を構成する要素が、攻撃精神、指揮官の決心、士気、忍耐力、そして自律的精神に基づく責任感といった「無形的要素」と小銃、機関銃、野戦砲、航空機、戦車及びガスなどの「物質的要素」に区分された。そして、この両者の発達が必要であることが示されている一方で、後者の効果の発揮には前者が不可欠であるとされ、両者の相互補完性が指摘された[29]。

それらを受けた第三章の「戦闘状態変遷ノ要点」では、各種の戦闘行動に共通する火器の発達に起因して生じた現象のうち、「各種戦闘ニ共通スル重要事項」が記述されている。それらによれば臨時軍事調査委員が導き出した第一次世界大戦の用兵上の特徴である共通的な「新現象」とは、次の三つの状態である。その第一は、攻撃時に敵火の損害を回避し、突撃後の戦闘を継続する後方部隊を維持するために分散しつつ「縦長区分」を保持して戦う「疎開戦闘」である。第二は、敵との衝突後持続して生起する「決勝的乱戦状態」である「紛戦」である。そして第三に、「疎開戦闘」による戦闘力の分散を補い、「紛戦」による戦闘の長期化に対処するために諸兵種を統一して一つの目的に向かって相互に密接に協同しつつ、組織としての全能力を発揮する「諸兵種ノ協同」であった[30]。これら三つの「要点」に則り、次の第四章の「戦闘原則改正ノ要領」が続く。

本意見の結論とも言える第四章は、操典改正の際の「要項」の提示であるとともに、上記の認識や「要点」に基づく臨時軍事調査委員が考案した将来戦像である。まず、全体として、「戦闘一般ノ要領」では、拡大する戦場において敵の動向を察知するために、従来よりも大規模な騎兵と航空機を用いた「戦略偵察」が必要となるとされた。また、航空機が重要な役割を果たすことが予想されることから、「制空権」を獲得することが不可欠であるとともに、航空機は偵察のみではなく、空中戦闘や「爆弾攻撃」に使用されるとした。その一方、敵の航空機から防護するために、「空中防御」によって地上部隊や重要物を掩護することが要求された[31]。

地上の機動部隊に関しては、独立的な戦闘と戦力の重点への集中のための「各級指揮官以下ノ独断」と「部隊ノ戦術的機動」、それらを可能とする「通信連絡」と高等司令部の幕僚の重要性が指摘された。火力の運用は、歩兵火力の主体の小銃から機関銃への移行が指摘されるとともに、敵砲兵を無力化する「砲戦」のための砲兵火力の師団以上の単位での統一が必要となることから、複数の師団を指揮する「軍団」を戦略単位とすることの必要性が説かれた。その一方、火力による損害を回避するための「疎開戦闘」を支援し、彼我混交した交戦状態である「紛戦」に対応するため、砲兵は歩兵への密接な協力が必要であるとされた。このように、ここでは、第一次世界大戦の西部戦線において出現した、主として「陣地戦」に関わる諸現象に対処するための諸兵種や諸兵器または器材に関する個々の方策が網羅的に叙述された[32]。

それに引き続く各戦術行動の項目では、具体的な戦術行動が提示される。「攻撃」の項目においては、師団以下の攻撃は攻撃の進展が最も見込まれる正面から敵の縦深部に「穿入」することを基本とし、正面からの真面目な衝突を避けて「戦局発展」を重視する。敵の第一線を突破したのちも戦闘が継続することから、「縦長区分」を増大し、「予備隊」を用いて戦果の拡大に寄与させ、攻撃行動全般を通じて火力を発揮しつつ前進を継続する。この際には、砲兵は密接に歩兵の戦闘に協力することが必要となる。陣地を構築している敵に対しては綿密な偵察とそれに基づく周到な計画と十分な準備を行う。特に、縦深が大で組織的に防御された陣地帯に対する攻撃においては、優勢な兵力と多数の砲兵及び弾薬を必要とする「準備砲撃」を行うとともに、「タンク」を用いて敵陣地を克服し、或いは発煙や「瓦斯」を使用する[33]。

防御において師団は、築城によって火力の発揮を主眼とした陣地を構築して抵抗力を増大し、且つ、逆襲を準備して陣地内部において「決戦」を行う。長期間の抵抗を企図する場合は、数線陣地から構成される縦深ある陣地帯を構築し、抵抗の度合いを増す場合には、さらにその陣地帯を複数重畳して「数線陣地帯」を構成する[34]。「追撃」では敵の戦場からの離脱を阻止して「殲滅」させるため火力を発揮しつつ攻撃を継続する。状況が不利な場合に一時戦場を離脱するためには「退却」が必要となる[35]。

このように、臨時軍事調査委員の「各兵操典改正要項ニ関スル意見」において提示された将来戦の見取図は、独創的ではないが、日本陸軍が当時の最新の用兵の特徴を的確に認識していたことを示している。臨時軍事調査委員の報告は第一次世界大戦の西部戦線で出現した「陣地戦」の克服要領の解説であった。その一方、それが目指した未来の戦争を見据えた「国軍戦闘法ノ主要ナル改編事項及軍隊練成ニ関スル方針」と言えるほどには精錬されてはいない。臨時軍事調査委員は作戦の責任は統帥部に在りとし、新しい用兵を生み出す責任を参謀本部に帰した[36]。

✣『欧洲戦ニ於ケル戦術ノ趨勢』

もう一つの調査事項の総括である『欧洲戦ノ経験ニ基ク戦術ノ趨勢』は、一九二一（大正一〇）年五月から六月にかけて三巻構成で発簡された。第一巻は「総説」及び第一編「戦闘一般ノ要領」、第二巻が第二編「運動戦」、第三巻が第三編「陣地戦」となっている。「総説」において、第一次世界大戦の用兵上の趨勢が総括的に述べられた。その趨勢とは、戦闘力の機械化によって戦闘行動が変化し、「各兵種」は「戦闘目的」に向かって相互に協力して戦闘を遂行する、合理的な思考に支えられた攻撃精神に基づく、全体の目的の達成に寄与し得る「責任観念ニ樹立セル独断専行」による「疎開戦闘」が主流となったことである[37]。

第一編の「戦闘一般ノ要領」では、そのような全体的な趨勢のもとに展開される具体的な戦闘の様相が述べられている。第一次世界大戦では、従来の単に兵力を集中しただけの「恫喝的威力」による攻撃は知性ある敵には通用しないことが明らかになった。このため、資源を持たない日本にとっては、兵数に依らない「運動戦」によって敵を撃破することの必要性が説かれた。その一方で、第一次世界大戦の西部戦線を特徴づけた「陣地戦」による膠着状態が生まれる可能性は否定できないため、それを「欧洲戦特種ノ現象」として等閑視しないことが求められるとし、同大戦で出現した各種現象を教訓として学び取る必要があると提言された[38]。

これらを総括する結論部分においては、戦場の拡大が認識され、それに対する対応策が提言された。それらは、「縦長区分」という兵力の縦深性であり、その具体化の一つである「予備隊」の運用である。彼我共に縦深が増大した戦場では戦闘の帰趨は敵の第一線の撃破で決することはなく、敵の第一線陣地に突入したのちも「予備隊」を投入して戦闘を継続する必要があることから、独立的に行動し得る「戦闘群」による攻撃とそれを効果的に実現する、各兵種の機能を総合的に発揮させるための「各兵種協同」が必要であるとされた。その一方、火力の分散使用はその効力を減ずるため、それを師団以上の単位で集権的に運用することを同時に要求し、師団として諸兵が協同することの必要性が述べられた[39]。

第二巻の第二編「運動戦」においては、「運動戦」を野戦における軽易な攻防のうち、戦闘のための編成装備の改変を必要としない戦い方とし、移動中の部隊同士によって半ば突発的に生起するいわゆる遭遇戦や軽易な攻撃といった、比較的流動性が高い、準備をそれほど必要としない戦闘がそれにあたるとしている。敵の配備が少ない部署に対する「側面攻撃」と「包囲攻撃」が運動戦の中心であり、十分な準備より迅速性または速度が重視される[40]。これは日露戦争以来日本陸軍が採用してきた方法論であり、従来との違いは、歩兵部隊の「縦長区分」を増大して戦力を継続的に投入することと、戦闘の終始における砲兵の密接な協力、工兵による障害の排除、そして航空機による偵察と敵の縦深部に対する爆撃による第一線の掩護などが挙げられた[41]。この「縦長区分」を増大させた「運動戦」による攻撃は、第一次世界大戦の後半において効果的であったとされ、それが「千古不変ノ真理」であると結論された。

第三巻の第三編「陣地戦」では、それを特殊な戦闘形態ではなく、単に運動戦に比して十分な準備と資材が投入された戦いであると見做し、「運動戦ノ一般原則」が適用できるとされ、「運動戦」と「陣地戦」の同質性が強調された。その一方、「陣地戦」においては、「包囲包翼」が困難なことが多く、陣地線を複数重畳配置した「数帯陣地」に対しては、それらを「一挙」且つ「数方面ニ於テ同時」に突破する必要があるとし、「運動戦」との差異が指摘されている[42]。敵陣地突入後の戦闘は、「運動戦」に比して一層苛烈であり、そのため、「縦長区分ノ保持ハ『運動戦』ニ比シ一層緊要」であり[43]、また、砲兵の射程外においては、また、敵の防御組織を破壊する為には、戦車の協力が必要であるとした[44]。

第一巻の「総説」と「戦闘一般ノ要領」で指摘されている「縦長区分」の増大やその克服のための戦力の

縦深性を確保するための一つの手段である「予備隊」、独立的戦闘や諸兵種の協同は、何れも第一次世界大戦における「陣地戦」から生まれ出たものであった。そしてそれらこそが同大戦の用兵上の教訓であり、それらは『欧洲戦ノ経験ニ基ク戦術ノ趨勢』の第一巻と第三巻で指摘された。しかし、「運動戦」の重要性及び普遍性が過度に強調されることによって、「陣地戦」は単に規模または程度の問題とされた。「陣地戦」が提起した諸問題、特に戦場の縦方向への拡大とその克服は新しい用兵の基盤であったが、臨時軍事調査委員の総括的な結論において「陣地戦」と「運動戦」が同一視されたことで、それらの重要性が縮小された。

このように、臨時軍事調査委員は用兵に関する教訓を導き出した。しかしながら、陸軍省そのものの関心は、当然のことながら、物質的要素に向けられていた。そのことは、「調査委員総結論綱要」における「戦争諸資源ノ充実ヲ期スヘキ手段方法ヲ調査結論ス」[45]という記述や、第五版の「交戦諸国ノ陸軍ニ就テ」の結論部分で確認できる[46]。第一次世界大戦の観察から、今後の戦争は優秀な「軍備」が必要であり、それを実現化するには、物資や産業のみならず、人間も統制して動員することが不可欠であると同時に、それらの基礎となる資源を獲得することもまた重要な課題となる、つまり、「総力戦」に備えることが陸軍省としての主たる教訓となった。用兵上は、「陣地戦」を克服するための「縦長区分」の運用と火力の増強によって変化した「戦法」の変化に各兵科の戦術行動を適応させることがより一層大きな課題であったが、これらの分析の結果は日本陸軍全体の結論とはならなかった。

3　参謀本部による「戦術的観察」

参謀本部における第一次世界大戦の調査研究は、戦史編纂を任務とする戦史部、差遣将校による報告、そして、一九一六(大正五)年一月に参謀本部内に設置された田中義一参謀次長を会長とする軍事研究会によって行われた[47]。このうち、戦史部の成果は一九一七(大正六)年以降、逐次『欧洲戦争叢書』として発簡された。欧州差遣者の報告資料自体は確認できていないが、一九一四(大正三)年から一九二四(大正一三)の間で第一次世界大戦に関係する教訓収集で欧州に派遣された人数は延べ三一一人にのぼる[48]。その間の報告件数は、「制度」、「編制」、「教育」、「戦術」、「兵器」、「演習及射撃」、「雑」という項目に限定しても七三五件となる[49]。

❖事前の結論

参謀本部が派遣した視察者の報告は、同戦史部が編纂し発行した『欧州戦争叢書』やその特号に反映され、或いは逐次『偕行社記事』において紹介された。そこにおいて、教訓の導出における暗黙の規定があった。それは当時、参謀次長であった田中義一中将の考え方である。田中は、一九一九(大正五)年に、日本陸軍の機関誌である『偕行社記事』に掲載された「欧州戦研究ニ関スル著眼」という論考のなかで、過早に結論を導出することを禁じ、未だ情報が不完全な状態において一側面から観察した事象を濫りに結論として採用しないことを求めている。そして、研究においては、先入観や慣習的な判断に陥ることなく多方面から客観的に観察して事象の本質に迫ることが必要であり、過早な判断を下してはならないと述べている[50]。

過早な教訓の導出を戒めた田中であったが、一ヶ月後の『偕行社記事』への投稿論考において、従来唱えられてきた戦略と戦術上の原則に革命的変化は起きていないとして、自ら一つの結論を導き出した。さらに、欧州の戦場に現れた大量の物資と長時日の準備及び作戦を必要とする「陣地戦」は当時の日本陸軍の参考とならないことは明らかであると述べ、婉曲的に、「陣地戦」に関係する教訓を採用しないことを強要した[51]。

これは用兵の枠組を規定し、思考の幅を制限する重大な意見表明であった。その後の『偕行社記事』の多くの論考において、兵器などの変化はあるものの、従来の用兵はそのまま通用するという趣旨の見解が示されていることは[52]、この田中の規定の効果を表している。これら、田中による二つの規定、すなわち、過早な教訓の導出を禁じたことと用兵の枠組は変わらないとしたことで、参謀本部の教訓の導出が陸軍省の軍備や制度に関する教訓の導出に比して遅くなり、そして同時に思考の幅に制約が課せられた。

❖『世界大戦ノ戦術的観察』

参謀本部としての第一次世界大戦の用兵上の教訓の総括は、欧洲戦争叢書の特別号である『世界大戦ノ戦術的観察』[53]に表れている。それは、参謀本部の一部員による戦術的視点からの観察である。一九二四(大正一三)年に第一巻が欧洲戦争叢書特号第十九号として偕行社から発行され、最後の第五巻は一九二六(大正一五)年に発行された。そこでは、交戦形態の変化の様相から第一次世界大戦が三つの期間に区分された。一九一四(大正三)年九月から一九一五(大正四)年一〇月が第一期の「新戦法ノ揺籃時代」、一九一六(大正五)年から一九一七(大正六)年が第二期の「強襲戦法時代」、そして一九一八(大正七)年が第三期の「急襲戦法時代」である。

第一巻の「緒言」では第一次世界大戦は、使用兵力、並びに戦場の規模は前代未聞であることが指摘された。また、従来の「兵学界」で原則とされていた事項については変化していないが、新兵器の登場によって、戦術と築城において根本的に変化した事項は少なくないとされ、その変化が必ずしも無視できないものであることが指摘された。そして、西方戦場におけるドイツ軍とフランス軍の観察から戦い方がどのように変化したかを明らかにすることで、「新戦法」が発生した経緯を確認し、それらの教訓を咀嚼して摂取するという観察における基本的態度が示された[54]。

各時代の解釈は、第一巻の「新戦法ノ揺籃時代ニ於ケル総観察」、第三巻の「強襲戦法時代ノ回顧」、そして第五巻の「急襲戦法時代ノ一般観察」から確認できる。第一巻で取り扱われる「揺籃時代」は、複数の陣地戦を有する複数の陣地帯によって構成された縦深性のある防御陣地である「数帯陣地」の誕生と、それに対する従来の歩兵の「集団ノ威力」に頼る攻撃方法の終焉である。次の「強襲戦法時代」では、揺籃期に生まれた「数帯陣地」を克服するため、「攻撃準備砲撃」を必要十分以上に行い、陣地帯を破壊した後に攻撃を発起する「強襲戦法」が支配的であったとする一方で、それによって奇襲効果が失われたことが、戦線の膠着を招来したと結論付けられている[55]。他方、この期間は、膠着状態を打破するために「各種戦法」が変化した時期であり、「移動弾幕」や「戦闘群戦法」、「タンク」の使用など、翌年の「新戦法」の誕生に繋がったという評価が下されている[56]。

それらに続く第三期の「急襲戦法時代」では、陣地戦による膠着状態が一転して、予備兵力の転用を重視する「機動戦」[57]が重要度を増し[58]、奇襲的効果を失った「強襲戦法」の問題点を克服するため、短期間の準備砲撃によって陣地とそれに配備された守備兵力を分離することを画策する「戦略的奇襲」と、縦長配備と砲兵の推進によって敵の縦深地域に対する攻撃を行う「第二線兵団」による「決戦」が行われるようになったとされた[59]。この「急襲戦法」が第一次世界大戦の用兵上の最終形態とみなされ、それが欧州において、戦後の最重要な戦い方となっているとの認識が示された[60]。参謀本部もまた臨時軍事調査委員と同様に、縦深のある戦場で組織的に戦う敵を撃破することが新しい用兵の趨勢であることを認めたのである。

そして、「機動力」という「急襲戦法」を成立させた要素を用いた観察から交戦国の用兵が再検討された。その結果、ドイツ軍の機動力の主体は鉄道網、英国及びフランス軍のそれは、鉄道網が貧弱なために「自動車」であったことが西部戦線の膠着とその打破の原因であったと説明された。鉄道は輸送量が多い反面、端末地が固定されていることから、行動地域を事前に決定し得る攻勢において有利であるが、作戦地域の柔軟な変更は困難となり、防勢では不利となる。他方、自動車は、輸送量に制限があるものの、鉄道の端末地から離れた地域への兵力や物資の輸送が可能であるため、敵の攻撃に対して第二線兵団や物資を転用するに適していた。これらの観察から、「近代戦」は鉄道と自動車という不可欠な「戦争要素」を用いて遂行され、それらを用いた輸送法が「戦争進化の根本的要素」であると見做したうえで、戦争は材料戦であると同時に「輸送力戦」と化したと結ばれている[61]。つまり、「機動力」が第一次世界大戦において極めて重要な役割を果たしたことが認識された。

五巻にわたる戦術的観察の「結論」では、第一次世界大戦において現れた近代戦の様相とそこにおける最重要の要素の抽出が試みられた。ここでの「近代戦」とは、増大した砲兵火力と機関銃の火力からなる「偉大ナル火器威力」が、大兵力の集団的突進という「肉弾」によって戦う「旧歩兵戦術」を打ち破った戦いであり、それは「戦術ニ革命的衝動」を与えた現象であった。「数帯陣地」とそれに対する「強襲戦法」から「急襲戦法」に至る「戦術上ノ諸変遷」は、数と威力において増加する火器をどのように使用し、そして被害を軽減するかという問題を解決するために生じたとの見解が示された[62]。

その一方、「西欧」の戦場における部隊の移動、つまり、「機動」は地形の制約を受けるためにそれを「東洋ノ将来戦」に適応することはできないとした。その上で、「火器ノ威力」は洋の東西を問わず全く共通的な問題であり、第一次世界大戦の間に発達した火力とそれに伴う編成装備や訓練に関する変化は普遍性を持つとされ。採用すべき欧州の戦場での経験から得られる教訓は「火器威力」に限定され、戦場に兵力を推進するための「機動力」は排除された[63]。

そして、結論の最終部分には、これまでの議論を総括する形で、「未解決ノ問題」としての「軍隊ノ機械化」が論じられた。「科学ノ発達」によって強化された縦深ある防御を克服するために行われた「突破作戦」は、「砲兵火力ノ歩兵ヘノ随伴問題」であるとされ、その解決は、①砲兵の歩兵への随伴と歩兵の小口径砲の携行、②砲兵火力の射程の延伸、③前二者の併用、④戦車の使用によって図られたと指摘されている[64]。さらにここでは、英国陸軍のフラーの「一九一九年計画(Plan 1919)」の構想[65]が紹介されるとともに、将来においては、随伴砲兵としての戦車ではなく、戦車を主体とする軍隊が「戦術等ニ革命的変遷ヲ齎ス可能性」があり、そのような構想が存在することを看過することの危険性が指摘された。このように述べたうえで、筆者は、「軍隊ノ機械化」は、砲兵が時間計画に従って歩兵を支援する「旧方式」を駆逐し、両者の有機的な結合または協同という問題を解決する可能性を有する重要事項であると主張して研究を終えている[66]。

しかしながら、最終的には、戦闘方法が短期間に変化することが明らかになったとし、「将来戦ノ性質」は、使用する兵器が平時に予想され得ない以上、戦闘方法を平時に規定することはできず、それは戦時に戦場においてのみ発見されうるとし、用兵の在り方を事前に検討することの必要性が否定された。その一方、新兵器を用いた新しい戦い方が奇襲を生み出すと指摘され、戦術を開発するための「適当ナル研究機関」の必要性が提言された[67]。このような、田中の見解を踏まえたと思われる混乱した議論が展開されたことによって、結局日本陸軍が目指すべき用兵の輪郭が全く不鮮明になった。

これら五巻の「戦術的観察」は、一「作業者」による考察ではあるが、参謀本部において編纂され、『欧洲戦争叢書』として発行されていることから、当時の参謀本部の第一次世界大戦の理解を概ね代表しているものであると言える。ここでの記述の中心は、「火器威力」の増大とそれが「戦法」に及ぼす影響であり、また、砲兵火力と歩兵の連携の必要性の提言であった。戦場の「縦長性」とそれを克服する「第二線兵団」に関しては、それが「運動力」及び「機械力」と関係する問題であることから、特殊性を理由に退けられた。「観察」の結果、用兵上の重大な「変化」が見られたにもかかわらず、田中が『偕行社記事』において要求した通り、それに対応することは結論とはならなかった。

4　第一次世界大戦の教訓としての「統帥綱領」と「戦闘綱要」

陸軍省では一九一五年（大正五）年、参謀本部では一九一六（大正六）年から始められた日本陸軍における第一次世界大戦の用兵上の教訓の導出またはその観察の結果は、日本陸軍の軍以上の指揮の考え方を示した「統帥綱領」と、新たに師団以下の諸兵種協同の原則を定めた「戦闘綱要」に反映された。両者共に、数次の改訂または推敲を経て一九二八（昭和三）年以降に正式に制定され、その後の日本陸軍の運用を規定するドクトリンとなった。これまで見てきた日本陸軍によって導出された第一次世界大戦の諸教訓はどのような形でその用兵ドクトリンに摂取されたのであろうか。

❖「統帥綱領」

「統帥綱領」は、軍以上の大規模部隊の運用を規定する参謀本部が定めた日本陸軍の用兵上の最高規範である。なお。「統帥」とは、軍以上の大部隊の指揮を表し、師団以下の「指揮」と一応区分して使用されていた。「統帥綱領」が初めて制定されたのは、第一次世界大戦が始まった一九一四（大正三）年であった。その後、一九一八（大正七）年、一九二一（大正一〇）年に部分的改訂が行われ、一九二六（大正一五）年には「統帥綱領案」となり、最終的に、一九二八（昭和三）年の「統帥綱領」として成立した[68]。主な記載内容は、改訂によって多少の変更はあるものの、一九二一（大正一〇）年の「統帥綱領」を基準とするならば、「総則」、「作戦軍ノ編組」、「指揮」、「捜索」、「集中」、「会戦」、「特種戦」、「陸海軍協同作戦」、そして、「兵站」である。ここでは、軍以上の階層において第一次世界大戦の教訓がどの程度取り込まれたのかを、改訂による変化が大きい「指揮」及び「会戦」に関する項目並びに、同大戦の教訓である「陣地戦」、「第二線兵団」に注目して確認する。

第一次世界大戦から導き出された教訓が反映され出したのは、先述の臨時軍事調査委員の提言や本文の内容から、一九一八（大正七）年の「統帥綱領」[69]（以下、「統帥綱領（大正七年）」と表記する）からだと推察され得る[70]。その改訂では、参謀本部は検討中であった師団の上位の指揮階梯である軍団が採用された[71]。師団と軍の中間に位置する指揮単位である「軍団」は、第一次世界大戦の観察において日本陸軍が注目した編制上の組織であり[72]、それは「陣地戦」において戦術単位である師団を有機的に運用する役割を果たす存在であった。軍団は、当時の日本陸軍においては、「陣地戦」への対応のための編制であると理解されていた[73]。しかしながら、この「軍団」の採用は見送られ、一九二〇（大正九）年の陸軍大臣への臨時軍事調査委員への高等司令部の編制改正に関する意見の提出では、「軍団」は使用されなかった[74]。一九二一（大正一〇）年の「統帥綱領」[75]（以下、「統帥綱領（大正一〇年）」と表記する）では、結局、「軍団」を常設の単位とすることは採用されず、一九二六（大正一五）年以降、「統帥綱領」では軍の下位の指揮単位は師団とされた。

「統帥綱領（大正七年）」の「会戦」の項目の中には、先述の「運動戦」と「陣地戦」という区分が設けられている。「運動戦」の定義は明確に記されていないが、「陣地戦」が綿密な計画と周到な準備よる数線の陣地帯に対する攻撃であることから[76]、それは、攻撃精神の発揮と迅速な行動によって敵に精神的打撃を与え、防御を行わせないようにすることで[77]、「敵ニ運動ヲ強」いて「迅速ナル決戦ヲ求」める戦い方[78]であると推察されうる。これらの表現は先述の『世界大戦ノ戦術的趨勢』における認識と同様、軽易な準備で迅速に攻撃または防御を行うことが「運動戦」であり、周到な準備の上でそれらを行うことを「陣地戦」としていたことを示している。その上で、戦闘の早期決着を図るためには「勉メテ戦局ヲ運動戦ニ誘導」するとされ、「陣地戦」に対して「運動戦」を優先する立場が表明されている。その両者において、新たに採用されているのが「第二線兵団」の運用であり、軍以上の部隊における縦深戦力の運用の重要性が認識されている。縦深が増大した戦場において戦われる「陣地戦」では、「第二線兵団」は敵の陣地線を突破し、或いはその効果を拡大するための重要な手段とされた[79]。

一九二四(大正一三)年に参謀本部から陸軍省に対して、「統帥綱領」の改定に関する意見照会がなされ、それに対して陸軍省は翌一九二五(大正一四)年一月に参謀本部に回答した[80]。陸軍省は、全般として、軍以上の指揮及び運用に関する事項が抽象的であり、軍、方面軍、そして最高統帥の差異が不明確であること、そして、「帝国軍ノ戦法」が明らかでないことを指摘し、それらの改善を要求した[81]。そして、航空隊、戦車、毒「瓦斯」、防空、「大砲兵団」といった第一次世界大戦の結果生まれた新兵器の運用の基準を「統帥綱領」に明示すべきであり、精神的要素に関する記述が多く、具体的な内容が少ないことに対して不同意が示された。

一九二五(大正一四)年に「統帥綱領」の改正に携わった参謀本部第一部第二課の鈴木率道少佐の覚書には改訂における留意事項が述べられている。それらは、第一次世界大戦の教訓に基づき航空、防空、そして戦車等の運用に関し具体的な記述が可能となったこと、後述する「戦闘綱要草案」等の新しい典令が制定されつつあること、その一方、それらが統帥部の考える作戦の方向性と乖離しつつあることである[82]。鈴木少佐は、軍以上の高級指揮官及びその幕僚に対する指揮上の一般的指針を明らかにすること、「国防方針」及び「用兵綱領」の改正内容と整合させること、新しく制定される師団における諸兵種の協同を律する「戦闘綱要」やその他の典範の「根源」とすること、大兵団の運用の特色を明らかにすること、そして、新編の戦車部隊、改編される航空及び砲兵部隊等の運用の概要を律することなどを「統帥綱領（大正一〇年）」に改訂を加える根本的な方針とした[83]。

一九二六（大正一五）年一二月、鈴木少佐の手により起案された「統帥綱領案」[84]の冒頭には、陸軍省の見解や鈴木少佐の覚書の内容が反映された改定の趣旨が記載されている[85]。「統帥綱領（大正一〇年）」からの変更箇所は「側線」を以て表示されており、そこから、字句や表現の修正を含め、三分の二近くの修正が行われたことがわかる。

陸軍省が指摘した「帝国軍ノ戦法」に関しては、「陣地戦」の項目において、「第二線兵団」は、「方面軍」において編成され、会戦の進捗に伴い戦局の有利な正面にそれを投入することで会戦の大局を決することが基本的な戦い方であるとされた。なお、第二線兵団は、軍以下においては、「独立軍」の場合は状況により設け、方面軍と同一地域で作戦する「中間軍」では設けられないとされ[86]、基本的に、「第二線兵団」の運用は方面軍以上の領域に関わる事項であることが示された。

この鈴木少佐による「統帥綱領案」は、「用兵の機略」や「速戦速決」、「殲滅戦」、精神力などを重視する河合操参謀総長の見解を踏まえ、一九二六（大正一五）年一二月に新たに参謀本部第二課長となった小畑敏四郎中佐による指導のもと、一九二八（昭和三）年の「統帥綱領」[87]（以下、「統帥綱領（昭和三年）」と表記する）として完成した[88]。ここでの変化は、それまで設けられていた「運動戦」と「陣地戦」という区分が消失し、「運動戦」の内容が記述の主体となるとともに、「陣地戦」は「堅固ナル陣地ノ攻防」として、河川や山地における戦闘や退却と並ぶ「特異ノ作戦」に分類され、また記述の分量が減少したことである[89]。「第二線兵団」に関する記述に殆ど変化は見られないものの、「陣地戦」の扱いが小さくなったことで、自ずとその重要性は減少したように考えられる。

このように、「統帥」の領域においては、第一次世界大戦の教訓としての「第二線兵団」はドクトリンに摂取されたが、それが記述された項目と重要度に連携して、それほど高い地位を与えられた訳ではなかった。むしろ、統帥においては、軍以上における積極的な砲兵火力の運用、そして航空部隊の運用が強調される形となった。その一方、精神的要素の強調が見られるようになった。同大戦を特徴づけた「陣地戦」、つまり、周到に準備した敵に対する、様々な工夫や思考の継続、又は中長期的な先見性を必要とする戦いの場は一種の特別な状況とされた。このことは、豊富な資源を持たないという環境を反映した「帝国国防方針」が規定した早期に戦争を終結させるという要求[90]の具体化であり、自国の能力の正当な認識ではあった[91]。しかし、それは、これまで日本陸軍が行ってきた研究が明らかにしてきた用兵上の趨勢の変化の無視でもあった。

❖「戦闘綱要」

師団以下の運用を律する「戦闘綱要」[92]は、「戦略単位」である師団の運用を定めた「統帥綱領」と各兵操典の中間に位置する典範であり、第一次世界大戦の教訓がその制定を後押しした形で成立した。その成立の過程において、フランスやドイツの大部隊運用のための教令を参考に[93]、日本陸軍が導き出した用兵上の教訓のうち、「諸兵種ノ協同」が具体的に取り込む努力がなされた。その制定の目的は、「運動戦」における軍内の師団の行動を規定し、運動と独立的判断に基づく「東亜ノ大陸ニ於テ速戦速決ノ要求ヲ充足」する諸兵種協同の戦闘原則を確定することにあった[94]。「戦闘綱要」における「運動戦」は、それまでの研究の内容とほぼ同じであり、具体的には、①戦場における敵の包囲とその撃滅、②独立的判断による運動力の増強、③戦闘力の要点への集中、④敵の弱点への働きかけ、⑤夜間攻撃の重視、⑥歩兵に対する砲兵の密接な協力、の六つの要素を満たす戦い方である[95]。

成案の発簡は一九二九(昭和四)年であったが、そこに至るまでには数次の研究案が存在した。現在確認できているのは一九二三(大正一二)年一〇月の「諸兵戦闘原則案(第一案)」[96]、その翌年、一九二四(大正一三)一〇月の「戦闘綱要案」[97]、一九二五(大正一四)年三月の「戦闘綱要案原稿」[98]、そして、一九二六(大正一五)年の「戦闘綱要草案」[99]である。これらは教育総監部によって編纂されたことから、そこには陸軍省、特に臨時軍事調査委員の教訓が多分に含まれていると見てよいであろう。

新しい教範の準備は一九二二(大正一一)年末の「諸兵種連合ノ戦闘原則書」の策定を目的に始められ[100]、当初は「諸兵戦闘原則」という名称で、「歩兵操典」及び「歩兵操典案」の第二部に記された「戦闘原則」を基礎として、陸軍歩兵学校において起草された[101]。この「諸兵戦闘原則」は、構成上の修正がなされたうえで、一九二四(大正一三)年に「戦闘綱要案」という題名に改められた。これ以降、諸兵種協同の戦闘原則には「戦闘綱要」という名称が使われることとなった。

その編纂の方針の要点は、①現行の編制及び装備を基礎とする、②「歩兵操典草案」の第二部を基幹とし、そこに各兵操典の中から「諸兵種連合」の戦闘に直接関係する事項を摂取し編合する、③「国軍独特ノ綱領」を掲載する、④「諸兵戦闘原則」の理解を深めさせるために各兵種や機関の性能に関する概括的説明を記述する、⑤記述の主体を「戦略単位タル師団」としつつも、⑥それが有する諸関係及び原則の由来を理解させるために「軍」が主宰する「会戦」の一般的要領を略述する、⑦「形而上ノ要求ヲ高調」する、であった[102]。

審議及び編纂の過程においては、各兵監部、実施学校等からの意見の聴取が行われ、それらにおいて多くの問題点が指摘された[103]。その主要な論点の第一は、「戦闘綱要案」が想定する敵の物心両面の素質が自軍と同等かそれよりも若干優良とする独善的な前提に対する批判であった。欧米列強のように優良の編成装備を有し、かつ、新しい戦い方を採用する敵に対して勝利しうる最善の「戦闘法」を基礎とすべきであるという見解がそれに対立した。次いで、師団と軍との関係が不明確であること、第三に、騎兵を主体とする戦闘の記述の必要性、第四として、各兵種の特性に関する記述の可否、第五として、「運動戦」と「陣地戦」との区別の不明確さ、そして最後に戦車の運用が議論の的となった。

第一の点、すなわち敵の素質に関し、審議委員会は、「歩兵操典草案」との整合性を理由にその意見を退けた[104]。この背景には、当時の日本陸軍において、自軍が欧州の先進諸国並みの編制装備を持つことができない以上、素質優良な敵に対する「戦法」を創造するのは不可能であるという考え方が存在した[105]。歩兵以外の兵種及びその協同に関する第二及び第三の論点は、それらの問題は師団より上位階層の単位である軍の運用に関わることであり、それが「歩兵操典草案」の第二部を基盤としていることに起因していた。これらの問題に対して審議委員会は参謀本部との合同で編纂することで解決を図ることとした[106]。第四の諸兵種の特性の明示と保全の間の緊張関係は、教育総監の指摘もあり、記述自体が削除されることで解決が図られた。第五の点は、「陣地戦」という項目の削除を求める意見であったが、これに対し審議委員会は、「陣地戦」は第一次世界大戦の教訓として導出された「急襲戦法」の採用を意味しているとともに、当時の「統帥綱領(大正一〇年)」との整合を考慮する必要があることから、その意見を退け、「陣地戦」の概念を採用した。戦車に関しては、編制装備が決定していない以上、その運用を具体的に記述することはできないとしつつ、その後の「戦闘綱要草案」において、戦車の運用に関する記述は大幅に加筆された[107]。

これらの審議や意見聴取、教育総監の指導、そしてそれらの反映の末、「諸兵戦闘原則」として始まった「諸兵種ノ協同」という第一次世界大戦の教訓の用兵面への取り込みは、一九二六(大正一五)年、暫定的に「戦闘綱要草案」として制定された。「戦闘綱要草案」は、第一次世界大戦の研究に基づく、「革新」的な諸兵連合戦闘に関する戦闘原則である。それは従来の「歩兵操典」の「第二部」に、各兵操典から関係する部分を取捨して編合することによって形成された[108]。「運動戦」を基調としつつも、第一次世界大戦によって明らかになった「陣地戦」の概念も同等の重みを持って記述された。本教範は師団という諸兵種協同の部隊の運用を律するものであり、これによって日本陸軍は総合的な戦術次元の用兵思想を獲得した。

一九二八(昭和三)年、「戦闘綱要草案」が「戦闘綱要」として成案化されるにあたり、「戦闘綱要編纂委員」が設置された[109]。委員は陸軍省、参謀本部、教育総監部、そして陸軍航空本部から任命された。本委員会における議事内容に関する史料は確認できていないが、前原透によれば、当時の参謀本部の見解が強く反映された[110]。

「戦闘綱要草案」と「戦闘綱要」の差異の重要な点は次の二点に要約される。その第一は、日本陸軍の「独特」の用兵を表明するとされる「綱領」において精神的要素が重視され、物質的要素が軽視されたことである。「戦闘綱要草案」の「綱領」の「第二」には、「戦捷ノ基礎ハ精神的威力ト物質的威力トノ結合タル戦闘威力ヲ敵ニ優越スル如ク運用スルニ在ル」[111]とし、精神的要素と物質的要素の重要性は同等であるとされていた。これに対し、「戦闘綱要」の「綱領」の同じ項では、「必勝ノ信念堅ク……攻撃精神充溢セル軍隊ハ物質的威力ヲ凌駕シテ戦捷」[112]を獲得し得るとし、物質的要素に対する精神的要素の優越が表明された。これは、「戦闘綱要」の成案化に先立つ一九二八(昭和三)年の「歩兵操典」の改正に伴う決定であり、下位の規範で採用された「綱領」の共通部分が各典範令に採用された[113]。第一次世界大戦の研究の結果明らかになった自軍と欧州先進諸国の軍隊との編制及び装備といった物質的要素の隔絶は、優良装備の敵と戦わないことと精神的要素の拡充によって補うこととされたのである。

相異の第二は、「諸兵種ノ協同」や戦車の使用、或いは、「疎開戦闘」、或いは「予備隊」の重要性といった、第一次世界大戦が示した近代戦の特徴を生み出した「陣地戦」の記述の比重が低くなったことである。「戦闘綱要草案」では、「運動戦」を主体としつつも、「陣地戦」もまた同等の重みをもって並列して記述されていたが、「戦闘綱要」では、「陣地戦」の記述が他の主要な戦術行動の後に位置付けられた[114]。「運動戦」は「遭遇戦」と同等とされ、「遭遇戦」の経過とそこでの指揮手順や行動が基準とされた[115]。これは「速戦速決」の要求と「陣地戦」は日本の戦略環境においては生起する蓋然性が低いという判断に基づいていた。「陣地戦」の記述の階層が低下させられ、また、内容も少なくなったことは、それに関連する師団を超越した砲兵の運用や「第二線兵団」による決戦といった諸教訓が必要とされるに至った文脈の喪失を意味した。

これら二つの小さな変化は、それまで、十年以上にわたって行われてきた第一次世界大戦の教訓の矮小化を招いたと言える。「諸兵戦闘原則」から始まり、「戦闘綱要案」、「戦闘綱要草案」、そして成案である「戦闘綱要」への変遷の過程において、日本陸軍の固有の環境に適合化させられることで、同大戦の用兵上の教訓は徐々に排除されていった。その過程において、「運動戦」が重視される一方で「陣地戦」の意義は相対的に低下し、教訓は師団における歩兵を中心とする「諸兵種ノ協同」という方法論に集約された。そして、自軍よりも強力な敵と戦わないとすることで、現有の制度や編制を大きく変える必要はなくなり、従来の用兵を継続して用いることが可能となった。日本陸軍は、用兵における変化を生んだ「陣地戦」から距離を置くことで、新しい時代に必要とされる縦深での複雑な戦闘という困難な、しかしヨーロッパの軍人が熱心に取り組んだ問題から自らを解放した。

5　結論

カントの哲学に影響されたクラウゼヴィッツは戦争の探求にあたり、「戦争においては、種類を異にする二通りの活動、即ち闘争に備えるための活動と闘争そのものとを区別する必要がある」[116]として、思考対象の分類を行なった。彼は、戦争という複雑な現象を理解し、正しい問いと正しい答えを導き出すには、そのような概念による区分を必要とした。

部分観察を集積した臨時軍事調査委員の調査に基づく陸軍省の用兵上の教訓は、最終的に、疎開戦法の採用、諸兵種の協同、そして火力の増強に集約された。その一方、それらを生み出した縦深のある敵の配備や、そこにおける逆襲による抵抗を克服しなければならない「陣地戦」という用兵の背景の重要性は低下させられた。個別の情報は大量に収集されたが、それらが総体的な知識の体系として構築されることはなく、教訓は「素質劣等な敵」と戦うための師団以下の用兵ドクトリンとして従来の用兵に付加される形で「戦闘綱要」に影響を及ぼした。他方、参謀本部は、第一次世界大戦の交戦形態の推移を辿り、その特徴の変化を、調整された大量の火力によって敵陣地を逐次破壊していく「強襲戦法」から、敵に準備の暇を与えず、且つ、運動力を用いて攻撃を継続する「急襲戦法」への変遷と捉えた。最終的に参謀本部は、同大戦末期に現出した「急襲戦法」を重要視し、そこにおける「第二線兵団」の重要性に関心を向けた。しかし、日本陸軍の作戦地域の状態と現有装備という現状が重視された結果、「急襲戦法」とそれへの対応に不可欠な「機動力」が教訓から排除され、「火器威力」のみが未来の用兵の主たる要素とされた。これによって歩兵の行動の範囲に収まる従来の用兵の枠組みが維持され、軍以上の大兵団運用の「統帥」は従来の状態から大きく変化することはなかった。

端的に言って、第一次世界大戦の最大の用兵上の教訓は研究とその成果の採用の過程において失われた。日本陸軍においては物量の準備を旨とする「総動員」や「総力戦」という「闘争に備えるための活動」に対する影響に比して、第一次世界大戦が生んだ用兵上の趨勢の影響は小さかったと言ってよいであろう。自軍の現状の変更を伴わない範囲で教訓を部分的に採用したことで、用兵が大きく変更されることはなかった。総動員によって得られる兵力を第一次世界大戦以前の戦い方に追加することがその後の日本陸軍の用兵となったのである。「闘争そのもの」に関する大戦の教訓はようやく一九四三(昭和一八)年の「統帥綱領草案」において表れたように思われる[117]。「会戦ノ成敗ハ軍ノ背後ニ決」するという認識のもと、戦場の全縦深における戦闘の遂行の必要性が明示されたが[118]、それは個人作成の文書に留まり、日本陸軍全体の理解とはならなかった。

おわりに

日露戦争の用兵の教訓、すなわち砲兵を中心とする火力を増強する必要があるという認識は、第一次世界大戦における膠州湾のドイツ軍の青島要塞の攻略に適用された。日本陸軍は増強された一個師団を派遣して火力主体で戦った。この第一八師団は従来の歩兵師団に比し、大幅に砲兵火力を付加されていたが、それは日露戦争の分析から得られた教訓の反映であった。日本陸軍は砲兵火力の重要性を認識し、編制装備、そして運用の改良を行なっており、青島要塞の攻略はその運用の実効性を試す場という側面もあった[119]。要塞を攻略した第一八師団の攻撃は日本陸軍が考えていた未来の戦い方であり、「近代戦の見本」でもあった〔120〕。しかしながら、最近の研究が明らかにしているように、火力重視という考え方は日本陸軍の主流とはならなかった。もう一つの教訓である諸兵の協同、特に歩兵と砲兵の協力という教訓によって、歩兵に直接的に資することが火力の役割と認識されることで、歩兵を戦闘の基準とする従来の戦い方は維持されたのである〔121〕。前の戦争の教訓は、その戦争が提示した戦いの様相を調査研究する過程やそれを用兵に転換する際の状況によって形作られるが、必ずしも次の戦争に指向されていないということがありうるのである。

註

1――カント、篠田英雄訳『純粋理性批判(中)』岩波書店、一九六一年、三一四頁。

2――日本陸軍が用いていた戦うことを意味する表現である。これは、クラウゼヴィッツが定義する「本来の意味における戦争術」、つまり、「与えられた手段、即ち武装され装備された戦闘力を闘争において使用する術」に相当する概念であり、戦争の準備を含まない、戦場または戦域における軍の采配のこと。この言葉が適用される領域は、交戦者の総力が投入される戦争(war)ではなく、その軍事力、特に実際に戦闘に従事する部隊が交戦する武力戦(warfare)である。クラウゼヴィッツによる「戦争術の区分」については、クラウゼヴィッツ、篠田英雄訳『戦争論(上)』篠田英雄訳、岩波書店、一九六八年、一四〇〜一四五頁を参照のこと。

3――Christopher Bellamy, *The Evolution of Modern Land Warfare: Theory and Practice*, London: Routledge, 1990, p. 91. フラーの考え方は論文J. F. C. Fuller, "The Principles of War, with Reference to the Campaigns of 1914-1915.," *The Journal of the Royal United Service Institution*, Vol. LXI, No. 441, February, 1916, pp. 1-40. に収められている。

4――戦車を中心とする装甲部隊による縦深への突破と奇襲とその集中使用による波状攻撃によって「戦争を早期に集結させるように、完全に、迅速に、そして全体的に諸会戦に勝利すること」を目的とした戦い方。Heinz

Guderian, translated by Christopher Duffy, *Achtung-Panzer!: The Development of Tank Warfare*, Cassell, 1992, p. 205.

5——トハチェフスキーやトリアンダーフィロフによって生み出された、長期化し大規模化する近代の戦争を決定的に解決することを目的とした、拘束と打撃の連続的かつ有機的な連携による作戦的な衝撃を生み出すことを狙った用兵。Shimon Naveh, *In Pursuit of Military Excellence: The Evolution of Operational Theory*, Oxford: Frank Cass, 1997, pp. 183-189.

6——葛原和三「帝国陸軍の第一次世界大戦史研究——戦史研究の用兵思想への反映について」防衛省防衛研究所『戦史研究年報』第四号、二〇〇一年三月、三四〜三六頁。

7——黒沢文貴『大戦間期の日本陸軍』みすず書房、二〇〇〇年、纐纈厚「臨時軍事調査委員会の業務内容——『月報』を中心にして」『政治経済史学』日本政治経済史研究所、第一七四巻、一九八〇年一一月、四三〜六〇頁、葛原和三、前掲書。

8——片山杜秀『未完のファシズム——「持たざる国」日本の運命』新潮社、二〇一二年、一二八〜一四〇頁。片山は、日本陸軍は、「総力戦・補給線・長期戦」、或いは「機械化戦」に代表される近代戦の様相を理解した故に、その実行を不可能と認識し、素質劣等な敵を対象とした、精神力で物質的威力を凌駕する「密教」的な用兵ドクトリンが作られたと指摘している。

9——斎藤聖二『日独青島戦争——秘大正三年日独戦史別巻2』ゆまに書房、二〇〇一年、一二七〜一三七頁。

10——細谷千博『両大戦間の日本外交——一九一四〜一九四五』岩波書店、一九八八年、一九〜三七頁。

11——川田稔『戦前日本の安全保障』講談社、二〇一三年、一四三〜一五二頁。

12——富田武『戦間期の日ソ関係——一九一七〜一九三七』岩波書店、二〇一〇年、一三〜二六頁。

13——中山隆志『関東軍』講談社、二〇〇〇年、三八〜四二頁。

14——イアン・ニッシュ、関静雄訳『戦間期の日本外交——パリ講和会議から大東亜会議まで』ミネルヴァ書房、二〇〇四年、七六頁。

15——麻田貞雄『両大戦間の日米関係——海軍と政策決定過程』東京大学出版会、一九九三年、一五四〜一六〇頁。

16——参謀本部『帝国国防資源』一九一七年。「戦争ノ成敗ハ宛然経済戦ノ結果ニ依リテ決セラレントスル」という基本的な態度のもと、国家総動員のための統制経済の必要が説かれている。本資料は当時参謀本部に在籍した小磯国昭によるとされている。なお陸軍省側からは翌一九一八(大正七)年に臨時軍事調査委員の「物質的国防要素充実ニ関スル意見」、その後の一九二〇(大正九)年には「国家総動員に関する意見」として、それぞれ国力の統制及び動員に関する見解が表明されている。

17――荒川憲一『戦時経済体制の構想と展開――日本陸海軍の経済史的分析』岩波書店、二〇一一年、二九~三三頁。纐纈厚「総力戦と日本の対応――日本型総力戦体制構築の実際と限界」『総力戦の時代(検証太平洋戦争とその戦略1)』中央公論新社、二〇一三年、九七~一二〇頁、九九~一〇二頁。

18――葛原、前掲書、三五~三六頁。

19――「臨時軍事調査委員解散顛末書(大正十一年三月三十一日)」JACAR. Ref. Ref C03025405OO、大正一三年「欧受大日記3冊之内其3」(防衛省防衛研究所所蔵)附表第一其一「調査委員編制及業務分担表」。

20――陸軍省軍務局軍事課「制度調査委員設置ノ件中改正並委員長へ訓令ノ件(大正一二年一二月)」(JACAR. Ref. C03022645200、密大日記大正13年5冊の内一冊(防衛省防衛研究所所蔵))。

21――葛原、前掲書、一四~一五頁。黒沢文貴「帝国陸軍の第一次世界大戦史研究」小林道彦・黒沢文貴編著『日本政治のなかの陸海軍――軍政優位体制の形成と崩壊1868~1945』ミネルヴァ書房、二〇一三年、三四~三五頁。

22――一九一七年(大正六)年から一九二一(大正一〇)年の間、第一から第五の年報が発簡された。「第五年報」の発行部数は一二九四部にのぼり、陸軍省、参謀本部、教育総監部の中央機関、陸軍技術本部、各師団などに配布された。なお、他省には配布されなかった。「臨時軍事調査委員第五年報配布ノ件(大正十年三月一四日)」(JACAR. Ref. 03025213700、大正一〇年「欧受大日記自1月至3月」)。

23――これは、一九一七(大正六)年に初版と再版、一九一八(大正七)年に第三版と第四版、そして一九一九(大正八)年に第五版と版を重ねて発簡され、逐次内容が充実していった。なお、第三版以降、題名が『交戦諸国ノ陸軍ニ就テ』となった。

24――臨時軍事調査委員『参戦諸国の陸軍に就て(第五版)』一九一九年、一四三頁。

25――臨時軍事調査委員「各兵操典改正要項ニ関スル意見」一九一九年。

26――臨時軍事調査委員『欧洲戦ニ於ケル戦術ノ趨勢(第一巻)』偕行社、一九二一年、同『欧洲戦ニ於ケル戦術ノ趨勢（第二巻）』偕行社、一九二二年、同『欧洲戦ニ於ケル戦術ノ趨勢（第三巻）』偕行社、一九二二年。

27――臨時軍事調査委員「各兵操典改正要項ニ関スル意見」緒言。

28――同、一〜三頁。

29――同、四〜二七頁。

30――同、三一〜六九頁。

31――同、六九〜七五頁。

32――同、七七〜一〇五頁。

33――同、一二一〜一六三頁。

34――同、一六七〜一八二頁。

35――同、一八四〜一九〇頁。

36――同、一九六〜一九七頁。

37――臨時軍事調査委員『欧洲戦ノ経験ニ基ク戦術ノ趨勢（第一巻）』一〜三五頁。

38――同、七五〜七六頁。

39――同、一二一〜一二二頁、一二九頁、一三九頁。

40――臨時軍事調査委員『欧洲戦ノ経験ニ基ク戦術ノ趨勢（第二巻）』一〜八頁。

41――同、一二〜一八頁、五九〜六八頁。

42――臨時軍事調査委員『欧洲戦ノ経験ニ基ク戦術ノ趨勢（第三巻）』一〜五頁。

43――同、八三頁。

44――同、一一八〜一一九頁。

45――「臨時軍事調査委員解散顛末書」第五節。

46――そこでは、「貴重なる大戦の教訓に基き戦後に於ける列強の軍備の大勢に順応し我も亦一層合理且賢明なる軍備充実を遂げ以て国家の基礎を益々確立せざるべからず」とされ、そのために、「国民の精神的結合を第一の要義とし、次に現代戦争の要求に適する如く国家総動員の準備を整え国軍の編制装備を改善し……国軍の精鋭無比を期する」とともに「国力の増進就中工業原料供給の途を確保して産業の発達を図り経済戦に於て優勝の地歩を獲得する」と述べられている。陸軍省「交戦諸国ノ陸軍ニ就テ（第五版）」、一九一九年、一四二～一四三頁。

47——黒野耐『日本を滅ぼした国防方針』文藝春秋、二〇〇二年、六四～六五頁。

48——葛原和三「海外差遣者兵科別名簿（大正三年七月～一三年一二月）」。

49——参謀本部第一課「海外差遣者報告目録（大正三年以降）」（JACAR. Ref. C15120230200、海外差遣者報告目録明治四四・八（防衛省防衛研究所所蔵））。

50——田中義一「欧洲戦研究ニ関スル着眼」偕行社『偕行社記事』第五〇八号、偕行社、一九一五年、一～七頁、二～三頁。

51——田中義一「欧州戦争ノ与ヘタル戦略、戦術上ノ教訓」偕行社『偕行社記事』第五〇九号、偕行社、一九一六年、一～一一頁、二～八頁。

52——たとえば、岡欽一「欧洲戦ヨリ得タル教訓」『偕行社記事』第五二六号、偕行社、一九一八年、三一～四四頁、金子直「欧洲戦に於ける数線陣地攻防戦闘法の根本精神に就て」『偕行社記事』第五三三号、偕行社、一九一八年、二九～四二頁、廣瀬猛「欧洲戦及過去の教訓カ将来戦ノ為メ我国軍ニ要求セル一要件ニ就テ」『偕行社記事』第五四五号、偕行社、一九一九年、三九～四二頁、柴山重一「欧州戦争教訓ノ採用ニ就テ」『偕行社記事』第五五四号、偕行社、一九一九年、二一～二五頁。但し、一九一九年四月から九月まで五回にわたって掲載された陸軍砲兵大佐佐藤清彦による「欧州戦争ニ於ケル用兵上ノ観察」では、その結論で、戦術も戦略も第一次世界大戦において大きく変化したと述べられている。佐藤清彦「欧州戦争ニ於ケル用兵上ノ観察」『偕行社記事』第五三六号、偕行社、一九一九年、二七～四二頁）、同「欧州戦争ニ於ケル用兵上ノ観察（承前）」『偕行社記事』第五三八号、偕行社、一九一九年、三六～五四頁）、同「欧州戦争ニ於ケル用兵上ノ観察（三）」『偕行社記事』第五三九号、偕行社、一九一九年、三一～四二頁、同「欧州戦争ニ於ケル用兵上ノ観察（四）」『偕行社記事』第五四一号、偕行社、一九一九年、九～一六頁、同「欧州戦争ニ於ケル用兵上ノ観察（五）」『偕行社記事』第五四一号、偕行社、一九一九年、九～三七頁。

53——偕行社編纂部『世界大戦ノ戦術的観察（第一巻）』偕行社、一九二四年。

54——同、一～四頁。

55——偕行社編纂部『世界大戦ノ戦術的観察（第二巻）』一～二頁、一二九～一三三頁。

56――偕行社編纂部『世界大戦ノ戦術的観察(第三巻)』一八四―一八五頁。
57――決定的な戦闘を第一線ではなく第二戦兵団によって行うために、当該部隊を敵の縦深に投入する「機動力」を重視する戦い方。偕行社編纂部『世界大戦ノ戦術的観察(第五巻)』八四頁。戦場における経緯な運動による「運動戦」とは異なる。
58――偕行社編纂部『世界大戦ノ戦術的観察(第四巻)』二四～三七頁。
59――偕行社編纂部『世界大戦ノ戦術的観察(第五巻)』八二～八四頁。
60――偕行社編纂部『世界大戦ノ戦術的観察(第四巻)』二頁。
61――同、八八～一〇一頁。
62――同、一〇九～一二七頁。
63――同、一一〇頁、一二八頁。
64――同、一五五頁。
65――フラーが第一次世界大戦末期の一九一八(大正七)年に起案した、「戦略的麻痺」に基づく対ドイツ攻撃のための作戦計画の案である。それは戦車約四五〇〇両と航空機を使用する大規模な襲撃によって敵の指揮を麻痺させ、その戦闘遂行能力を奪うことで勝利を獲得することを目的とする構想。J. F. C. Fuller, *Memoirs of an Unconventional Soldier* (London: Ivor Nicholson and Watson, 1936), pp. 322-341.
66――偕行社編纂部『世界大戦ノ戦術的観察(第四巻)』一六〇～一六五頁。
67――同上、一四四頁。
68――前原透『日本陸軍用兵思想史――日本陸軍における『攻防』の理論と教義』天狼書店、一九九四年、二四四～二四七頁。
69――参謀本部「統帥綱領(大正七年九月)」(靖国偕行文庫所蔵)。本史料は拓殖大学佐藤安之助文庫に所蔵されていた史料と同様のものである。その表紙には、「秘」及び「廿五部ノ内三」と手書きで記されている。
70――前原『日本陸軍用兵思想史』二四七頁。
71――参謀本部「秘密文書返納方ノ件(大正七年十月五日)」(靖国偕行文庫所蔵)。本史料は、靖国偕行文庫の所蔵されている一九一八(大正七)年版の「統帥綱領」に付されているものである。

72——参謀本部は、第一次世界大戦における参戦国の軍団の運用に関する研究を行い、「戦略単位研究問題ニ関スル参考資料」として、次の研究成果を遺している。参謀本部第九課「軍団編制ノ沿革(大正五年二月)」(JACAR. Ref. C12121186000、軍団編制の沿革大正五年二月調〈防衛省防衛研究所所蔵〉)、同「現欧州戦争ニ於ケル戦闘正面諸例(大正五年二月)」、同「会戦ニ於ケル軍団指揮ノ諸例(千八百十六年、千八百十七年戦役)(大正五年三月)」。いずれも防衛省防衛研究所所蔵。

73——臨時軍事調査委員「臨時軍事調査委員月報(第五十三号)(大正八年八月二十五日)」(陸軍省、一九一九年)。ここでは、第一次世界大戦交戦諸国の軍団の変遷の過程と陣地戦との関係を観察したのち、結論として、「運動戦」を採用している日本陸軍には必ずしも適用し得ないと提言されている。臨時軍事調査委員「戦時高等司令部編制改正ニ関スル意見(大正九年七月)」(JACAR. Ref. C03025176700、大正九年「欧受大日記自七月至九月」〈防衛省防衛研究所所蔵〉)。

74——臨時軍事調査委員「戦時高等司令部編制改正ニ関スル意見(大正九年七月)」(JACAR. Ref. C03025176700、大正九年「欧受大日記自七月至九月」〈防衛省防衛研究所所蔵〉)。

75——参謀本部「統帥綱領(写)(大正十年八月)」(JACAR. Ref. C13071280000、統帥綱領(写)大正一〇年八月〈防衛省防衛研究所所蔵〉)。

76——同、「防御」の項。

77——同、「通則」の項。

78——同、「運動戦」の項。

79——同、「会戦」の項。

80——「統帥綱領改正意見ノ件」(JACAR. Ref. C03022697300、密大日記大正一四年六冊の内第二冊〈防衛省防衛研究所所蔵〉)。

81——同、「全般ニ関スルモノ」の項。

82——「統帥綱領改訂ニ関スル根本方針ニ就テ(一五、七、一九)」(JACAR. Ref. C13071272900、「統帥綱領改訂に関する根本方針に就て」外綴大正一四～一五年〈防衛省防衛研究所所蔵〉)。

83——同、「改訂ノ根本方針」の項。

84――参謀本部「統帥綱領案（大正十五年十二月二十二日稿）」（防衛省防衛研究所所蔵）。

85――同、「改訂ノ趣旨」には、「一　統帥綱領ノ目的ヲ一層明確ナラシムルコト　二　国防用兵上ノ諸計画、戦時編成等ノ改正ニ照応セシムルコト　三　現綱領改訂以来ノ研究ノ結果ニ基キ所要ノ修正ヲ加フルコト　四　戦闘綱要等ノ根基トナルヘキ事項ヲ増補スルコト　五　字句ヲ修正シ文章ノ配列ヲ改メ一層意義ヲ明確ナラシムルコト」という着眼が示されている。

86――同、「八十二」、「八十五」－「八十九」、「九十六」、「九十五」、「九十七」、「百八」、「百九」、「百二十四」、「百二十五」、「百二十八」の項。

87――参謀本部「統帥綱領（昭和三年三月二十日）」。なお、これ以前の「統帥綱領（第三案）（昭和三年）」も存在する。

88――前原、前掲書、三一三～三一八頁。

89――「統帥綱領（昭和三年三月二十日）」「堅固ナル陣地ノ攻防」の項目。

90――一九二三（大正一二）年に改訂された「帝国国防方針」には、有事の際には、「敵ヲ帝国ノ領土外ニ撃破シ速ニ戦争ノ局ヲ結」とともに「海外物資輸入ヲ確実ニシテ国民生活ノ安全ヲ保障」し、それによって「長期ノ戦争ニ堪」えるとある。

91――片山、前掲書、一二五～一二六頁。

92――参謀本部・教育総監部「戦闘綱要（昭和四年一月）」一九二九年。

93――前原、前掲書、二九八～二九九頁。

94――参謀本部・教育総監部『戦闘綱要編纂理由書』一九二九年、一～二頁。

95――同、三～五頁。

96――筆者不明「諸兵戦闘原則案（第一案）（大正十二年十月）」（防衛省防衛研究所所蔵）。本資料の表紙には、毛筆で「七」の記述があり、教育総監部第一課「諸兵戦闘原則編纂研究経過（六）」（史料編纂年不明）の続巻と考えられる。なお、この資料の表紙には、「大正十一年十二月以降」という記述がある。

97――「戦闘綱要案（大正十三年十月）」教育総監部第一課「戦闘綱要草案編纂経過綴（八）」（史料編纂年不明）（防衛省防衛研究所所蔵）。本資料に収められている資料から、これが一九二四年及び一九二五年の文書の綴りであることがわかる。

98——「戦闘綱要案原稿(大正十四年三月)」(防衛省防衛研究所所蔵)。教育総監部第一課「戦闘綱要草案編纂経過綴(八)」(史料編纂年不明)(防衛省防衛研究所所蔵)。

99——教育総監部「戦闘綱要草案(大正十五年五月)」(防衛省防衛研究所所蔵)。

100——「本部長ノ挨拶(大正十三年十二月十六日)」教育総監部第一課「戦闘綱要案審議綴」(資料編纂年不明)。但し、本史料の表紙には。「自大正十三年十二月十六日至大正十四年三月六日」との記述があることから、本資料は一九二五年のものと推定できる。

101——同。

102——「戦用綱要編纂要領」教育総監部第一課「戦闘綱要草案編纂経過綴(八)」。

103——「戦闘綱要ニ対スル意見集(大正十三年十月)」。

104——「議題トスヘキ戦闘綱要案ニ対スル全般又ハ根本ニ関スル意見ノ決議(大正十三年十一月)」。

105——「団隊長召集に方り戦闘綱要草案に関する渡邊教育総監部本部長口演要旨」『戦闘綱要草案編纂理由書』偕行社、一九二六年、一五頁。

106——「戦闘綱要案審議ニ関スル報告」五頁。

107——「議題トスヘキ戦闘綱要案ニ対スル全般又ハ根本ニ関スル意見ノ決議(大正十三年十一月)」。

108——「戦闘綱要草案編纂理由書」一頁。

109——「戦闘綱要編纂委員命課ノ件」(JACAR. Ref. C01001103200、大日記甲輯昭和四年(防衛省防衛研究所所蔵))。

110——前原、前掲書、三四一～三四二頁。

111——教育総監部「戦闘綱要草案」一九二六年、一～二頁。

112——教育総監部・参謀本部「戦闘綱要」一九二九年、二頁。

113——前原、前掲書、三三〇～三三五頁。

114——「戦闘綱要」二三三～二七五頁。「戦闘綱要草案」では独立した項目であり、また、攻撃と防御の次に位置付けられていたが、「戦闘綱要」においては、膠着した状態で敵と対峙する「対陣」と同じ項目にまとめられたうえで、追撃や退却、持久戦などの他の戦術行動の後に挿入された。

115——参謀本部・教育総監部「戦闘綱要編纂理由書」一九二九年、一頁。

116――クラウゼヴィッツ、篠田英雄訳『戦争論（上）』岩波書店、一九六八年、一四一頁。
117――島村矩康中佐が起案したとされる、「軍、航空軍、機甲軍並ニ其以上兵団ノ統帥ニ必要ナル必須ノ原則」を示す「統帥綱領」改正のための案文である。秦郁彦編『日本陸海軍総合事典』東京大学出版会、一九九一年、七二一頁。
118――「会戦地ノ全深ニ亘リ数個ノ戦闘ヲ交フルヲ通常」として、航空戦力と機甲戦力を組み合わせつつ「第二線兵団及所要ノ資材」の采配によって「決戦ヲ主宰」することが述べられ、「戦略的麻痺」や「縦深作戦」と同様の用兵が提示されている。参謀本部「統帥綱領草案（昭和十八年改正案）」（防衛省防衛研究所所蔵）。
119――斎藤聖二『日独青島戦争――秘大正三年日独戦史別巻2』ゆまに書房、二〇〇一年、一〇三～一〇四頁。
120――片山杜秀「第一次世界大戦と日本陸軍――物量戦としての青島戦役」慶応義塾大学法学研究会『法学研究：法律・政治・社会』第八四巻、第二号、二〇一一年二月、一五七～一七〇頁、一六九頁。
121――小数賀良二『砲・工兵の日露戦争――戦訓と制度改革にみる白兵主義と火力主義の相克』錦正社、二〇一六年、二五〇～二五一頁。

参考文献

荒川憲一『戦時経済体制の構想と展開――日本陸海軍の経済史的分析』岩波書店、二〇一一年
片山杜秀『未完のファシズム――「持たざる国」日本の運命』新潮社、二〇一二年
川田稔『戦前日本の安全保障』講談社、二〇一三年
黒沢文貴『大戦期の日本陸軍』みすず書房、二〇〇〇年
小数賀良二『砲・工兵の日露戦争――戦訓と制度改革にみる白兵主義と火力主義の相克』錦正社、二〇一六年
斎藤聖二『日独青島戦争――秘大正三年日独戦史別巻2』ゆまに書房、二〇〇一年
富田武『戦間期の日ソ関係――一九一七～一九三七』岩波書店、二〇一〇年
細谷千博『両大戦間の日本外交――一九一四～一九四五』岩波書店、一九八八年
前原透『日本陸軍用兵思想史――日本陸軍における『攻防』の理論と教義』天狼書店、一九九四年

イアン・ニッシュ、関静雄訳『戦間期の日本外交——パリ講和会議から大東亜会議まで』ミネルヴァ書房、二〇〇四年
クラウゼヴィッツ、篠田英雄訳『戦争論（上）』岩波書店、一九六八年
葛原和三「帝国陸軍の第一次世界大戦史研究——戦史研究の用兵思想への反映について」防衛省防衛研究所『戦史研究年報』第四号、二〇〇一年三月、三四〜三六頁
陸軍省「交戦諸国ノ陸軍ニ就テ（第五版）」一九一九年
臨時軍事調査委員「各兵操典改正要項ニ関スル意見」一九一九年〔靖国偕行文庫所蔵〕
臨時軍事調査委員『欧洲戦ニ於ケル戦術ノ趨勢（第一〜三巻）』偕行社、一九二一〜一九二二年
偕行社編纂部『世界大戦ノ戦術的観察（第一〜五巻）』偕行社、一九二四〜一九二五年
教育総監部第一課「諸兵戦闘原則編纂研究経過」（史料編纂年不明）〔防衛省防衛研究所所蔵〕
教育総監部「戦闘綱要草案（大正十五年五月）」一九二六年
参謀本部・教育総監部「戦闘綱要（昭和四年一月）」一九二九年
参謀本部「統帥綱領（写）（大正十年八月）」〔防衛省防衛研究所所蔵〕
参謀本部「統帥綱領案（大正十五年十二月二十二日稿）」〔防衛省防衛研究所所蔵〕
参謀本部「統帥綱領（昭和三年三月二十日）」〔防衛省防衛研究所所蔵〕
参謀本部「統帥綱領草案（昭和十八年改正案）」〔防衛省防衛研究所所蔵〕。
Christopher Bellamy, *The Evolution of Modern Land Warfare: Theory and Practice*, London: Routledge, 1990.
Shimon Naveh, *In Pursuit of Military Excellence: The Evolution of Operational Theory*, Oxford: Frank Cass, 1997, pp. 183-189.

第9章 立憲君主制の理想像と大衆民主政治の到来

君塚直隆
KIMIZUKA Naotaka

はじめに

世界中が騒乱の渦にある。いずれこの世には五人の王しか残らなくなるだろう。イングランドの王、スペードの王、クラブの王、ハートの王、そしてダイヤの王である[1]。

これは第二次世界大戦が終結して三年後の一九四八年に、当時のエジプト国王ファルーク一世(Farouk I 在位一九三六～五二年)が残した有名な言葉である。この言葉が発せられる三〇年前、「もう一つの戦後」ともいうべき第一次世界大戦終結直後の時点で、すでにそれは現実のものとなりつつあった。ヨーロッパでは大戦に敗北した帝国で次々と王侯らがその地位を追われていた。ヨーロッパ国際政治に五〇〇年にわたり君臨してきたハプスブルク家、ドイツ統一(一八七一年)を成し遂げたホーエンツォレルン家、大戦中に革命(一九一七年)に倒れたロマノフ家、さらに一六～一七世紀にはヨーロッパ全体に脅威を与えたオスマン家。いずれも総力戦の末に歴史の表舞台から姿を消していった。

国民の数%（その多くが貴族や上流階級）が直接的に戦闘に関わっていた一九世紀以前の戦争とは異なり、第一次大戦は国家総動員態勢で臨まなければ勝てない総力戦となっていた。大戦後には、勝った側でも負けた側でも、男女普通選挙権が実現する方向に向かい、貴族政治（aristocracy）から大衆民主政治（mass democracy）へ時代は大きく変わっていく。

こうしたなかで君主制が民主政治と共存していくためにはどうすればよいのか。天皇制を戴く日本にもそれは深刻な影響を与えた。政治学者の吉野作造は、「民本主義と天皇制」が並存していくうえでは、「君主は君臨すれども統治せず」という原則が望ましく、これを基本に据えた天皇に「温かい道徳上の元首として、何時までも君徳を仰ぎたいと思ふ」とすでに大戦中から指摘していた[2]。ここで吉野が理想の君主制国家としてあげていたのがイギリスであった。

同様の見解は、戦後一〇年を経過した頃に、国際連盟の事務次長を務めた教育家の新渡戸稲造からも出されている。新渡戸によれば、イギリス王室の安定と人望は「権力なき尊厳」の原理によって保たれ、これに基づけば「民主主義のいかなる作戦行動も玉座を脅かすことはあり得ない。それどころか、国民の真の必要に応えるとあれば、玉座が民主主義をその翼下に収めることも可能である」とまで述べている[3]。

イギリスの君主制を、第一次大戦後の君主制全般はもとより、日本の天皇制にとっても重要な「お手本」に考えたのは、彼ら当代随一の知識人だけではなかった。大正天皇の病により、大戦終結から三年後の一九二一年一一月に摂政に就任する裕仁皇太子（のちの昭和天皇：在位一九二六～八九年）にとっても、後述するように、イギリスは特別な国であった。特に裕仁自身が摂政に就く半年前にイギリスを訪問し、ときの国王ジョージ五世（George V　在位一九一〇～三六年）から心温まる接遇を受けた経験は、彼に絶大な影響を与えた。

この点については、坂本一登と伊藤之雄の先行研究も鋭く言及している。坂本はヨーロッパから帰国した裕仁が皇室の「平民化」を意識するようになり、「皇室は国民の皇室」という考え方を前面に押し出していったと述べている[4]。また伊藤も、帰国後の裕仁が「平民」的な印象を国民に与えるとともに、イギリスでも体得したスポーツ(ゴルフなど)を好んでプレーする様をマスコミに喧伝するなど、日本に民主主義的な風潮が広まるなかで新たなイメージ戦略を展開しようとしていた点を強調している[5]。

しかし裕仁や他の皇族たちが新たなイメージ戦略を打ち出す一方で、皇太子の側近たちは彼が「英国の皇室」に心酔しすぎる姿には一抹の不安も感じていた。またそれは、立憲政友会と憲政会(立憲民政党)との「二大政党制」が定着しつつありながら、やがて崩壊していく過程において、裕仁自身が理想に抱いた明治天皇やジョージ五世の「政治関与」のあり方を意識し、かえって彼自身の立場を弱めてしまう一因にもなっていった[6]。

本章では、訪英後の裕仁皇太子(昭和天皇)が、「君主制の危機の時代」とも呼ばれた第一次世界大戦後に、新たな天皇制の確立をめざして試行錯誤していった状況を考察する。総力戦と革命の嵐のなかで、裕仁とその周辺の人々は「戦後」の日本の天皇制をどのように維持しようとしたのであろうか。

1 裕仁訪英と立憲君主制の奥義

世界大戦の終結とともに民主政治《デモクラシー》の波が世界中に広がりを見せていたなかで、裕仁皇太子をヨーロッパに送り、世界情勢に関する彼の見聞を深める必要性を切実に感じていたのが、元老の山県有朋、松方正義、西園寺公望らであり、また首相の原敬であった。終戦後わずか二年に満たない一九二〇(大正九)年夏、三元老は節子《さだこ》皇后(のちの貞明皇后)に皇太子外遊を進言した。しかし皇后は、天皇の病状悪化と皇太子の安全への懸念から当初はこれに反対していた[7]。

これを説得したのが松方内大臣であった。「世界大戦の欧州に及ぼせる影響の甚大なるは申迄も無之」状況下で、皇太子がヨーロッパで「是等実況の御視察は誠に再び得難かるべきの好機会と可申早歟」と皇后に説いた。坂本一登も指摘するとおり、元老や原首相が時代の転換期をいかに切実に認識し、新たな皇室像を模索する実物教育として外遊をいかに重視していたかを如実に示す行動であったといえよう[8]。

皇太子のヨーロッパ訪問を願ったのは政界上層部だけではなかった。吉野作造も皇太子が外遊によって、民衆と王室との関係を実地で学び、人格的に成長することで自らの構想した新たな天皇制を担えるだけの存在になるものと期待していたのではないかと、河西秀哉は鋭く考察している[9]。

こうして裕仁皇太子は半年(一九二一年三~九月)にわたって、イギリス、フランス、ベルギー、オランダ、イタリアの各国を訪れることに決まった。最初の訪問国はイギリスだった。皇太子外遊を進めた元老や原首相らの意向もあったのであろう。ハプスブルクやロマノフなどの王朝が崩壊するなかで、戦後の民主政治と巧みに共存する立憲君主制国家イギリスから、皇太子も(さらには天皇制日本も)数々の示唆を得られるのではないか。そのように彼らが感じていたとしてもなんら不思議はない[10]。

実際に当の裕仁自身もイギリス訪問から多くを得たようである。皇太子時代の外遊から半世紀以上を経た一九七九(昭和五四)年の記者会見で、昭和天皇はこのときに最も印象に残ったことについて質問を受け、次のように返答している。

それはなんといってもイギリスの王室を訪問したことでありまして、そのイギリスの王室はちょうど私の年頃の人が多くって、じつに私の第二の家庭ともいうべきような状況であったせいもあって、イギリスのキング・ジョージ五世が、ご親切に私に話をした。その題目は、いわゆるイギリス立憲政治のありかたというものについてであった。その伺ったことが、そのとき以来、ずっと私の頭にあり、つねに立憲君主制の君主はどうなくちゃならないかを始終考えていたのであります。[11]

裕仁にここまでの影響を残したイギリス訪問とはどのようなものであったのか。

横浜港を出発して二ヵ月余を経た一九二一年五月九日に、裕仁一行はイギリスに到着した。ポーツマス港には皇太子エドワード(のちのエドワード八世：Prince Edward, later Edward VIII 在位一九三六年一～一二月)が迎えに来ており、二人はこの後、列車でロンドンのヴィクトリア駅へと向かった。駅では国王ジョージ五世が直々に出迎え、裕仁は国王と馬車でバッキンガム宮殿に赴いた。沿道では多くの市民たちが歓声を上げながら、この二〇歳の若き皇太子を歓迎した。

宮殿に滞在した裕仁は、早速に国王からバース勲章勲一等(GCB)を授けられ、このの ち宮中晩餐会など数々の行事に出席するとともに、イギリス各地を見学した。その裕仁を歓待したジョージ五世は、のちに「立憲君主の鑑《かがみ》」と称せられる謹厳実直な王だった。彼は父(のちのエドワード七世：Edward VII 在位一九〇一～一〇年)の次男に生まれ、若い頃は海軍軍人として気ままな生活を過ごしていた。しかし彼が二六歳のとき(一八九二年一月)、年子の兄が突然亡くなり、ジョージは父に次いで当時世界の陸地面積の五分の一以上を有していた大英帝国を、君主として継承していかなければならなくなった[12]。

それから二年後の一八九四年三月、王位継承者としての自覚を強めたジョージはケンブリッジ大学で国制史を講じていたジョゼフ・タナー(Joseph Robson Tanner)博士から個人授業を受け、イギリスを代表する思想家ウォルター・バジョット(Walter Bagehot)が著した『イギリス憲政論』(*The English Constitution*)を教科書に、「立憲君主制とはどうあるべきか」を共に学んだ。そのジョージが几帳面に取った講義ノートのなかで特に強調されていたのが次の一文である。「君主は諸政党から離れており、それゆえ彼の助言がきちんと受け入れられるだけの公正な立場を保証してくれている。彼はこの国で政治的な経験を長く保てる唯一の政治家なのである」[13]。

タナーと学んでから一六年ほどが経ち、一九一〇年五月にジョージ五世は即位した。当時のイギリスは貴族院改革の問題をめぐり、与党自由党(庶民院)と野党保守党(貴族院)とが国を二分して抗争を続けていたさなかであった。このときも新国王は政党間の対立において公正中立の立場を貫き、この未曾有の国政危機を乗り切ることに成功する。

その後の第一次世界大戦(一九一四〜一八年)においても、ジョージ五世は国民の模範になろうと努力した。戦争が続く限り、軍服以外の新調は差し控え、宮殿での晩餐会でも酒類はいっさい出さないことに決めた。暖房や照明の使用も最小限に抑えられ、風呂もお湯は五〜六センチだけであとは水で済ませた。国民はこうした王室の質素倹約ぶりに感銘を受けた。かつてジョージが学んだ『イギリス憲政論』のなかで、バジョットはイギリス人が「君主を道徳の指導者として考えるようになっている」と述べている[14]。

さらにジョージ五世は積極的に国民の間に入り、まさに国民とともに国を守った。大戦中の四年間で彼が慰問に訪れた連隊の数は四五〇、病院への慰問は三〇〇回、軍需工場や港湾で働く人々を激励した数も三〇〇回、勲章や記章を自ら授与した人数は五万人以上に及んでいた。戦後に彼は「国父」として国民から一身に敬愛を集めるようになった[15]。

イギリスでも大戦が終結する一九一八年には、国政における男子普通選挙権とともに、女子選挙権も実現し、大衆民主政治の時代が本格的に到来していた。そのようなかで、ジョージ五世は最も理想的な立憲君主として、ヨーロッパで唯一生き残った強大な帝国を維持するために邁進していた。新しい時代の天皇制を担うべき裕仁皇太子にとって、これほど適した「お手本」はなかったことであろう。裕仁自身も、これより半世紀後にイギリスを再度訪れたとき、バッキンガム宮殿での晩餐会でジョージ五世から受けた「慈父」のような温かみを終生忘れることはなかったと述べている[16]。

そのジョージが裕仁に示した「慈父」のような好意が、かつて自身が立憲君主制の奥義を学んだタナー博士への紹介に現れていよう。一九二一年五月一八日、ケンブリッジ大学から名誉法学博士号を授与された裕仁は、この機会にタナーより「英国皇帝ト其ノ臣民トノ関係(The Relation between the Crown and the People)」と題する講演を聴くことになった。ただ当日は時間の関係で、英語の梗概だけ説明を受け、進講案は奉呈された[17]。

そこではイギリス立憲君主制の成り立ちについて説明が施され、特にその確立に尽力したのが、ジョージ五世の祖母ヴィクトリア女王(Queen Victoria 在位一八三七〜一九〇一年)であったと力説されている。女王は「皇室ヲ超政黨ノ地位ニ置カセラレ、而シテソハ、政治ニ關シテ何等所見ヲ發表スベキデナイト云フ傳統ヲ御確立ニ爲リマシタ」。その一方で、ヨーロッパ中に親戚を張り巡らしていた女王は、政府以外からも多くの情報を得ており、晩年にはその豊富な知識と経験により特に外交政策について大臣に適切な助言を行い、「女皇帝ノ御見解ハ、何時モ重視セラレナケレバナラナカツタ」とも述べられている。

帰国後に裕仁はこの進講案(和訳がある)を熱心に読み返した形跡がある。特に上記の「ヴィクトッーリア女皇帝」の足跡については赤ペンで印も付けられ、イギリス流の立憲君主をめざしていた裕仁のその後の指針になったのかもしれない[18]。

タナー博士への紹介をはじめ、ジョージ五世は裕仁に「現代の立憲君主像」のあり方について考えてほしかったのであろう。こうした印象は裕仁に随行した元外交官の珍田捨巳も強く受け、次のように語った。「皇帝［ジョージ五世］は全く御教育の積の様にて眞に親切なりしのみならず、皇室の堅固なるは恰かも日英両國のみなりと云ふが如き口氣にて、停車場にての別辭にも皇帝は吾々皇室がと云ふが如き語氣なりしなり」［19］。

こうしてイギリスを嚆矢にヨーロッパ各地で多くのことを学んだ裕仁皇太子は、横浜を出発してから半年後の九月に無事日本に帰国した。その二ヵ月後に摂政宮に就任した彼は、翌一九二二年の歌会始で、その意気込みを次のように詠んでいる［20］。

世の中もかくあらまほしおだやかに朝日にほへるおうみのはら

2　皇室の刷新と新たなイメージ戦略

ヨーロッパ歴訪の旅から帰国した裕仁がイギリスから学んだ点は、長年の歴史のなかで形成された議会政治や政党政治に対する君主の対応だけではなく、君主と国民との関係にも見られた。先にも記したとおり、もともと国民にも親しみやすい存在であったジョージ五世は、大戦中も国民の間に溶け込み、国民とともに勝利をつかんだ。このように君主と国民との距離が近い現状を裕仁はその目でかいま見てきたはずである。

皇太子の訪欧は新聞報道でも大々的に採り上げられ、帰国後はある種の「皇太子ブーム」のような現象も見られた。これを機に皇族に対する撮影規制も大幅に緩和され、裕仁自身が主導するかたちで皇族イメージを新たに形成しようとする試みもなされていく。まずは皇太子や皇族が豊かな中産階級程度の生活形態を示すことで、なるべく国民に近づきその感情を理解する姿勢を示す一方で、こうした姿勢をメディアを通じて報道させた[21]。

このような皇室の「平民化」は、ジョージ五世もタナー博士と共に学んだバジョットの『イギリス憲政論』のなかで説かれた論点である。君主が政争に介入するとその重要性を失うのと同様、社会生活面で自己の豪華さを見せびらかすと民衆からも信頼も失う[22]。

この点はのちに二〇世紀半ばを代表する憲法学者のカール・レーヴェンシュタイン(Karl Loewenstein)も「国王が質素であるほど、それだけ国王の地位は安定し」、「大衆の潜在意識に政治的なものが芽ばえ、それが意識的行為の対象になってからは、君主制は自分から進んで『国民的』になることによって、自らの存在を理由づけようとしている」と鋭い分析を示している[23]。

「はじめに」でも述べたとおり、第一次世界大戦後のヨーロッパでは勝敗に関係なく、いずれの国でも大衆民主政治が根づいていった。ヨーロッパからはるか遠くの日本にも、のちの普通選挙運動にも象徴されるような「民主政治《デモクラシー》」の波は確実に押し寄せていた。こうしたなかで裕仁の訪欧を元老たちと促した原敬首相などは、より国民に立脚した皇室のあり方をめざし、皇室とともにその推進に尽力していた[24]。しかしその原が裕仁の帰国直後に暗殺されてしまい、皇室の新たなイメージ戦略は皇太子自身の手で進められる。

その端緒は「女官制度の改革」に見られた。摂政に就任した翌年(一九二二年)の一月早々に、裕仁は宮内大臣の牧野伸顕に女官の通勤制などを提案する。それまでは宮中に仕える女官は未婚女性に限られ、宮廷内に住まわされていた。それを既婚女性も女官に就けるとともに通勤制にし、さらには「側室制度」の廃止にもつなげようとしたと思われる。

大正天皇が自らの体験や健康状態により「一夫一婦制度」を事実上宮廷に持ち込んだが、次代の裕仁は健康体でありながらもヨーロッパで仲睦まじい王侯たちの家庭生活に間近に接したこともあり、自らの主体的意志により側室制度の廃止にも乗り出していく[25]。

さらに訪欧の影響は皇族の衣服にも現れた。大正天皇までは、執務の際には軍服や洋服を着用していたとしても、夕方になり「奥」に入った折には和服でくつろぐのがごく普通であった。裕仁皇太子も同様に奥では和服を着ることが多かったが、ヨーロッパから帰国してからは洋服だけの生活に切り換えてしまったとされる。

東宮侍従として長年裕仁に仕えた甘露寺《かんろじ》受長《おさなが》は、この転換は「衣服そのものが主眼ではなく、女官制度をひっくるめた繁雑な二重生活を、簡潔な洋式の生活に改めようとなったので、その一環として、衣生活も洋服一点ばりにされたものとおもう」とのちに回想している[26]。

衣服だけではなかった。帰国後の裕仁は朝食もごはんに吸い物ではなく、オートミールやトーストを好み、牛乳を欠かさず飲むようになっている。それは一九二四年一月に良子《ながこ》と結婚し、自らの家庭を持つようになり、さらには天皇に即位して、戦前・戦中・戦後を経た最晩年に至るまで変わらぬ習慣になったようである[27]。

こうした「平民化」「洋風化」とともに、ヨーロッパから帰国した後の裕仁が、皇室のイメージを刷新しようとしてマスコミを通じて前面に押し出したのが、「健康」イメージの形成であった。すなわち皇太子や皇族が主には欧米起源のスポーツを楽しむ姿を報ずることで、健康的な印象を与えるとともに、国民により親しみを持たせようともしていた。

まず裕仁が利用したのがゴルフだった。ヨーロッパ歴訪に出かける御召艦「香取」では「デッキゴルフ」に興じていた裕仁であったが、本物のゴルフに本格的に開眼するのは、ゴルフの本場でもあるイギリスでの経験であった。皇太子エドワードからロンドン郊外のクラブに案内され、全英オープンのチャンピオンによる模範演技なども見学した[28]。

帰国後には日本のゴルフクラブで本格的にプレーするようになった。そのような折に、絶好の機会が訪れた。一九二二年四月に、前年の裕仁による訪英に対する返礼訪問としてイギリス皇太子エドワードが来日を果たしたのである。病気の天皇に代わり、摂政皇太子が直々に接遇役を務め、日本のマスコミからも「新時代の帝王の理想的一典型」などともてはやされたエドワードの一挙手一投足は、連日、新聞で大々的に報道された。

そのエドワードと裕仁が四月二〇日に駒沢競技場(東京倶楽部)で二対二のマッチプレーを展開した。のちにエドワード自身が記した回想録によれば、裕仁の放った第一打を見て彼が「初心者」であると悟ったイギリス側チームは、わざと手加減をして僅差で勝利をつかんだかのようなプレーに終始したようである[29]。現実がどうであれ、マスコミ的には日英の皇太子が「互角でプレー」を果たし、これが裕仁に対する国民のイメージ・アップにつながったことは想像に難くない。

この後も裕仁はゴルフだけでなく、テニスにも良子とともに興じ、スポーツを楽しむ皇室というイメージは国民に好印象を与えた。ただし一九二三年頃からは、ひとつ年下の秩父宮雍仁親王がこの「健康」イメージの皇族像を主導していく存在になっていく[30]。

しかし、こうした刷新やイメージ戦略は、宮中の守旧派からは懸念を示されていた。上記の女官制度の改革にしても、裕仁の意気込みは頼もしいとしつつも、伝統や格式を重んじる節子皇后との関係などにも配慮し、牧野宮相は漸進的な改革へと緩和している。牧野が重視したのは、皇室が国民から集めてきた神秘的な崇敬心を維持することの大切さであった。あまりにも国民に近づきすぎると、この崇敬心も弱まってしまうのではないか。裕仁自身も、この「平民化」と「神秘性」の間でいかにバランスをとっていくかを悩みながら試行錯誤していたのではないだろうか[31]。

一九二二年春に訪日したイギリスのエドワード皇太子は、この三年前に第一次世界大戦での協力に感謝する意味で、自治領のカナダとアメリカ合衆国を公式に訪れていた。社交好きで大衆から人気の高い彼はすぐさま「魅惑の王子《プリンス・チャーミング》」の異名をとり、ニューヨークでも社交界の寵児となった。しかし彼の気まぐれぶりは、その後に訪れたオセアニア各地やインドで遺憾なく発揮され、日本においても予定を急に中止して雲隠れするなどで、接待員や奉迎する地方民を狼狽させたことが多々あった[32]。

こうした姿は、イギリス王室やエドワード皇太子をある意味で「お手本」にしようとする裕仁皇太子の姿を見るにつけ、宮中の側近たちにも一抹の不安を抱かせる原因となった。実は当のエドワード自身も、裕仁と同様に、変わりゆくイギリスの大衆社会のなかで、「平民化」と「神秘性」の間で板挟みに遭っていたのである。ヴィクトリア女王時代から半世紀にわたって君主の秘書官補として仕えたサー・フレデリック・ポンソンビ（Sir Frederick Ponsonby）は、あるときあまりに大衆に近づきすぎるエドワードにこう苦言を呈していた。

「君主制は、つねにある種の神秘に包まれていなければなりません。殿下はあまりにご自身を見せつけてはいけません。君主制は高みに留まっていなければならないときもあるのです。もし民衆のところに降りて行かれたら、神秘も影響力も失うことになるでしょう」。これに対するエドワードの反応は「私はそうは思わんね。時代は変わっているんだよ」というものであった[33]。

しかしそのエドワードは、「立憲君主の鑑」といわれた父ジョージ五世の崩御から一年もしない一九三六年一二月に、離婚歴のあるアメリカ出身の女性との不倫の果てに、俗に「王冠をかけた恋」と呼ばれるスキャンダルの結果、在位わずか三二五日で国王から退位せざるを得なくなった。イギリスの立憲君主制も安穏とはしていられない時代であった。

3 立憲政治の光と影

ヨーロッパの立憲君主制の現状を特にイギリスにおいて肌で感じてきた裕仁皇太子は、ジョージ五世が大戦中に示した国民により近づく姿勢を、服装やスポーツなどイメージの側面だけではなく、かつてバジョットが述べた「君主を道徳の指導者として考えるようになっている」国民に対し、自ら模範となって行動することでも示そうとしていく。

一九二三年九月の関東大震災では、自ら率先して被災地の視察を行い、その年の秋に予定されていた自身の結婚も延期させて、被災者の心を第一に慮《おもんぱか》っている[34]。

震災から三年後の一九二六年一二月、大正天皇の崩御により、裕仁は天皇に即位した。その直後の二七年四月、「金融恐慌」への対応に失敗した憲政会の若槻礼次郎内閣が辞表を提出し、裕仁は二年前から内大臣に就任していた牧野伸顕に下問した。牧野の進言で、元老の西園寺公望の意見が訊かれ、「憲政の常道」にのっとり、後継内閣について野党政友会の田中義一総裁に首相の大命が降下されることになる。この頃から、立憲政友会と立憲民政党(二七年六月に憲政会と政友本党が合流して結成)の二大政党が交互に政権を担当する体制も整い、裕仁が理想とするイギリス流の議会政治・政党政治も日本に現れはじめていた[35]。

ところが裕仁も彼を補佐する牧野内大臣も、イギリスの君主が示した「政党間での公正中立的な立場」から逸脱するような場面も同時に表面化していく。田中政権は発足直後に全国の知事などの大量異動を行ったが、これが党利党略に基づくものとして、天皇は牧野を通じて注意させている。政権発足当初から天皇と政府との関係はつまずきを見せていた。両者の関係が最悪となるのが、張作霖爆殺事件（一九二八年六月）に関わる有名な「田中首相問責」であろう。事件発生当初は首謀者を厳重に処分すると約束していた田中首相が、その後の情勢でこれを抑えた際に、裕仁はあまりにも潔癖にこれに対処してしまった。

また、本来は天皇と首相との間を巧みに取り持つべき牧野内大臣も、いまだ権力基盤の脆弱な天皇の現状をしっかりと把握せずに、それまでの田中政権に対する不信感も鬱積していたのであろう。この天皇の動きに加勢するかのような行動に出てしまった。伊藤之雄が鋭く指摘しているとおり、彼らには牧野の父の大久保利通や裕仁の祖父明治天皇の時代の天皇の行動を理想化するような傾向が見られる反面、彼ら自身には明治天皇、大久保や伊藤博文のような政治的熟達はまだ定着していなかったのであろう[36]。

ところが政友会の政権には厳しい態度を示した天皇は、田中の失脚にともない組閣した民政党の浜口雄幸政権に対しては、その成立時から好意を持っていたようである。特に、巡洋艦・駆逐艦・潜水艦など補助艦の縮減を欧米列強と討議したロンドン軍縮会議（一九三〇年）の際には、英米との協調を掲げて軍縮を推進しようとした政府側の意向を尊重し、海軍内でこれに反対する勢力からの意見を抑え込むような場面も見られた。

それが政府案に反対する加藤寛治海軍軍令部長による「上奏阻止事件」と、天皇がそれを事実上は黙認してしまったことにつながった。伊藤之雄も述べているが、明治天皇の代にこれと同様な事態が生じていたとしたら、対立する両当局者の意見を尽くさせ、双方から公式に意見を聴取して、双方に恨みが残りにくいかたちで、公正な判断を天皇は下していたであろうと考えられる[37]。

こうした一連の事態のなかで、若き昭和天皇が政党政治のなかでは政友会より民政党を「ひいき」にし、陸海軍の行政については各派の意見を公正中立の立場から徴することをしないとの偏見や遺恨を各方面に生みだしていったと考えられるのである。

裕仁が国外で模範としたジョージ五世が、若き日に立憲君主制のあり方について学んだタナーは、裕仁に奉呈した一九二一年の進講案のなかで次のように述べていた。

「統治権ヲ主體トシテノ皇帝ハ、政治上何等私利ノ目的ヲ有セラルルコトナク、而シテ、緩和調節ノ勢力トシテ行動セラレ、又見解ノ相違ヲ圓滑ニ到サレマシタリ、政治的ニ互ニ相同情セザル人々ノ間ニ其ノ仕事上ノ互譲ヲ交渉セラレマシタリ、又上下両院ノ間ニ確執ガ勃發致シマシタ時ニ和睦ノ條件ヲ取極メラレ等サレマス爲ニ、〔中略〕殆ンド買被ルコトハナイ程ノ重要サノ役割ヲ演ゼラルルノデ御座イマス」[38]。

ジョージ五世がいまだ王孫であった時代に、タナーと学んだバジョットの『イギリス憲政論』から彼自身がつかんだ教訓にもあったとおり、立憲君主としての最大の責務は諸政党の間で超然として、「公正中立」の立場を貫くことであった。確かにイギリス歴代君主にも、それぞれに「ひいき」の党派や政治家たちはいた。ヴィクトリア女王は晩年に明らかに保守党側に好意を持っていたし、エドワード七世は逆に自由党の政治家たちと若い頃から親交が深かった。ジョージ五世にしても、党首・首相を務めたアーサー・バルフォアなどの保守党の政治家たちと親しくしていた[39]。

しかし、そのジョージが国王に即位して早々に直面した「議会法危機」に際し、保守・自由両党の間で「公正中立」の立場を貫いたことはつとに知られている。だからこそ双方の指導者たちは国王に仲裁を頼んだのである。さらに、成人男女の大半が有権者となった大衆民主政治の時代においては、国民から選ばれた政党の党首を政権に据えることは、まさに「憲政の常道」に他ならなかった。一九二四年一月にイギリス史上初の労働党政権が誕生できたのも、国王ジョージ五世による冷静な判断に基づくものであった[40]。

さらに君主に即位してまだ日が浅いうちは、のちにいかに英明な王といわれる人物であっても過ちは犯しやすい。一八歳で即位したヴィクトリア女王がその二年後に宮廷人事をめぐる対立によって結果的に政権交替を阻止した、「寝室女官事件」などは代表的な事例であろう[41]。しかしそれも、経験豊かな側近たちによって適切な助言を受けていれば、防止することも、緩和することも可能である。

先に伊藤之雄の見解を引いたとおり、即位当初の昭和天皇と彼の最大の側近である牧野内大臣は、彼らの理想像としての明治天皇とその側近(大久保・伊藤ら)による政治運営のあり方をある意味では誤解していた。たとえば、明治天皇が二一歳のときに生じた「征韓論政変(明治六年の政変)」においても、天皇自身の主導権でこれが収められたと信じ込み、昭和天皇の権力基盤の弱さを十分に配慮せずに、牧野は天皇に田中首相の問責をさせてしまった。また当時は両者ともに政治的成熟も見られなかった。さらに同時代的には、村井良太も指摘するとおり、イギリスのジョージ五世が示した非常時における政治的主導権が裕仁と牧野にとって理想像となっていたのかもしれない[42]。

裕仁や牧野、さらには最後の元老となった西園寺公望らが理想的にとらえ、日本に定着することを望んだ「二大政党による政治」は、一九三二年の「五・一五事件」を機に消滅してしまった。その四年後の「二・二六事件」の際には、西園寺や牧野が近くにおらず、内大臣の斎藤実が暗殺されるなど、頼るべき側近が不在のなかで天皇自らが主導権を握って、事態の解決にあたるようになっていく。とはいえ、日本に二大政党制が根づいていくかに見えたなかで、西園寺は自身を最後に元老制度は消滅させる意向にあり[43]、内大臣や首相経験者などからなる重臣らがそれに取って代わることになったものの、いまや政党、議会、枢密院、陸海軍、そして宮中はそれぞれの思惑で天皇と複雑に関わりながら独自に行動する傾向が強まり、それは太平洋戦争への道に収束していくこととなる。

おわりに

第一次世界大戦は、それまで世界の政治や経済、社会や文化のすべてを席巻した「ヨーロッパの時代」の終焉を決定づけた戦争であった。それは同時に、ヨーロッパを支配した皇帝や王侯たちの時代にも終末がおとずれたことを象徴していた。

戦後世界に「君主制の危機」が叫ばれるなかで、元老や原首相らの強い希望で大戦後のヨーロッパ諸国を歴訪した裕仁皇太子は、より国民に近づき、親しみやすい皇室の確立をめざして帰国した。裕仁が特に理想として描いたのがイギリスだった。別名「いとこたちの戦争」とも呼ばれた第一次世界大戦でお互い敵味方に分かれて戦いあった王侯たちは、総力戦と大衆民主政治が到来するなかで、それぞれの運命を甘受せざるを得なかった。

ヴィクトリア女王を「名付け親《ゴッドマザー》」とするヨーロッパ王侯世界のなかで、「ウィリー」の愛称で親しまれたドイツ皇帝ヴィルヘルム二世（Wilhelm II 在位一八八八～一九一八年）は、敗戦後にオランダに亡命し、ここでその一生を終えた。大戦中のロシア革命で玉座を追われた「ニッキー」ことニコライ二世（Nikolai II 在位一八九四～一九一七年）は、その翌年の夏に家族もろとも銃殺された。ハプスブルクやオスマンといったヨーロッパ国際政治に一時代を築いた王朝も滅亡し、本章の冒頭に紹介したファルーク一世の予見通り、この世で最後まで生き残るのはトランプの四人の王様とイギリス国王だけかに思われた。

しかし親戚たちに「ジョージー」と呼ばれたジョージ五世にしても、戦後に急激に台頭した社会主義や大衆政治の波にもまれ、戦後は国民からの強い支持がなければ君主制は維持できないと強く確信した。イギリス議会政治が保守・労働・自由の三党鼎立状態に突入していくなかでも、国王は「公正中立」を保ち、世界恐慌という新たな危機に直面したときには、自ら主導権を握って挙国一致政権を樹立し、国民から絶大な信頼を得た[44]。

こうした状況はジョージ自身からイギリスで薫陶を受け、立憲君主制の現実を自らの目で観察すると同時に、タナーからの進講案などを通じて真剣に理論を学んだ日本の皇太子裕仁に大きな影響を与えたと想像できよう。それは女官制度の改革など宮中の刷新に始まり、衣服や食事を洋風化し、ゴルフやテニスなどのスポーツに興じる姿を国民にアピールすることで幕を開けた。とはいえ、大日本帝国の天皇は「君主」としてもふるまわねばならない。しかも帝国憲法の礎には、プロイセン＝ドイツの憲法や政治体制、オーストリア（ハプスブルク）の憲法学の影響が色濃く残ったままであった[45]。

一九二一年に裕仁が歴訪したヨーロッパとは、イギリスに始まり、フランス、ベルギー、イタリアなどあくまでも大戦の戦勝国に限られていた。戦後三年ほどで「敗戦国」を訪れるのは政治的にも物理的にも難しかったかもしれない。しかしヨーロッパでも、あるいは当時の日本においてさえも、ドイツやオーストリア、ロシアなどの情報を精確に集めることは可能であったはずだ。

事実、のちに侍従武官長を務める本庄繁は、昭和天皇が「歴史ニ精通サレ」ていたことを侍従長を通じて聞いていたようである。「露帝室ノ滅ビタルは帝室ノ為ノミニ計リ、露人民の為メヲ顧ミザリシ結果ナリ」「独乙ノ亡ビシは自国ノ為ノミヲ考ヘテ、世界各国ノ為メヲ顧ミザリシ結果ナリ」と、一九三三年四月の日記には記されている。また本庄自身も、その直後に「御上ヨリ、独乙ノ轍ヲ踏ムベカラズ」と直々に説かれている[46]。

ちょうどナチス党のアドルフ・ヒトラーが政権を獲得して（三三年一月）まもない頃の話であることも興味深い。しかしそれ以上に、裕仁自身がロシアやドイツの君主制が崩壊した要因をある程度は的確にとらえていたことも理解できよう。

それならば国民（さらには民主主義）と共存できる君主制の確立に成功したイギリスとともに、自由主義や国民主義が拡がる新しい時代に適応できなかったドイツやオーストリアの「失敗例」をも参考にして、戦後の天皇制のあり方を再考する余地も残されていたのではないか。大日本帝国憲法が参考にしたプロイセン＝ドイツの「直接拝謁《インメディアートシュテルンク》（軍司令官が国王に単独で謁見できる権利）」は、日本では「帷幄《いあく》上奏権」として知られるものである。この権限がドイツ帝国の末期には文官にも適用され、皇帝とそれを取り巻く個々の政治・軍事的主体との直接的な関係が複雑化し、「総無責任体制」としての皇帝専制につながり、帝国の崩壊に結びついた[47]。

第一次世界大戦後に裕仁が戦勝国イギリスだけではなく、敗戦国の敗因を政治構造的な側面から分析できる機会に恵まれ、またそれをいかして憲法等の改正に乗り出すことができていれば、日本にはまた別の「戦後」が現出していたのかもしれない。

註

1 ——Bassil A. Mardelli, *A King Oppressed : The Story of Farouk of Egypt*, CreateSpace, 2015, p.472.

2――吉野作造「民本主義と國體問題」『大學評論』第一巻第十号、一九一七年、五七頁。
3――新渡戸稲造「日本の君主制の倫理的基礎」(『新渡戸稲造全集』第一八巻所収)教文館、一九八〇年、四八八頁。なお、新渡戸の皇室観については、河西秀哉『近代天皇制から象徴天皇制へ――「象徴」への道程』吉田書店、二〇一八年、一〇八～一一一頁を参照。
4――坂本一登「新しい皇室像を求めて――大正後期の親王と宮中」(近代日本研究会編『年報 近代日本研究20 宮中・皇室と政治』所収)山川出版社、一九九八年、一九～二二頁。
5――伊藤之雄『昭和天皇と立憲君主制の崩壊――睦仁・嘉仁から裕仁へ』名古屋大学出版会、二〇〇五年、四一一頁。
6――伊藤之雄『昭和天皇伝』文春文庫、二〇一四年、第六章～第七章。
7――波多野勝『裕仁皇太子ヨーロッパ外遊記』草思社、一九九八年、二九～三二頁。
8――坂本、前掲論文、一二頁。
9――河西、前掲書、五四～五五頁。
10――裕仁の訪欧については、波多野前掲書を参照されたい。
11――高橋紘『人間 昭和天皇』講談社、二〇一一年、一九一頁。なお、立憲君主制の定義については、君塚直隆『立憲君主制の現在――日本人は「象徴天皇」を維持できるか』新潮選書、二〇一八年、第一章を参照されたい。
12――ジョージ五世の評伝としては、君塚直隆『ジョージ五世――大衆民主政治時代の君主』日経プレミアシリーズ、二〇一一年を参照されたい。
13――George V Papers, The Royal Archives, Windsor Castle, RA GV/PRIV/AA3: George's note, Mar. 1894. 王室文書館の史料は、エリザベス二世女王陛下より閲覧・使用の許可をいただいている。記して感謝したい。
14――ウォルター・バジョット(小松春雄訳)『イギリス憲政論』中公クラシックス、二〇一一年、六三頁。
15――君塚『ジョージ五世』第三章。
16――佐道明広「『皇室外交』に見る皇室と政治　日本外交における『象徴』の意味」(前掲『年報 近代日本研究20』所収)、二二四頁。
17――『昭和天皇実録』第三巻、東京書籍、二〇一五年、一八〇頁。

18――「皇太子殿下海外御巡遊記」第三九章(宮内庁宮内公文書館所蔵、識別番号85496)、四二～四五頁。同史料の閲覧・使用については、内藤一成先生(宮内庁書陵部)よりご教示いただいた。記して感謝したい。

19――原奎一郎編『原敬日記』第五巻、福村出版、一九八一年、四四九頁。大正一〇年九月二〇日。

20――甘露寺受長『天皇さま』日輪閣、一九六五年、三一七頁。

21――伊藤『昭和天皇と立憲君主制の崩壊』、四一一頁。

22――バジョット、前掲訳書、六二～六三頁。

23――カール・レーヴェンシュタイン(秋元律郎・佐藤慶幸訳)『君主制』みすず書房、一九五七年、一五四～一五五頁。

24――坂本、前掲論文、二二頁。なお、原の最新の評伝としては、伊藤之雄『原敬――外交と政治の理想(上・下)』講談社選書メチエ、二〇一四年を参照されたい。

25――伊藤隆・広瀬順晧編『牧野伸顕日記』中央公論社、一九九〇年、四四～四五頁。大正一一年一月二八日。また、女官制度改革については、小田部雄次『ミカドと女官――菊のカーテンの向う側』恒文社、二〇〇一年、一四六～一四八頁が特に詳しい。

26――甘露寺、前掲書、一七五～一七六頁。

27――秋山徳蔵『味――天皇の料理番が語る昭和』中公文庫、二〇〇五年、一〇一～一〇二頁、渡辺誠『昭和天皇のお食事』文春文庫、二〇〇九年、第二章。

28――坂上康博『昭和天皇とスポーツ――〈玉体〉の近代史』吉川弘文館、二〇一六年、一〇二～一〇九頁。

29――Duke of Windsor, *A King's Story: The Memoirs of the Duke of Windsor*, Prion, 1998, p.179.

30――伊藤『昭和天皇と立憲君主制の崩壊』四一五頁。なお、皇室とメディアに関する最新の研究としては、茂木謙之介『表象としての皇族――メディアにみる地域社会の皇族像』吉川弘文館、二〇一七年がある。

31――伊藤『昭和天皇伝』一三五～一三六頁。

32――坂本、前掲論文、二八頁。

33――Duke of Windsor, *op.cit.*, p.136. ポンソンビについては、君塚直隆『女王陛下の影法師』筑摩書房、二〇〇七年、四四～四五頁を特に参照されたい。

34――坂本、前掲論文、二九頁。

35――伊藤『昭和天皇伝』一四一頁。

36――同書、第五～七章、茶谷誠一『牧野伸顕』吉川弘文館、二〇一三年、第四も参照。

37――伊藤『昭和天皇伝』一八三頁。

38――「皇太子殿下海外御巡遊記」第三九章、四八頁。

39――ヴィクトリア女王については君塚直隆『ヴィクトリア女王』中公新書、二〇〇七年、エドワード七世については君塚直隆『ベル・エポックの国際政治――エドワード七世と古典外交の時代』中央公論社、二〇一二年、ジョージ五世については君塚『ジョージ五世』をそれぞれ参照されたい。

40――君塚『ジョージ五世』、第三、五章。

41――君塚『ヴィクトリア女王』、三三一～三三五頁。

42――伊藤『昭和天皇伝』一七三頁、村井良太『政党内閣制の展開と崩壊　一九二七～三六年』有斐閣、二〇一四年、七三頁。

43――伊藤之雄『元老』中公新書、二〇一六年、第一〇章、永井和『西園寺公望』山川出版社、二〇一八年、小宮一夫「山本権兵衛（準）元老擁立運動と薩派」（前掲『年報　近代日本研究20』所収）、三六～七二頁、などを参照されたい。

44――君塚『ジョージ五世』、第六章。

45――大日本帝国憲法とドイツとの関わりについては、瀧井一博『ドイツ国家学と明治国制――シュタイン国家学の軌跡』ミネルヴァ書房、一九九九年、瀧井一博『文明史のなかの明治憲法――この国のかたちと西洋体験』講談社選書メチエ、二〇〇三年を参照。

46――伊藤隆ほか編『本庄繁日記　昭和五～八年』山川出版社、一九八三年、三八七頁。昭和八年四月一七日、一九日。

47――J.R.Gillis, *The Prussian Bureaucracy in Crisis, 1840-1860: Origins of an Administrative Ethos*, Stanford University Press, 1971を参照されたい。

参考文献

伊藤之雄『昭和天皇と立憲君主制の崩壊――睦仁・嘉仁から裕仁へ』名古屋大学出版会、二〇〇五年
伊藤之雄『昭和天皇伝』文春文庫、二〇一四年
伊藤之雄『元老』中公新書、二〇一六年
小田部雄次『ミカドと女官――菊のカーテンの向こう側』恒文社、二〇〇一年
河西秀哉『近代天皇制から象徴天皇制へ――「象徴」への道程』吉田書店、二〇一八年
君塚直隆『ジョージ五世――大衆民主政治時代の君主』日経プレミアシリーズ、二〇一一年
君塚直隆『立憲君主制の現在――日本人は「象徴天皇」を維持できるか』新潮選書、二〇一八年
坂本一登「新しい皇室像を求めて――大正後期の親王と宮中」近代日本研究会編『年報 近代日本研究20 宮中・皇室と政治』山川出版社、一九九八年、七～三五頁
波多野勝『裕仁皇太子ヨーロッパ外遊記』草思社、一九九八年

第10章 ふたつの「戦後」——英帝国と日本

等松春夫 TOHMATSU Haruo

はじめに——「旧外交」の師弟

「内に立憲、外に帝国」とは、明治末期から第一次世界大戦期の日本を形容する際によく使われる言葉である。日本は第一次大戦への参戦を契機に山東半島の租借地とミクロネシアをドイツから奪取し、戦後それを支配下に置くことをもくろんだ。辛亥革命後の混乱が続く中国大陸では、中華民国の袁世凱政権に二十一ヵ条要求を突きつけ、満蒙権益の維持と中国本土への勢力拡大を図った。まことに「帝国主義」を絵に描いたような行動である。その一方、国内では藩閥官僚政府を打倒し、普通選挙実現をめざす「大正デモクラシー」運動が盛り上がっていた。まさに「立憲主義」である。

実は日本に先だって、こうした動きを実践してきたのが英国であった。英国は一八世紀に産業革命を成功させ、それによって培った国力を背景に世界に覇を唱えた。とりわけ、ワーテルローでナポレオンを降した(一八一五年)のち、ヴィクトリア女王の長い治世(在位一八三七～一九〇一年)が終わる頃には、地表面積と世界人口の四分の一を版図に収める「日の没することなき帝国」となっていた。国内では王室を戴きながら、保守党と自由党の二大政党が交互に政権を担う議会制民主主義を確立した。明治期の日本人はThe British Empire(英帝国)とGreat Britain(大ブリテン島)を結合させて「大英帝国」という、畏敬の念に満ちた新語を作ってしまったが、それも納得させる国力と威信を保持していたのが二〇世紀初頭の英国であった。

英国は外交の世界では「旧外交」の巨匠であり、明治維新以降、富国強兵路線を驀進してきた日本はその師から「旧外交」を忠実に学んだ優秀な弟子であった。「旧外交」は軍事力というハードパワーを駆使しつつ、「文明国標準」というソフトパワーも巧みに利用した[1]。すなわち帝国主義的な強権の発動も「文明」の宣布を目的とすれば正当化できたのである。ここでいう「文明」には国内における立憲体制も含まれていた。明治初期から中期にかけて自由民権運動を経た日本は一八八九(明治二二)年に大日本帝国憲法を発布し、帝国議会を設置すると、その後、男子限定ではあったが選挙権も徐々に拡大していった。この間、朝鮮半島の覇権をめぐって清国、ついでロシアと対決し、半島から南満洲にかけて着々と地歩を固める。

かくして日露戦争に際し日本が強調したのは、有色人種/非西洋文明国の白色人種/西洋文明国に対する挑戦ではなく、立憲的な日本が専制的なロシアに対抗するという図式であった。そして、その日本が一九〇二(明治三五)年以来同盟を結んでいたのが英国である。満洲の原野で戦いながら戦時国際法を遵守した日本は、英国から見てまさに「旧外交」を実践する優秀な弟子であった。

その「旧外交」の師弟が同一陣営に属して共に戦った最初で最後の戦争が第一次世界大戦である。英国にとっての大戦はカナダ、ニューファンドランド、オーストラリア、ニュージーランド、南アフリカという自治領とアイルランド、インドなどの植民地を動員しての「帝国の戦争」であった。その結果、戦後に自治領と植民地は戦争協力と戦勝への貢献を理由に本国からの自立を要求し始める。こうして英国は国内における立憲化のみならず、自治領や植民地の自立要求へ対応する過程で帝国の立憲化をも余儀なくされた。かくして大戦から一九二〇年代にかけて英帝国(The British Empire)は英コモンウェルス(The British Commonwealth of Nations)へと徐々に変貌を遂げていく。コモンウェルスとは本国と自治領・植民地の間の垂直的な支配・被支配関係ではなく、本国と自治領・植民地が水平的な協調関係を形成する概念である。

本章では、日英両国の「戦後」において英帝国の自治領や植民地が果たした役割を概観した上で、英帝国のコモンウェルスへの変容を日本がいかに認識したかを考察したい。

1　消える前のろうそくの輝き——第一次世界大戦と日英軍事協力

一九一四(大正三)年八月四日、大隈重信内閣(一九一四・四・一六〜一九一六・一〇・九)はドイツに宣戦布告を行うにあたり、日英同盟の誼《よしみ》を強調した。一九一一(明治四四)年に改訂された第三次日英同盟には一方が第三国と交戦状態に入っても、自動的に参戦しなければならない義務はなかった[2]。また、英国政府は日本が東アジアにおいて勢力を拡大し、オーストラリア、ニュージーランドという太平洋の自治領の不安を増大させることを恐れ、日本の戦争関与が限定的なものになることを望んでいた。しかし、大戦勃発を「大正の新時代の天佑」と受け止めた大隈内閣は積極的に参戦を推進する[3]。

第一次世界大戦に際して主要連合国の中で日本の軍事的貢献はもっとも少なかったといわれる。たしかに、ヨーロッパの西部戦線や東部戦線、あるいは中東戦線に陸軍部隊を派遣することはなく、そのため人的な損害は軽微であった。しかしながら、異なる形で日本は連合国の戦争努力に少なからぬ貢献をする。たとえばドイツに対して苦戦していたロシア、フランスと英国に大量の武器弾薬を供給した[4]。英国との関係では、開戦三ヵ月後の一九一四年一一月初め、日本陸軍は英軍との共同作戦で山東省青島のドイツ根拠地を攻略した[5]。英国との軍事協定に基づき太平洋の赤道以北のドイツ領ミクロネシアは日本海軍が、赤道以南のドイツ領はオーストラリア、ニュージーランド、英本国の部隊が占領した[6]。ドイツが連合国船舶に対する通商破壊戦を展開したため、大戦のほぼ全期間を通じて日本海軍は太平洋とインド洋で連合国船舶の護衛活動を行った[7]。その主な護衛対象となった航路は太平洋からシンガポール・インド洋を経て紅海・スエズ運河・地中海から英本国に至る、いわゆるエンパイヤ・ルートであった[8]。そして戦争の最後の二年間、一九一七年から一八年にかけては当時英国の支配下にあった地中海のマルタ島に駆逐艦主体の特務艦隊を派遣し、連合軍輸送船団の護衛作戦に従事している[9]。また、一九一六年にシンガポールで発生したインド兵の反乱鎮圧にも、日本海軍は英国植民地当局に協力した[10]。さらに大戦末期から開始されたシベリア出兵(一九一八～二二年)には英本国軍と並んで自治領カナダの部隊も参加している[11]。これらの軍事活動を通じて、日本が改めて英帝国の版図の広がりと多様性を実感したことは間違いない。

2 ふたつの島帝国——英帝国と日本帝国の統治構造

ここで第一次世界大戦終結時の英帝国と日本帝国の統治構造を概観しておきたい。英帝国は本国および海外領土で世界の陸地面積の四分の一、世界人口の四分の一を占める世界帝国であった[12]。成文憲法はないが、王室のもとで議会制民主主義が発達し、保守党と自由党(やがて労働党にとって代わられる)が二大政党として交互に政権を担当していた。軍事力は世界第一位の海軍と平時は小規模だが戦時動員で約四〇〇万人まで拡大した陸軍を有していた。海外領土では白人が統治する領域が自治領(dominion:ドミニオン)と呼ばれる半独立的地位にあり、植民省（Colonial Office：一九二六年以降は自治領省［Dominion Office］）の管轄下に置かれた。自治領は外交権と交戦権は本国政府にあるが内政に対してはほぼ主権を有し、カナダ（一八六七年に自治領ステータスを得る。以下同様）、オーストラリア（一九〇一年）、ニュージーランド（一九〇七年）、ニューファンドランド（一九〇七年）、南アフリカ（一九一〇年）、アイルランド（一九二二年）がそれにあたる。これ以外の直轄統治下の海外領土は王領植民地（crown colony）と呼ばれた〔13〕。

最大の植民地であるインドは、英国の保護下にある在地の王（マハーラージャ：maharaja）たちが治める藩王国（princely state）領と直轄統治される地域から構成されており、インド省（India Office）の管轄下にあった。インド全体の面積と人口の約三〇％を占める藩王国は親英で治安が安定していたが、直轄統治地域ではベンガル州を中心に二〇世紀初め以来自治独立運動が起こりつつあった。最後の統一王朝であるムガル帝国の滅亡（一八五八年）後は英国王がインド皇帝を兼ね、代理として総督をコルカタ（一九一二年以降はデリー）に置いた〔14〕。なお、英領インドとインド省はインド亜大陸のみならず、アフガニスタンからペルシア湾岸までをも管轄下に置いていた。そのためインド兵で編成された英国インド軍（British Indian Army：英印軍）は第一次世界大戦においては主に中東で対オスマン帝国の作戦に従事した〔15〕。

英帝国の外交政策はあくまでも本国政府が主導権を握っており、一九一四年八月三日に英本国がドイツに宣戦布告すると同時に自治領とインドも自動的に参戦している〔16〕。しかし、自治領や植民地における政治意識の高まりにしたがって、原則として四年ごとに開かれる帝国会議（Imperial Conference）に自治領とインドの代表がロンドンに参集して政策の調整を行うようになっていった〔17〕。ちなみに大戦直前の帝国会議は一九一一年に開催されている。

この時期、日本帝国は本国の他、朝鮮、台湾と南樺太を統治する東アジアの中規模の帝国であった。天皇主権の大日本帝国憲法を有していたが、権威主義的体制（藩閥官僚政治）から選挙と政党に基づく議会政治へと移行しつつあった[18]。軍事力は英・米に次ぐ世界第三位の海軍と一七個師団の陸軍である。日清戦争で清国から割譲された台湾の統治はすでに四半世紀に及んでいたが、日露戦争後に保護国化し一九〇九（明治四二）年に併合した朝鮮の統治はまだ一〇年ほどであった。両地域とも親任官である総督によって統治され、同化政策が推進されていた。

日本内地居住者以外の朝鮮・台湾の住民は選挙権を持たなかった。朝鮮総督府と台湾総督府は行政権と立法権をはじめ広汎な権限を有していた[19]。朝鮮においては旧王朝時代の特権を奪われたかつての支配階級である両班層やナショナリズムに覚醒した知識人を中心に抗日意識が高く、朝鮮総督府は反体制運動に厳しい政策で臨んだ（武断統治）[20]。対照的に台湾では領有初期の抵抗が鎮圧された後は大きな抵抗運動はなかったものの、知識人層を中心に文化ナショナリズムが形成されつつあった[21]。

このような状況で二つの帝国は世界大戦を共に戦い、そして戦後を迎えたのである。

3　パリ講和会議——文明国標準・人種平等条項・委任統治

外交の領域で日本が「帝国としての英国」を明白に意識したのは、一九一九（大正八）年一月から六月まで開催されたパリ講和会議である。第一次大戦の戦勝諸国の代表が一堂に会した中に、カナダ、オーストラリア、ニュージーランド、南アフリカ及びインドが英本国とは別個に代表を派遣していた。英本国への戦争協力に対する論功行賞の意味もあった。しかしながら、インド帝国を代表して会議に出席したのは英国の間接統治下にある藩王国の君主であり、直轄統治地域のインド人代表が出席していたわけではなかった[22]。また、カナダ、オーストラリア、ニュージーランド、南アフリカは自治領とよばれる白人が統治する領域であった。この事実には、大戦の処理のような重要案件に関与できるのはいわゆる白人キリスト教文明に属する国々である(文明国標準)という暗黙の前提が反映されていた[23]。この点こそ日本代表団が、語学能力の限界と並んでパリ講和会議で孤立感に苦しんだ大きな理由であった。

このパリ講和会議において日本が「帝国としての英国」を実感したであろう主要な案件が三つあった。いずれも国際連盟に関連している。国際連盟の設立、国際連盟規約への人種平等条項挿入をめぐる会議の紛糾、そして連盟規約第二二条に基づく委任統治制度の創設である。これらの案件には英本国以上に自治領が密接に関与していた。以下、それぞれの案件を概観する。

講和会議の主要議題の一つは、戦争を防止するための常設平和維持機構の設立であった[24]。戦時中すでに英米はもとより中央同盟側のドイツやオーストリア=ハンガリーでもこの種の構想が論議されていたが、講和会議において具体的な叩き台を提供したのは、自治領南アフリカの首相で英国戦時内閣の一員でもあったヤン・クリスチャン・スマッツ(Jan Christian Smuts, 1870-1950)であった。その『国際連盟――ある現実的な提案(*The League of Nations: A Practical Suggestion*)』という七〇頁余りの小冊子に、ウッドロー・ウィルソン(Woodrow Wilson)米国大統領(任期一九一三・三・四〜一九二一・三・四)の提唱する一四原則(Fourteen Points)の要素が加味されて国際連盟の原案が形成されていったのである。その意味でスマッツはたしかに国際連盟を設計した人物であった[25]。後述する委任統治制度もこのスマッツの国際連盟構想に盛り込まれていたアイディアが発展したものである。そして国際連盟の青写真を作ったスマッツの南アフリカはもとより、カナダ、オーストラリア、ニュージーランド、インドに英本国とは別個に連盟に加盟する資格が与えられた。その意味で、連盟の設立は自治領とインドの国際的ステータスを向上させる効果があったと言えよう。

この国際連盟の理念と組織を規定する国際連盟規約(Covenant of the League of Nations)を作る過程で持ち上

がったのが、人種平等条項挿入問題である[26]。米国、英国、フランス、イタリアと並ぶ「主タル同盟及ビ連合国（Principal Allied and Associated Powers）」の一員として会議に臨んだ日本の不安は、この常設国際機構が白人キリスト教文明諸国主導の組織となり、有色人種で非キリスト教文明国の日本が孤立して不利益を被ることであった。確かに一九一九年当時、地球上に存在していた主権国家の数は約六〇で、その多数派が白人キリスト教文明諸国であり、アフリカ、中東、アジアの独立国家の数は微々たるものであった[27]。そこで日本代表団は何らかの形で人種平等の原則を連盟規約に含めることを要求した。

この日本の要求に頑強に反対したのが自治領オーストラリアの全権ビリー・ヒューズ首相（Billy Hughes, 任期一九一五～一九二三）である。オーストラリアは自国を「イングランド及びアイルランド系の白人国家（白豪主義）」と規定しており、有色人種はもちろん、これ以外の系統の白人の移民の流入にも反対していた[28]。安価な賃金で働くアジア人労働者が白人労働者の雇用を奪いかねないという経済的不安もあり、一九〇一（明治三四）年には移住制限法（Immigration Restriction Act）を制定している。また、大戦中に中部太平洋まで勢力を拡大した日本に対する恐怖心も存在した。太平洋に面したブリティッシュ・コロンビア州で日系移民問題を抱える自治領カナダもまたオーストラリアに同調した[29]。

連盟規約に人種平等条項を含める日本の提案は会議における多数決では過半数の支持を得た。しかし、最終的には重要案件では全会一致を要するという議長を務めるウィルソンの判断で、人種平等条項挿入提案は否決される。英本国は日英同盟継続を視野に入れて日本の提案を検討したが、結局米国との協調と自治領への配慮から反対に回った。これは英本国が自治領要因で重要な外交政策を決定した事例となり、日本が否定的な意味で自治領が英帝国の政策決定に及ぼす影響を認識する機会となったのである。

講和会議ではまた委任統治制度（mandate system）を作るための審議も行われた。この制度は敗戦国ドイツのアフリカ・太平洋の植民地とオスマン帝国の非トルコ地域の統治を適切な先進国（受任国）に委任するというものであった[30]。本来、ドイツ、オーストリア＝ハンガリー、ロシアという多民族帝国の支配下にあった中・東欧の諸民族に適用する意図で構想されたスマッツの案に、ウィルソンの「領土非併合」「人民の自決」原則を加えたものと言えよう。

しかしながら、中・東欧諸国にはパリ講和会議において独立が与えられることになったため、この制度はアフリカ、中東と太平洋に適用されることになったのである。そのためもあって、委任統治制度では「文明（civilisation）」という語が強調されることになった。ここにも「文明国標準」の意識が反映されている。国際連盟規約第二二条には将来の自立を示唆する文言があったが、現実に規定された委任統治にはA・B・C三つの種類があり、A式は実質上の保護国、B・C式は通常の植民地に近いものであった[31]。とはいえ受任国は毎年詳細な行政年報を連盟理事会に提出し、理事会の審査に基づく勧告を尊重する義務があった。植民地統治にこのような連盟の監督が及ぶ点には帝国主義を抑制する要素が含まれていたといえよう。

アジア・太平洋地域にあった旧ドイツ植民地にはもっとも通常植民地に近いC式が適用されることとなった。C式の原案は植民大臣で講和会議の英国代表の一人であったアルフレッド・ミルナー（Alfred Milner, 1854-1925）によって作成され、デイビッド・ロイド＝ジョージ（David Lloyd-George）英国首相（任期一九一六・一二・六～一九二二・一〇・一九）から英仏米日の代表団に提出された。最高会議はミルナーの下に委任統治条項の草案準備委員会を設け、C式委任統治条項の草案を提出させた。このC式の条文を起草したのがオーストラリア代表団の一員で法律家のジョン・レイサム（John Latham, 1877-1954）である[32]。

こうして赤道以北のミクロネシアは日本が、赤道以南の旧ドイツ領はオーストラリアがパプアと周辺島嶼、ニュージーランドが西サモア、英本国とニュージーランドとオーストラリアが共同でナウルをC式委任統治下に置いた。また、南アフリカも隣接する旧ドイツ領ナミビア(Namibia)を南西アフリカ(South West Africa)の名称でC式委任統治下に置いた。C式の条文には該当地域は受任国の「構成領土の一部として(...as integral portions of the territory...)」統治されるというA・B式にはない規定があった。連盟の権威を利用しつつも連盟の権限は制限し、受任国としての権限を強化したいとの意図を持っていた点で、英自治領と日本はC式委任統治をめぐって図らずも協力関係にあったと言えよう[33]。

4 ワシントン会議——日英同盟の終焉と自治領の不安

次に日本が自治領の存在を意識した機会は一九二一(大正一〇)年末から翌年初めにかけて開催されたワシントン会議である。第一次世界大戦が太平洋地域にもたらした変化と、辛亥革命後不安定な情勢が続く中国への対処を目的として、この地域に利害を有する国々の代表が参集した。しかし、パリ講和会議とは異なりカナダ、オーストラリア、ニュージーランド自治領は英本国と別個の代表を派遣できず、各自治領の代表は英帝国代表団の中にまとめて含まれていた。ただし、事前に行われた一九二一年夏の帝国会議において、英本国はすでに個々の自治領の意見を聴取していた。

ワシントン会議における主要案件の一つは、大戦後の太平洋における英帝国、米国、日本の関係の調整であった。本書の第一章で指摘されているように、大戦によってアジア・太平洋地域の戦略環境はドイツの退場によって大きく変化していた。ミクロネシアに進出した日本の勢力に対して米国およびオーストラリア、ニュージーランドは脅威感を抱く。ドイツとロシアという二つの有力な海軍国が敗戦と革命で脱落したため、世界の有力海軍の上位三国は英国、米国、日本となった。ここで問題となったのが日英同盟の存在である。

日英同盟は一九一一年の改訂によって米国を対象から外したため、米国にとって実質上は無害な内容となっていた[34]。しかし、パリ講和会議でも明らかになったように、米国は伝統的な二国間同盟を好まず、外交を多国間的な基調に移していた。また、世界第一位と第三位の海軍国が形式だけであっても日英同盟によって結びつくことは、世界第二位の海軍国である米国にとって好ましい事態ではなかった。そこでワシントン会議において米国が提案したのが日英同盟に代わる多国間新条約の締結であり、結局それが日英米にフランスを加えた四ヵ国条約となったのである。この条約は締約国が太平洋における権益を相互に尊重しあうというごく一般的な内容であり、ワシントン会議で締結された条約や協定の中でもっとも具体性がないと評された。このことからもわかるように、四ヵ国条約は米国が日英両国に二国間同盟を廃棄させるための口実という色彩が濃厚であった。

日英同盟の廃棄をめぐっては英帝国内の意見は当初統一されていなかった。本国政府内においても同盟継続派と廃棄派があった[35]。廃棄派の論理は、大戦で国力を消耗した英国が戦後世界において影響力を維持するためには、米国との協調関係を優先すべきという認識である。一方、国力を消耗してアジア太平洋に大戦前のような軍事力を維持できないというもう一つの現実認識から、日本との友好関係を維持するために同盟を継続すべきであるとの主張もあった。また、対米関係において日英同盟が形骸化していたとはいえ、中国、インドや東南アジアにおける反植民地ナショナリズムに対処する上で、同盟の継続は心理的にアジア主義に傾きかねない日本を英国へつなぎとめておくであろう、との見解もあった。このように英本国政府内には同盟をめぐって多様な主張が併存していた。

日英同盟継続をめぐる議論は一九二一年夏の帝国会議で本国と自治領の間で主要な議題となった[36]。自治領の動向も一様ではなく、米国に同調するカナダは日英同盟の廃棄に賛成であった。長大な国境線で接する米国は、カナダにとって安全保障上も経済産業上も巨大な存在であった。また、国家機能の中枢が大西洋岸にあるカナダにとって、日本海軍が襲来する現実的な不安は低かったのである[37]。

カナダとは対照的に、オーストラリアは同盟継続に賛成であった。前節で見たようにパリ講和会議でオーストラリアは国際連盟規約への人種平等条項挿入をめぐって日本と激しく対立した。人種偏見に基づく日本への脅威論も国内には少なくなかった。しかしながら、そうであるがゆえに現実主義的な判断が働き、オーストラリアは同盟継続を望んだ。広大な国土と豊富な資源を有しながら人口はわずか五三〇万(一九二〇年当時)に過ぎず、貧弱な工業力と軍事力しか持たないオーストラリアにとって、赤道以北のミクロネシアにまで勢力を拡大した日本の脅威はカナダとは比較にならないほど切迫したものだったのである。そのため少しでも自国の防衛線を北方へ推進しようと、戦時中は本国に対してヤップ島を占領したいとの希望を伝えていた。大戦中の軍事協定にしたがってヤップ島は一九一四(大正三)年秋以来日本海軍が占領していたが、海底電信ケーブルの中継地であることを口実にオーストラリアも同島に対する権利を主張したのである[38]。

このように対日警戒心の強いオーストラリアであったが、他方で日本海軍によって自国の船舶が護衛された戦時中の記憶も真新しかった。オーストラリア軍やニュージーランド軍の将兵を輸送する軍用輸送船と本国や英帝国各地との間を行き来する船舶の安全は日本海軍によって保証されていたのである。その点では対日関係を悪化させることは望ましくなかった。このようなオーストラリアの立場を要約すると、日本からの移民は入ってきてほしくないが(国際連盟規約への人種平等条項の挿入反対)、安全保障と通商の上からは日本との友好関係を維持したい(日英同盟の継続希望)というものであった[39]。

カナダとオーストラリアという二大自治領の対日姿勢の間にはこのような懸隔があり、英本国政府は双方に配慮しつつ対日・対米関係を調整せねばならなかった。結局、対米協調を重視する英本国は同盟廃棄を決定し、英本国と同様の対米認識を持つ日本もこれを受け入れ、四ヵ国条約が結ばれて日英同盟は廃棄が決定された。この結果、会議終了の翌年一九二三(大正一二)年八月一七日をもって日英同盟は失効する[40]。

では、英本国はオーストラリアの不安にどのように対処したのだろうか。四ヵ国条約の文言が一般的であったのに対し、この会議で同時に締結された英・米・日・仏・伊という五大海軍国の主力艦建造の比率制限を主軸とする海軍軍縮条約では、オーストラリアの不安に対するより具体的な保証がなされた。すなわち、同条約第一九条では条約締結国の太平洋の島嶼領土における軍事施設の凍結が定められたのである。その結果、日本は新たに獲得した旧ドイツ領ミクロネシアのみならず沖縄・南西諸島や小笠原諸島の防備も制限された。しかし、同条文では「香港及英帝國カ東經百十度以東ノ太平洋ニ於テ現ニ領有シ又ハ將來取得スルコトアルヘキ島嶼タル屬地」は除かれたため、英国統治下のシンガポールには防備制限が適用されず、軍事基地の強化が法的に可能であった[41]。そのため、英本国はシンガポールの海軍基地機能を強化し、有事の際は本国から有力な艦隊を派遣してシンガポールを拠点としてオーストラリア、ニュージーランドを防衛することを自治領に保証した[42]。後年アジア・太平洋戦争勃発に際してシンガポール戦略は脆くも破綻するが、国際協調の機運が高まっていた一九二〇年代初頭においては、列強の太平洋島嶼量の防備制限とシンガポール基地の存在は、南太平洋の自治領に相応の安心感を与えたのである。

5 ナショナリズムからの挑戦――アイルランド・インド・朝鮮・台湾

戦後、二つの帝国が直面した共通の問題の一つが植民地におけるナショナリズムの高揚と尖鋭化であった。パリ講和会議が始まって間もない一九一九(大正八)年一月二一日、英国統治下のアイルランドで急進ナショナリストたちが独立宣言を発し、英国に対する独立戦争が開始された[43]。アイルランドは一二世紀以来徐々にイングランドの支配下に置かれ、ついには一八〇〇年の連合条約によって併合された。アイルランド島北部六州のアルスター(Ulster)地方はイングランド人およびアングロ＝アイリッシュ(Anglo-Irish)と呼ばれるイングランド化したアイルランド人(宗教的には国教会)が多数を占め、英帝国に残留することを望んだ。対照的に、アイルランド島の大部分を占める残りの南部二六州はケルト系住民(宗教的にはカトリック)が多数派で、イングランドによる支配に反抗していた。一八八六年から三度にわたりアイルランド自治法(Irish Home Rule)が審議されたが、英国議会によって葬られ続けてきた[44]。

このような分裂を抱えたままアイルランド人も第一次世界大戦に動員され、多くの兵士が西部戦線で死傷した。イングランド主導の戦争への動員に反発した独立派アイルランド人たちは一九一六年四月、ドイツの援助も得てダブリンで武装蜂起するも、英官憲により短期間で鎮圧され、著名人も含む多くの独立派人士が逮捕・処刑された(イースター蜂起)[45]。しかし、蜂起鎮圧後も反英感情はくすぶり続け、ついに本格的な独立闘争の開始となったのである。この展開にはパリ講和会議においてウィルソン大統領の唱えた人民自決の原則の影響が明らかに見られた。

結局、騒乱を収拾するため英国は、独立派のシン・フェイン党を中核とするナショナリスト政権との間で一九二一年一二月に英愛条約(Anglo-Irish Treaty)を結び、アイルランドに自治領のステータスを与えた。英帝国の統治構造に関する公文書で初めて「コモンウェルス(commonwealth)」という語が使用されたのがこの条約である[46]。この条約によって翌一九二二年にはアイルランド自由国(Irish Free State)が誕生し、以後は他の自治領と対等の資格で帝国会議に参加することとなった。一九二三年の帝国会議にはさっそく代表を送り、一九二六年の帝国会議では、南アフリカと共に帝国からの離脱を示唆し、その結果「バルフォア報告書

(Balfour Report)」が採択される契機となる(次節にて詳述)。

アイルランドと並んで英国が対処に苦慮したのはインドの反英運動である。インドは大戦に際し大規模な軍事的・経済的貢献を英本国に行った[47]。インド人の戦争協力に対して英国はインド統治法(Government of India Act 1919)を発布して戦後の自治を約したが結局画餅に終わった。それどころかインド政庁が、反英独立運動を取り締まるためにローラット法(Rowlatt Act)の制定に踏み切ったため、ナショナリストたちの英国統治への反感はさらに高まった。

前述のようにインドはパリ講和会議に代表を送りはしたが、それはインド政庁の英国人行政官と有力な藩王国の君主であり、全土の三分の二を占める直轄領のインド人の声が会議に反映されたわけではなかった。そのパリ講和会議中の一九一九年四月一三日、パンジャーブ地方のアムリットサルにおいて非武装の市民の抗議集会に対して英国官憲が発砲し、一五〇〇名以上の死傷者を出す大惨事となった[48]。これをきっかけにマハトマ・ガンディー(Mahatma Gandhi, 1869-1948)やジャワハルラール・ネルー(Jawaharlal Nehru, 1889-1964)らの率いるインド国民会議派(Indian National Congress)が中心となり、英国のインド統治に対する粘り強い抵抗運動が展開されることとなる[49]。

日本にとってアイルランドとインドの騒乱は対岸の火事ではなかった。一九一九年三月一日、今度は日本統治下の朝鮮では大規模な反日独立運動が始まった。「三・一事件」である。全土に広がった抗議行動はやがて騒乱化し、その鎮圧に朝鮮総督府は多数の警官のみならず軍隊まで動員せざるを得なかった。運動が終息した五月上旬までに数千名の死傷者を出し、逮捕者は一万二〇〇〇名以上に達した[50]。「三・一事件」の背景にもパリ講和会議におけるウィルソンの人民の自決原則の影響が及んでいた。この事件を契機に長谷川好道総督(任期一九一六・一〇・一六〜一九一九・八・一二)は解任され、斎藤実新総督(在任一九一九・八・一三〜一九二七・一二・一〇)の下で朝鮮総督府は従来の強権的な「武断統治」を改め、ナショナリスト勢力をある程度宥和する「文化統治」に転じる[51]。一部のナショナリストたちにより、一九一九年四月一一日に上海で大韓民国臨時政府の設立が宣言されたが、内紛が激しく、朝鮮半島内部にはほとんど影響力を及ぼせず、権力移譲の受け皿になる政治主体にはなれなかった[52]。

朝鮮とは対照的に、第一次大戦後の台湾では「三・一事件」のような独立を要求する騒乱は発生しなかった。しかし、台湾社会の成熟と日本本土の「大正デモクラシー」の影響で知識人層の間では文化ナショナリズムが形成されていき、それはやがて台湾議会開設運動へと発展していく[53]。

その一方、一九三〇(昭和五)年一〇月には台中州能高郡霧社において山地先住民(当時日本では高砂族と総称した)による蜂起が発生し、台湾総督府を震撼させた。霧社事件と呼ばれるこの蜂起では先住民によって一三〇名以上の日本人が殺害され、鎮圧の過程で先住民も日本官憲と軍隊によって七〇〇名以上が殺害された[54]。しかし、この蜂起には政治的ナショナリズムの背景は乏しく、先住民の慣習を尊重せず高圧的な姿勢で臨んだ台湾総督府の理蕃政策への先住民の反抗が本質であった。

このように一九二〇年代を通じて日英両帝国は植民地住民から不断の挑戦を受けていたのである。

6　コモンウェルスの形成——チャナク事件から「ウェストミンスター憲章」まで

ここまで見てきたように、英帝国の「戦後」の国際政治上の重要な局面では自治領や植民地が重要な役割を演じてきた。ここで、自治領や植民地がどのように英帝国の中で自らの地位を変化させていったか、そしてその結果、英帝国自体がどのように変容していったかまとめてみたい。

英帝国の統治機構の変遷の文脈で「コモンウェルス」という語が公文書で最初に使用されたのは、前節で述べたように一九二一年の英愛条約であった。しかしながら、英帝国が名実ともにコモンウェルスへと変容していく大きな契機となったのは、翌一九二二年のチャナク事件（Chanak Incident）である[55]。第一次世界大戦に敗れたオスマン帝国は戦後、戦勝諸国による分割とギリシア軍の侵攻にさらされ解体の危機に瀕していた。大戦中、ガリポリの戦いで英仏軍とオーストラリア・ニュージーランド連合軍団（Australia and New Zealand Army Corps: ANZAC）を撃退して国民的英雄になっていたムスタファ・ケマル（Mustafa Kemal Ataturk, 1881-1938）の率いるトルコ国民軍が失地回復をめざして、一九二二年九月に英仏軍の駐留するダーダネルス海峡中立地帯への進攻を開始した。同地域のチャナクで英軍と国民軍が一触即発の状況に陥った際、英本国政府は自治領への軍事援助の要請を行った。ところがカナダ政府はこの要請を拒み、当初は本国に同調的であった他の自治領もカナダに倣い部隊派遣を中止した[56]。自治領の協力を得られなかった英本国はやむをえず国民軍との対決を諦める。以後ケマル政権との妥協を図らざるを得なくなり、やがて、ローザンヌ条約が締結された。この責任を取って大戦後半以来政権を担ってきたロイド＝ジョージ首相は辞任した。第一次大戦勃発に際しては、本国の対独宣戦布告と同時に参戦した自治領が公然と異を唱え、本国の外交政策を改めさせた点で、チャナク事件は英帝国史上特筆すべき転換点となったのである。

カナダの自立志向は際立っており、チャナク事件の翌一九二三年には英本国と協議することなしに北太平洋の漁業権に関するオヒョウ条約（Halibut Treaty）を米国との間に結んだ。これはカナダが単独で外交権を行使した初めての事例である[57]。同じ年にカナダはワシントンＤＣにカナダ代表部を置き、事実上の大使館として機能させ始めた。

このような状況で迎えた一九二六年の帝国会議では、カナダ代表のロバート・ボーデン（Robert Borden, 1854-

1937）元首相と南アフリカ代表のスマッツが英本国と自治領の関係を再規定すべきことを提言した。その結果、会議の議長を務めた元英国首相アーサー・バルフォア（Arthur Balfour, 1848-1930）の名を冠した報告書が作成され採択された。この「バルフォア報告書」によれば自治領は「…英帝国内において自立した共同体であり、その地位は平等であって、国内外を問わずいかなる側面においても、ある国が他の国の下位に置かれることはなく、王冠への共通の忠誠によって結ばれる。そしてブリティッシュ・コモンウェルス・オブ・ネーションズの一員として自由な連邦を形成する」[58]。

この報告を受けて同年、植民省から分離して自治領省（Dominion Office）が設立され、保守党の政治家レオ・エイマリー（Leo Amery, 1873-1955）が初代大臣に任命された。このときから自治領は事実上の（de facto）独立主権国家になったと言えよう。カナダは既に一九二三年にワシントンDCにカナダ代表部を設けていたが、一九二九年にはダブリンに高等弁務官事務所、そして東京には公使館を設置する（第七節参照）。

一九二九年の「自治領立法の施行に関する会議（Conference on the Operation of Dominion Legislation）」および一九三〇年の帝国会議において「バルフォア報告書」の細部が検討され、その原案に基づく「ウェストミンスター憲章（Statute of Westminster）」が一九三一年一二月一一日に英国議会によって承認された。これによって自治領は法律上（de jure）の独立をも保証された。特筆すべきは戦時における自治領の中立権の確立である。

とはいえ、自治領の対応には温度差があり、同憲章をただちに施行したカナダもあれば、第二次世界大戦中の一九四二年まで発効させなかったオーストラリアもあった。ニュージーランドに至っては、第二次世界大戦後の一九四七年に至って、ようやく「ウェストミンスター憲章」を議会で批准している[59]。この時間差にはそれぞれの自治領の本国との関係の深さ――とりわけ安全保障と経済面で――の差が反映されていると言えよう。いずれにせよ、英帝国の「立憲化」はこのように進んでいった。

7　日本のコモンウェルス認識

ところで、ここまで見てきたような戦中から戦争直後の自治領や植民地の英国外交への関与を観察して、日本は英帝国からコモンウェルスへの変容をどのように認識していたのだろうか。おそらく日本でこの変容にもっとも早く気付いていたのは植民地官僚の吉村源太郎（一八七五～一九四五）である[60]。吉村は東京帝国大学法科大学を卒業後、内閣法制局参事官や関東都督府参事官などを歴任して一九一七（大正六）年夏より内閣拓殖局の嘱託となった。この頃、黒龍会の雑誌『亜細亜時論』に寄稿した論文「戦争と英国の国家組織」では、ロイド＝ジョージによる戦時内閣の設置と自治領の戦争への関与が英帝国の統治構造に大きな変化をもたらすであろうことを予測している。大戦の休戦四ヵ月前の一九一八年七月に拓殖局嘱託として執筆した報告書「英帝国之統一問題」では英帝国の統一の中核が本国と自治領の関係にあることを指摘し、三～四年ごとに開催される帝国会議の重要性を強調している。そして休戦から間もない一九一八年一二月の『亜細亜時論』に掲載された論文「英吉利の国家統一策」では「…重要なるものは自治殖民地であって、現在は加奈陀、ニューファンドランド、南阿連邦、濠州連邦及ニュージーランドがこれに属する。是は白人が政治上、経済上、又社会上に優越せる地位を占め、本国の制度に倣って、立法議会と政党内閣を有するものである。従て統一問題の中心を為すものは是等自治殖民地と英国との関係に外ならない」と述べている。また、アイルランドやインドという有力な植民地の統治を安定させることの困難をも指摘している。吉村は「愛蘭問題」（一九一九年八月）、「印度統治改革問題」（一九二〇年八月）、「印度ノ国民運動」（一九二一年三月）「南阿連邦論」（一九二三年五月）と立て続けに拓殖局で報告書を作成し、戦後の英帝国が直面した植民地ナショナリズムからの挑戦を正確に分析している[61]。

英帝国が直面する戦後問題への関心は現場の植民地官僚たちにも共有されていた。たとえば、一九一〇(明治四三)年から二三(大正一二)年まで朝鮮総督府で勤務した(最終職位は監察官)時永浦三(一八八四～一九二九)は、一九一九年一一月から一九二一年三月までの長期の欧米出張の観察に基づく報告書「愛蘭問題」を一九二一年七月に作成した[62]。アイルランド独立戦争が終息し、南部の二六州が英愛条約で自治領ステータスを獲得する五ヵ月前のことである。これはアイルランド問題をその起源から緻密に分析した内容で瞠目に値する。しかし、時永はアイルランド統治と朝鮮統治の構造は似て非なるものであり、時間の経過とともに朝鮮における同化政策が成功することを確信していた[63]。

アイルランドと朝鮮の比較は学者もしばしば行っている。もっとも有名な事例は矢内原忠雄(一八九三～一九六一)による朝鮮とアイルランドの比較論であろう[64]。東京帝国大学の植民政策学の教授として植民地統治を精緻に分析考察した矢内原は、帝国主義に抵抗した日本の良心と高く評価されている。その矢内原は朝鮮における同化政策を批判し、英国のアイルランド統治が失敗したごとく、朝鮮統治も永続しないと示唆する。英愛条約の締結によって自治領ステータスを獲得し、アイルランド自由国になったことでアイルランド問題は解決し、朝鮮の未来もかくあるべきと矢内原は考えていた。しかしながら、併合の時期、統治の長さ、社会構造の違いなどを考慮すると、アイルランド問題と朝鮮問題を直線的につなぐ見解には批判もある[65]。アイルランドにあって朝鮮に欠けていたものは、市民社会と権力の受け皿になれる政治主体であった。とはいえ、将来の可能性として日本帝国のコモンウェルス化を矢内原は示唆したのであった。

吉村、時浦や矢内原はエリートではあるが、あくまでも実務官僚であり、研究者であった。政治家や外交官ではなく、したがって日本の国策形成に彼らがどの程度の影響力を有していたかを判断することは難しい。

しかしながら、植民地行政実務の要職に就くエリートたちや帝国大学教授に代表される知識層の間で英帝国のコモンウェルスへの変容が認識されていたことは間違いない。

英帝国とコモンウェルスに関するトピックは国際政治や国際法の論題としても注目を集め、『国際知識』『国際法外交雑誌』『外交時報』『改造』『中央公論』等の学術雑や高級誌にしばしば記事や論説が掲載された。そこでは「英吉利連邦」「大英共栄圏」「ブリテン国民団」など、執筆者がコモンウェルスの訳語に苦心しているのが見えて興味深い。

このような英帝国・コモンウェルス論の中で出色なのは一九二七（昭和二）年一月の『外交時報』に掲載された東京帝国大学教授、神川彦松（一八八九〜一九八八）の「大英帝国の将来を論ず――英語民族の団結益々発展せん」で、「バルフォア報告書」が採択された前年一九二六年の帝国会議を分析した論考である。神川は一八世紀末の独立戦争による北米植民地（米国）の喪失の教訓から英国が白人植民地に徐々に権限を委譲していくことによってそれらを本国に繋ぎとめてきたことを、洗練された形態の帝国支配として評価する。また、近年の自治領の自立傾向の理由として、各自治領における政治意識の覚醒や経済力の向上、第一次世界大戦における本国への貢献と並んで、国際連盟の設立と集団安全保障規範の発達が大きく関与していることを指摘している。そして、「バルフォア報告書」の採択をもって英帝国の分裂と弱体化が始まったのではないかという一部の有識者の論調に対しては以下のように反論する。

> 英本国は恐らく将来いつかは一小国と化するの時が来るであろう。しかし同時にアングロサクソンの団体は世界を一層確実に支配するに至るであろう。（中略）実に英帝国は正にアングロサクソン諸民族の連合に進化しつつあるのである。而して更に進んでイングリッシュ・スピーキング・ネーションズの大同

団結の大運動が正に起こりつつあるのである。英語国民が提携するとき、今日といえ世界は其支配に服従するの外なき状態にある[66]。

神川がここで筆を止め、コモンウェルスへ変容していく英帝国と対照させて日本帝国の将来像を論じることがないのは物足りないが、二〇世紀国際社会のその後の展開を振り返るとき、慧眼と言わざるを得ない。

一方、帝国会議が開催されるたびに、外務省では詳細な調書や報告書が作成されている[67]。会議に際して作成された公式・非公式の文書や資料を出先機関が収集し作られたものであるが、矢内原や神川のような独自の分析や政策提言には至っていない。

帝国会議の開催と並んで、コモンウェルスの存在を日本の政策形成者が明示的に意識した初期の事例は、一九二九年の在日カナダ公使館の設置であった。英本国からの自立意識がもっとも高かったカナダがすでに一九二三年に在米公館を置いたことは前述した。一九二六年の「バルフォア報告書」採択後、一九二九年からは東京に公使を駐箚させた。パリ講和会議、ワシントン会議における英帝国の政策決定における自治領の影響を間接的に見ることはあっても、日本と各自治領の間にはこれまで直接の外交窓口はなかったので、これは画期的な出来事であった。当時、米国と並んでカナダ（主としてブリティッシュ・コロンビア州）にも日本人移民が多数居住しており、その処遇をめぐる問題は日英間の交渉事項であった[68]。しかし、一九二九年の公使館設置により日本とカナダの間に直接交渉のチャンネルが開かれたのである。とはいえ、外交に不慣れな在日公館のカナダ人たちへの評価はあまり高くなかった[69]。

他の自治領に目を転じると、カナダ公使館設置の五年後の一九三四年五月、満州事変以降の日本の国情を探るため、オーストラリア政府は副首相兼外相になっていたジョン・レイサムを親善使節として日本に派遣した[70]。これはオーストラリアが英本国と別個に始めた独自外交である。このとき具体的な案件が論議されたわけではなかったが、レイサムの訪日は廣田弘毅(一八七八～一九四八)外相はじめ日本の要路に英帝国の外交がもはや本国に一元化されたものではなくなっていることを実感させた。しかし、オーストラリアが公使館を東京に設置するのは六年後の一九四〇年であり、もはや独自外交の余地と時間は残されていなかった。

おわりに――それぞれの「戦前」へ

一九三一年一二月に「ウェストミンスター憲章」が承認され英帝国がコモンウェルスとして再出発した頃、東アジアでは関東軍が満洲全土を制圧しようとしていた。同年九月に始まった満洲事変は日本がアジア・太平洋における「戦後秩序」に公然と挑戦する第一歩となった。やがて翌一九三二(昭和七)年三月には「満洲国」の建国が強行される[71]。「リットン報告書」を不満として国際連盟からの脱退を宣告し、国際的孤立に直面した日本では「国体明徴運動」という過激なナショナリズムが跋扈する。朝鮮と台湾における同化政策は「皇民化」の名の下で強化され、植民地議会開設運動はその潮流の中に埋没していった。

「満洲国」建国から数ヵ月後の一九三二年七～八月、カナダのオタワで英帝国経済会議が開かれた[72]。世界大恐慌に対処すべく英帝国諸地域間での特恵関税制度が定められ、英帝国・コモンウェルスの経済的利益の維持と政治的統合の強化を図った。しかし、特恵関税制度は結果的に世界経済のブロック化の契機となり、いわゆる「持てる国」と「持たざる国」の対立を助長する結果となる。その半年後にはドイツでアドルフ・ヒトラー(Adolf Hirler, 1889-1945)が政権の座に就き、ナチス・ドイツはヨーロッパにおける「戦後秩序」に公然と挑戦を開始した。こうして二つの島帝国はそれぞれの新たな「戦前」へ、そして「戦争」へと向かっていったのである。
一九四一(昭和一六)年一二月アジア・太平洋戦争が勃発すると、英本国にやや遅れて、自治領も個別に対日宣戦を行った。香港、マラヤ、シンガポール、ビルマ、ニューギニアへ進攻する日本軍将兵の前に立ちはだかったのは、英国のみならずインド、オーストラリア、ニュージーランド、南アフリカ、カナダ出身の兵士たちであった。

註

1——「旧外交」と「新外交」は厳密に定義されているわけではないが、前者が帝国主義的な階層秩序を持つ国際社会を前提とするものであるのに対し、後者はパリ講和会議に臨むウィルソン米国大統領が提唱した「領土非併合」「人民の自決」を軸とする水平的・多国間的な外交をさす。千葉功『旧外交の形成——日本外交一九〇〇~一九一九』勁草書房、二〇〇八年、草間秀三郎『ウィルソンの国際社会政策構想——多角的国際協力の礎石』名古屋大学出版会、一九九〇年、酒井一臣『近代日本外交とアジア太平洋秩序』昭和堂、二〇〇〇年を参照。

2——第一次日英同盟(一九〇二~一九〇四)は防守同盟であった。攻守同盟に変わった第二次同盟(一九〇四~一九一〇)がもっとも実質的な効力を有していた。第三次同盟(一九一一~一九二三)は形式上、攻守同盟であったが、米国を攻撃対象外にしたため実効性は低下していた。

3——「大正の新時代の天佑」は井上馨(一八三六~一九一五)の発言。井上は元老として第二次大隈内閣の後ろ盾であった。

4——平間洋一『第一次世界大戦と日本海軍——外交と軍事の連接』慶應義塾大学出版会、一九九八年、二三五~二四七頁。日本はオーストラリアにも迫撃砲を供給しており、ガリポリ作戦などで使用された。同砲はオーストラリア軍で日本式迫撃砲(Japanese mortar)と呼称された。Australian War Memorial, https://www.awm.gov.au/

collection/C236225

5——片山杜秀『未完のファシズム——「もたざる国」日本の運命』新潮社、二〇一二年、六〇～六九頁。

6——オーストラリア軍による南太平洋における軍事作戦に関しては以下を参照。C. D. Rowley, 'The Occupation of German New Guinea 1914-21', W.J. Hudson, *Australia and Papua New Guinea*, Sydney: Sydney University Press, 1971, pp. 57-73.

7——平間『第一次世界大戦と日本海軍』八〇～八六頁。

8——エンパイヤ・ルートに関しては下記を参照。木畑洋一『帝国航路を往く——イギリス植民地と近代日本』岩波書店、二〇一八年

9——平間『第一次世界大戦と日本海軍』二一一～二二一頁。

10——細谷千博・イアン・ニッシュ監修／平間洋一他編『日英交流史1600～2000』3〈軍事〉、東京大学出版会、二〇〇一年、六二～六三頁。平間『第一次世界大戦と日本海軍』一八七～一九二頁。

11——Gaddis Smith, Canada and the Siberian Intervention 1918-19, *The American Historical Review*, Volume 64, Issue 4 (July 1, 1959), pp.866-877.

12——クリストファー・ベイリ編（中村英勝・石井摩耶子・藤井信行訳）『イギリス帝国歴史地図』東京書籍、一九九四年、一七八～一七九頁。

13——英帝国の統治構造については小川浩之『英連邦——王冠への忠誠と自由な連合』中央公論新社、二〇一二年、第一章「植民地から自治領へ」を参照。

14——インド統治の構造については以下を参照。浜鍋哲雄『英国紳士の植民地統治——インド高等文官への道』中央公論新社、一九九一年。本田毅『インド植民地官僚——大英帝国の超エリートたち』講談社、二〇〇一年。

15——本国陸軍とは別個にインド政庁管轄下に置かれたのが英印軍である。下士官兵と下級士官はインド人であったが、中級および高級士官と将官は英国人であった。英印軍については以下を参照。Byron Farrell, *Armies of the Raj: From the Great Indian Mutiny to the Independence, 1858-1947* (London: W.W. Norton, 1991)。英印軍は西部戦線にも派遣され奮戦している。石井美保「イギリス帝国とインド人兵士——『マーシャル・レイス』にとっての第一次世界大戦」山室信一・岡田暁生他編『第一次世界大戦』1〈世界戦争〉岩波書店、二〇一四年、五七～

七八頁。

16——英本国と自治領の法的な関係でもっとも重要な論点は本国が第三国と交戦状態に入った場合、自治領も自動的に参戦するのか、あるいは中立権を有するのかということであった。松田幹夫『国際法上のコモンウェルスの地位』北樹出版、一九九五年、第二章第三節「第一次大戦開戦時のドミニオン」参照。

17——C. Brad Fought, *The New A-Z of Empire: A Concise Handbook of British Imperial History*, London: I.B. Tauris, pp. 117-118.

18——数次にわたる護憲運動の結果、やがて政友会と民政党が交互に議会における議席数に基づき政権を担当する習慣が確立され「憲政の常道」と呼ばれたが、憲法上の根拠はなかった。

19——朝鮮総督府と台湾総督府の権限については、伊藤隆監修・百瀬孝著『昭和戦前期の日本——制度と実態』吉川弘文館、一九九〇年、第九章「植民地統治」を参照。

20——武断統治については 姜東鎮『日本の朝鮮支配政策史研究——1920年代を中心として』東京大学出版会、一九七九年、一四〇～一四三頁を参照。

21——台湾における文化ナショナリズムの形成については、水野真言「台湾ナショナリズムの誕生と形成」『中国21』第一六号（二〇〇三年三月）一九四～二二五頁を参照。

22——パリ講和会議に出席したインド人代表ガンガ・シン (Ganga Shingh, 1880-1943) はインド北西部のビカナー (Bikaner) 藩王国の君主であった。Monika Chansoria, '1919 Paris Peace Conference Centennial: Recollecting India's Representation and Participation, 日本国際問題研究所 *Policy Brief* (January 23, 2019), pp. 1-14.

23——マーガレット・マクミラン『ピースメイカーズ——1919年パリ講和会議の群像』上巻、芙蓉書房出版、二〇〇七年、五六～七三頁。

24——マクミラン『ピースメイカーズ』上巻、七六～八七頁。篠原初枝『国際連盟——世界平和への「夢と挫折」』中央公論新社、二〇一四年、三二～三七頁。

25——旦祐介「国際連盟をデザインした男——南アフリカ首相J・C・スマッツ」『創文』四三四号（二〇〇一年八月）、一～六頁。

26——人種平等条項挿入をめぐる論争と交渉に関しては、Naoko Shimazu, *Japan, Race and Equality: The Racial Equality*

Proposal of 1919, London: Routledge, 2009, および廣部泉『人種戦争という寓話——黄禍論とアジア主義』名古屋大学出版会、二〇一七年、七四～八七頁を参照。

27——一九二〇年に発足した時点における国際連盟の加盟国数は四二であったが、そのうち非西洋キリスト教文明・非白人国は日本のほか中華民国、シャム（タイ）、ペルシア、リベリアなど微々たる数であった。数の上で多くを占める中南米諸国はヨーロッパ文明が派生して形成された国々であり、支配層は白人キリスト教徒であった。

28——白豪主義の形成については、岩本佑二郎『オーストラリアの内政と外交』日本評論社、一九九三年、一三～一五頁参照。

29——カナダもまた西海岸のブリティッシュ・コロンビア州へのアジア系移民の増大を警戒していた。飯野正子「日英通商航海条約とカナダの日本人移民問題」『国際政治』第七九号（一九八五年五月）一～一八頁。

30——マクミラン『ピースメイカーズ』一三二～一四三頁。

31——国際連盟規約第二二条に規定された委任統治制度においては「文明国によるいまだ自立できない（＝独立国家になれない）後進地域住民の保護育成」という思想が貫かれていた。したがって、C式はもっとも「文明度の低い」地域に適用するとの暗黙の了解があった。

32——オーストラリアは帝国内での自立を示すものとして南太平洋の旧ドイツ領の併合を希望していた。委任統治という形式であっても、それはオーストラリアが「文明国」として後進地域の住民を保護するという、ミニ帝国主義的な自尊心を満足させるものであった。オーストラリアのパプア委任統治の概要は以下を参照。Heather Radi, 'New Guinea under Mandate 1921-41', in Hudson ed, *Australia and Papua New Guinea*, pp. 74-147.

33——南アフリカ、オーストラリア、ニュージーランドの三自治領は委任統治制度の創設から運営にまで密接にかかわることとなり、これらの自治領は英帝国内のいわばサブ帝国の様相を呈した。委任統治への自治領の関与については以下を参照。山本正・細川道久編『コモンウェルスとは何か——ポスト帝国時代のソフトパワー』ミネルヴァ書房、二〇一四年、第七章（旦祐介）「コモンウェルスと委任統治」。また、一九三三年に日本が国際連盟からの脱退を通告してミクロネシア委任統治の資格が連盟において論議の対象となった際、三自治領は暗黙に日本を支持した。等松春夫『日本帝国と委任統治——南洋群島をめぐる国際政治1914～1947』名古屋大学出版会、二〇一一年、八九～九〇頁。

34――第三次日英同盟では米国が同盟の交戦対象から外されていた。細谷千博・イアン・ニッシュ監修／木畑洋一他編『日英交流史１６００～２０００』１〈政治・外交Ⅰ〉、東京大学出版会、二〇〇一年、第八章（村島滋）「二〇世紀史の開幕と日英同盟」二三一～二三二頁。

35――英本国政府内の日英同盟継続の是非に関する論議については以下を参照。細谷千博・イアン・ニッシュ監修／木畑洋一他編『日英交流史１６００～２０００』１〈政治・外交Ⅰ〉、東京大学出版会、二〇〇一年、第九章（イアン・ニッシュ）「同盟のこだま」。

36――R.F. Holland, *Britain and the Commonwealth Alliance 1918-39*, London: Macmillan, 1981, pp.11-15.

37――カナダの日英同盟に対する姿勢については以下を参照。大原裕子『カナダ史への道』山川出版社、一九九六年、第六章「日英廃棄問題に果したカナダの役割と日本の反応」。

38――日本に対する防衛線を極力北方へ延伸しておきたいという安全保障上の要請と並んでオーストラリアには「北進論」とでも呼ぶべきミニ帝国主義意識が存在した。津田博司「オーストラリアにおけるナショナリズム研究と世界大戦の記憶」『国際武器移転史』第六号（二〇一八年七月）参照。

39――岩本『オーストラリアの内政と外交』、四二～四四頁。

40――細谷他編『日英交流史１６００～２０００』１、第八章（村島滋）「二〇世紀史の開幕と日英同盟」二三九～二四二頁。

41――ワシントン海軍軍縮条約においてシンガポールが防備制限対象外にされた経緯については以下を参照。山本文史「シンガポール海軍基地と日英関係――ワシントン条約第一九条成立をめぐって」『軍事史学』第四七巻一号（二〇一一年六月）五六～七一頁。

42――シンガポール戦略とその破綻については以下を参照。Arthur J. Marder, *Old Friends, New Enemies: The Royal Navy and the Imperial Japanese Navy Strategic Illusion 1936-1941*, Oxford University press, 1981, pp.28-94.

43――独立運動の概観は以下を参照。森ありさ『アイルランド独立運動史――シン・フェイン、ＩＲＡ、農地紛争』論創社、一九九九年。

44――小川『英連邦』五四～五六頁。

45――ベイリ編『イギリス帝国歴史地図』一八五～一八六頁。

46――「コモンウェルス」ということばの語義は「共通の富」「共有財産」である。かつて一七世紀半ばのピューリタン革命で王制が廃止され、英国が共和制であった時代に政体の名称として使用された。その後、王制に対して共和制的なニュアンスを示す場合に使われる傾向がある。アイルランドは後に英国王への忠誠を拒否してコモンウェルスを脱退する。ちなみに自治領ではオーストラリアの正式名称もオーストラリア・コモンウェルス(Commonwealth of Australia)である。それに対しカナダとニュージーランドはドミニオン(Dominion of Canada, Dominion of New Zealand)、南アフリカはユニオン(Union of South Africa)を名乗った。英愛条約で重要な点は個々の自治領ではなく、英帝国全体の構造に関してコモンウェルスという語が使用されたことである。

47――インドは大戦中に約一四四万名の兵士を動員し、うち約六万二〇〇〇名が戦死した。川北稔・木畑洋一編『イギリスの歴史――帝国・コモンウェルスのあゆみ』有斐閣、二〇〇〇年、一七八頁。

48――アムリットサルでは、シク教徒とヒンドゥー教徒が大部分を占める一般市民に対してグルカ兵とイスラーム教徒の兵から成る部隊が発砲した。英国の「分割統治」の典型例であった。

49――インドの国民会議派とアイルランドの独立派との間には一定程度の共感と協力関係があった。以下を参照。堀江洋文「インド・アイルランド関係と大英帝国」『専修大学社会科学研究所月報』(二〇一四年八月)一～三四頁。

50――「三・一」事件の概容は以下を参照。マーク・ピーティー(浅野豊美訳)『植民地――20世紀日本帝国50年の興亡』慈学社出版、二〇一二年、九一頁、一四二～一四三頁。

51――文化統治期における総督府による親日派の育成については姜『日本の朝鮮支配政策史研究』第二章「親日勢力の育成保護利用」を参照。

52――臨時政府の活動と実態については以下を参照。国分典子「韓国臨時政府憲法文書における国家構想」『名古屋大学法政論集』第二七七号(二〇一八年三月)二一七～二三九頁。大韓民国臨時政府は太平洋戦争勃発に際し、米国に日本との交戦国としての承認を求めたが、実体がないとして政府承認を得られなかった。

53――台湾議会開設運動については以下を参照。周婉窈(若松大祐訳)「台湾議会設置運動についての再検討」岩波講座『東アジア近現代通史』5〈新秩序の模索〉岩波書店、二〇一一年、二一六～二四一頁

54――霧社事件については以下を参照。春山明哲『近代日本と台湾――霧社事件・植民地統治政策の研究』藤原書店、二〇〇八年。

55——A.L. Macfie, *The End of the Ottoman Empire 1908-1923*, Harlow: Longman, 1998, p.191.

56——チャナク事件におけるカナダ以外の自治領の行動に関しては以下を参照。Holland, *Britain and the Commonwealth Alliance*, pp. 15-16.

57——小川『英連邦』六八頁を参照。

58——「バルフォア報告書」の概要については小川『英連邦』五四〜五六頁を参照。

59——「ウェストミンスター憲章」の批准を遅らせた自治領には国内に民族派と帝国派の対立もあった。

60——参考文献の加藤道也氏の一連の研究論文を参照。

61——加藤道也「植民地官僚のアイルランド認識——吉村源太郎を手掛かりとして」『大阪産業大学経済論集』第一二巻一号（二〇一〇年九月）五五〜九三頁。

62——加藤道也「朝鮮総督府官僚のアイルランド認識——時永浦三を手掛かりとして」『大阪産業大学経済論集』第一一巻一号（二〇〇九年九月）一二三〜一五五頁。

63——同右、一四五〜一五一頁。

64——矢内原は一九三七年の著作『帝国主義下の印度』の付論として「アイルランド問題の沿革」という論文を執筆しており、その冒頭でアイルランドと朝鮮の比較の有効性を唱えている。未発表草稿まで含めた矢内原のアイルランドと朝鮮の比較論については以下を参照。斎藤英里「朝鮮関係をアイルランド史中に読むべし——矢内原忠雄未発表『講義ノート』の検討」『武蔵野大学政治経済研究所年報』1（二〇〇九年四月）二八一〜三〇二頁。

65——Susan C. Townsend, 'Yanaihara Tadao and the Irish question: a comparative analysis of the Irish and Korea questions, 1919-36', *Irish Historical Studies*, xxx, no. 18 (November 1996), pp. 195-205.

66——神川彦松「大英帝国の将来を論ず——英語民族の団結益々発展せん」『外交時報』第四五巻一号（一九二七年一月）『神川彦松全集』第九巻、勁草書房、一九七一年、七八三〜七八四頁。

67——参考文献の一次資料を参照。

68——ブリティッシュ・コロンビア州における日系移民をめぐる外交については以下を参照。飯野正子『日系カナダ人の歴史』東京大学出版会、一九九七年。

69——Holland, *Britain and the Commonwealth Alliance 1918-39*, pp.82-83.

70——レイサムの日本訪問に関しては以下を参照。酒井一臣『帝国日本の外交と民主主義』吉川弘文館、二〇一八年、一七一～一七八頁。

71——等松春夫「満洲事変」筒井清忠編『昭和史講義——最新研究で見る戦争への道』筑摩書房、二〇一五年、五九～六〇頁。

72——オタワ会議の概要については小川『英連邦』八二～八六頁を参照。

参考文献

一次資料

「英吉利／英本国と其自治領」JACAR Ref. B02130650800、国際事情（1）（情-1）（外務省外交史料館）

「英帝国の組織改革に関し帝国会議に提出せられたる報告書」Ref. B04019401200 条約局第一課

「英吉利／英帝国会議と経済会議」JACAR Ref. B02130650700、国際事情（1）（情-1）（外務省外交史料館）

「英帝国／各国政情調書　第一類／1930年、JACAR Ref. B10070030000、1930年（欧18）（外務省外交史料館）

「加奈陀に於ける国防問題渉外共通政策及英帝国憲法問題ニ関する与論／太平洋問題研究資料　第十七／1921年」JACAR Ref. B10070036500（外務省外交史料館）

二次資料

飯野正子「日英通商航海条約とカナダの日本人移民問題」『国際政治』第七九号（一九八五年五月）一～一八頁

——『日系カナダ人の歴史』東京大学出版会、一九九七年

岩本佑二郎『オーストラリアの内政と外交』日本評論社、一九九三年

大原裕子『カナダ史への道』山川出版社、一九九六年

小川浩之『英連邦——王冠への忠誠と自由な連合』中央公論新社、二〇一二年

加藤道也「朝鮮総督府官僚のアイルランド認識——時永浦三を手掛かりとして」『大阪産業大学経済論集』第一一巻一号（二〇〇九年九月）一二三～一五五頁。

――「植民地官僚のアイルランド認識――吉村源太郎を手掛かりとして」『大阪産業大学経済論集』第一二巻一号（二〇一〇年九月）五五～九三頁。
――「植民地官僚のイギリス帝国認識――吉村源太郎とエジプト問題」『大阪産業大学経済論集』第一二巻二号（二〇一一年二月）五九～九五頁。
――「植民地官僚のインド問題認識――吉村源太郎を手掛かりとして」『大阪産業大学経済論集』第一九巻二号（二〇一八年三月）二五～五七頁。
門田正文「英国の対日認識と日英同盟の終焉――第一次世界大戦と米国要因」『海幹校戦略研究』第五巻一号（二〇一五年六月）三三～六〇頁
神川彦松「大英帝国の将来を論ず――英語民族の団結益々発展せん」『外交時報』第四五巻一号（一九二七年一月）『神川彦松全集』第九巻、勁草書房、一九七一年、七七一～七八四頁
川北稔・木畑洋一編『イギリスの歴史――帝国・コモンウェルスのあゆみ』有斐閣、二〇〇〇年
木畑洋一『帝国航路を往く――イギリス植民地と近代日本』岩波書店、二〇一八年
ヒュー・L・キンリーサイド『東京の空にカナダの旗を――回想・日加関係事始』サイマル出版会、一九八四年
国分典子「韓国臨時政府憲法文書における国家構想」『名古屋大学法政論集』第二七七号（二〇一八年三月）二一七～二三九頁
斎藤英里「朝鮮関係をアイルランド史中に読むべし――矢内原忠雄未発表『講義ノート』の検討」『武蔵野大学政治経済研究所年報』1（二〇〇九年四月）二八一～三〇二頁
酒井一臣『近代日本外交とアジア太平洋秩序』昭和堂、二〇〇九年
――『帝国日本の外交と民主主義』吉川弘文館、二〇一八年
佐々木雄太『世界戦争の時代とイギリス帝国』ミネルヴァ書房、二〇〇六年
周婉窈（若松大祐訳）「台湾議会設置運動についての再検討」岩波講座『東アジア近現代通史』5〈新秩序の模索〉岩波書店、二〇一一年、二一六～二四一頁
千葉功『旧外交の形成――日本外交一九〇〇～一九一九』勁草書房、二〇〇八年
津田博司『戦争の記憶とイギリス帝国――オーストラリア、カナダにおける植民地ナショナリズム』刀水書房、二〇

一二年
――――「オーストラリアにおけるナショナリズム研究と世界大戦の記憶」『国際武器移転史』第六号(二〇一八年七月)七三~九一頁。
等松春夫『日本帝国と委任統治――南洋群島をめぐる国際政治1914~1947』名古屋大学出版会、二〇一一年
浜鍋哲雄『英国紳士の植民地統治――インド高等文官への道』中央公論新社、一九九一年
春山明哲『近代日本と台湾――霧社事件・植民地統治政策の研究』藤原書店、二〇〇八年
クリストファー・ベイリ編(中村英勝・石井摩耶子・藤井信行訳)『イギリス帝国歴史地図』東京書籍、一九九四年
細谷千博・イアン・ニッシュ監修/木畑洋一他編『日英交流史1600~2000』1〈政治・外交I〉、東京大学出版会、二〇〇〇年
――――/平間洋一他編『日英交流史1600~2000』3〈軍事〉、東京大学出版会、二〇〇一年
――――/杉山伸也他編『日英交流史1600~2000』4〈経済〉、東京大学出版会、二〇〇一年
堀江洋文「インド・アイルランド関係と大英帝国」『専修大学社会科学研究所月報』(二〇一四年八月)一~三四頁
本田毅彦『インド植民地官僚――大英帝国の超エリートたち』講談社、二〇〇一年
マーガレット・マクミラン(稲村美貴子訳)『ピースメイカーズ――1919年パリ講話会議の群像』上下巻、芙蓉書房出版、二〇〇七年
松田幹夫『国際法上のコモンウェルス――ドミニオンの中立権を中心として』北樹出版、一九九五年
ジョン・D・ミーハン(田中俊弘他訳)『日加関係史1929-41 戦争に向かう日本 カナダの視座から』彩流社、二〇〇六年
森ありさ『アイルランド独立運動史――シン・フェイン、IRA、農地紛争』論創社、一九九九年
森川純『南アフリカと日本――関係の歴史・構造・課題』同文館出版、一九八八年
山本文史「シンガポール海軍基地と日英関係――ワシントン条約第一九条成立をめぐって」『軍事史学』第四七巻一号(二〇一一年六月)五六~五七頁
山本正・細川道久編『コモンウェルスとは何か――ポスト帝国時代のソフトパワー』ミネルヴァ書房、二〇一四年
矢内原忠雄「植民地国民運動と英帝国の将来」『改造』第一二巻四号(一九三〇年四月)

―――「英帝国会議の悩み」『外交時報』六二六号（一九三一年一月）

―――「アイルランド問題の沿革」『帝国主義下の印度』大同書院、一九三七年、二四三〜三一五頁

R.P.Anand, *The Formation of International Organization and India: A Historical Study, Leiden Journal of International Law*, 23 (2019), pp. 5-21.

Monika Chansoria, 1919 Paris Peace Conference Centennial: Recollecting India's Representation and Participation, *Policy Brief* (January 23, 2019) 日本国際問題研究所

Gerald Chaudron, *New Zealand and the League of Nations: The Beginnings of an Independent Policy 1919-1939*, McFarland Publishing, 2011.

R.M. Douglas etc. ed, *Imperialism on Trial: International Oversight of Colonial Rule in Historical Perspective*, Lanham: Lexington Books, 2006.

R.F. Holland, *Britain and the Commonwealth Alliance 1918-39*, London: Macmillan, 1981.

W.J. Hudson, *Australia and Papua New Guinea*, Sydney: Sydney University Press, 1971.

Martin Kitchen, *The British Empire and Commonwealth*, London: Macmillan, 1996.

A.L. Macfie, *The End of the Ottoman Empire 1908-1923*, Harlow: Longman, 1998.

Gaddis Smith, Canada and the Siberian Intervention 1918-19, *The American Historical Review*, Volume 64, Issue 4 (July1, 1959), pp.866-877.

Susan C. Townsend, 'Yanaihara Tadao and the Irish question: a comparative analysis of the Irish and Korea questions, 1919-36', *Irish Historical Studies*, xxx, no. 18 (November 1996), pp. 195-205.

Phillip. Wigley, *Canada and Transition to Commonwealth: British-Canadian Relations 1917-1926*, Cambridge: Cambridge University Press, 2009.

Urs Matthias Zachman, *Asia after Versailles: Asian Perspectives on the Paris Peace Conference and the Interwar Orders 1919-33*, Edinburgh: Edinburgh University Press, 2017

あとがき

本書は一九九七年六月から二〇一八年三月まで、足かけ二一年の長きにわたり京都を中心に開催されてきた「20世紀と日本」研究会における報告をもとにした、最後の論集（研究成果）である。

本研究会は基本三ヵ月に一度を目途に行われ、夏には近畿各所で合宿、年末には東京での報告会というのが、最後の八年間の慣行であった。研究会では、碩学・大家から中堅、博士論文を書く直前の若手にいたるまで多くの研究者が、それぞれ力のこもった研究報告を行い、さらに若い院生も討論に加わった。例会には二人の報告者が立ち、一人一時間の発表に対して質疑応答と討論にも一時間が割かれ、自由で白熱した議論が繰り広げられた。一泊二日の夏季合宿研究会では五人の報告者を迎えて、同様に密度の濃い議論が展開された。出席者は常に三〇名を超え、時には五〇名近くになることすらあった。また、研究会の終了後、会場周辺の店に場所を移して開かれる懇親会も魅力であった。そこでも思い思いに研究上の様々な議論が交わされ、実りある時間を共有することができたのである。

こうした知的研鑽の成果として、本研究会ではこれまで六冊の書籍を刊行してきた。

『環太平洋の国際秩序の模索と日本』（山川出版社、一九九九年）

『二〇世紀日米関係と東アジア』（風媒社、二〇〇二年）

『二〇世紀日本の天皇と君主制』（吉川弘文館、二〇〇四年）

『二〇世紀日本と東アジアの形成』(ミネルヴァ書房、二〇〇七年)
『歴史の桎梏を越えて――20世紀日中関係の新視点』(千倉書房、二〇一〇年)
『日本政治史の中のリーダーたち』(京都大学学術出版会、二〇一八年)

出版にあたっては、専門の研究者のみならず一般の読者にも関心を持っていただけるよう、できるだけ広い視野から問題を提示し、精緻な実証だけでなく平明な表現も心がけた。幸い世の好評を得て、本書が七冊目の成果となる。

本研究会が二一年もの間、活発かつ生産的であり続けたのは、大学や学部の系列や専門分野のしがらみとは全く無縁な形で、研究に情熱を持つ人々に開かれた良質の発表の場を提供できたからだと信じている。まさに現代のアゴラだったと言えよう。それだけに、諸般の事情から研究会に幕を下ろさざるをえなくなったことは、まことに残念でならない。長年、研究会の運営にご協力いただいた多くの方々に感謝したい。

また、研究会の最後を飾る本書に玉稿を寄せてくださった執筆者各位に、編者として心からお礼申し上げる。あわせて、本書の出版をお引き受けいただいた千倉書房と、編集にご助力くださった同社編集部の神谷竜介氏に心より御礼申しあげる。

最後になったが、八年の長きにわたり本研究会に対し非常に寛大なご助成をくださった公益財団法人上廣倫理財団に深甚の謝意を表したい。

二〇一九年三月

「20世紀と日本」研究会

松岡洋右 (MATSUOKA Yosuke) 111
松方幸次郎 (MATSUKATA Kojiro) 067
松方正義 (MATSUKATA Masayoshi) 293-294
松田道一 (MATSUDA Michikazu) 120, 134, 158, 162, 177
松平恒雄 (MATSUDAIRA Tsuneo) 101
水野広徳 (MIZUNO Hironori) 015
南次郎 (MINAMI Jiro) 130
美濃部達吉 (MINOBE Tatsukichi) 016
ミルナー，アルフレッド (Alfred Milner) 323
ミンキン (A. E. Минкин) 098-099
明治天皇 (Mutsuhito) 017, 293, 304, 306
モット，ジョン (John Mott) 062
モネ，ジャン (Jean Monnet) 137
森恪 (MORI Kaku) 130
守島伍郎 (MORISHIMA Goro) 121, 134
モリス，ローランド・スレイター (Roland Sletor Morris) 008, 060-061, 063-065, 067-077
モロトフ，ヴェチャスラフ (Вячеслав Михайлович Молотов) 111

ヤ

矢田七太郎 (YADA Shichitaro) 130
矢内原忠雄 (YANAIHARA Tadao) 334, 336
山県有朋 (YAMAGATA Aritomo) 227, 293
山川端夫 (YAMAKAWA Tadao) 128, 160-164, 169-171, 174
山田三良 (YAMADA Saburo) 160-161, 163-164
山本権兵衛 (YAMAMOTO Gonbe) 087, 230
芳澤謙吉 (YOSHIZAWA Kenkichi) 087-094, 096-098, 100-102, 105-108, 110
吉田茂 (YOSHIDA Shigeru) 130, 134
吉野作造 (YOSHINO Sakuzo) 016
吉村源太郎 (YOSHIMURA Gentaro) 333-334
ヨッフェ，アドルフ (Адольф Абрамович Иоффе) 087, 090

ラ

ラインシュ，ポール (Paul S. Reinsch) 062, 077
ランシング，ロバート (Robert Lansing) 064-066
リットン，ヴィクター (Victor Bulwer-Lytton) 019, 136, 337
リトヴィノフ，マクシム (Максим Максимович Литвинов) 091
ルート，エリフ (Elihu Root) 157, 175
レイサム，ジョン (John Latham) 323, 336-337
レーニン，ウラジーミル (Владимир Ильич Ленин) 068, 093-094, 109
ロイド＝ジョージ，デイビッド (David Lloyd George) 323, 331, 333
ロリマー，ジェームズ (James Lorimer) 170-171
ロング，ブレッキンリッジ (Breckinridge Long) 065

ワ

若槻礼次郎 (WAKATSUKI Reijiro) 013, 303

チチェーリン，ゲオルギー
(Георгий Василийевич Чичерин) 090-092, 097-103, 105-106, 109
秩父宮雍仁 (CHICHIBUNOMIYA Yasuhito) 301
張学良 (CHANG Hsueh-liang) 019
張作霖 (CHANG Tso-lin) 019, 099, 110, 235, 251, 304
珍田捨巳 (CHINNDA Sutemi) 073, 298
津野一輔 (TSUNO Kazusuke) 101
鶴見祐輔 (TSURUMI Yusuke) 067
出淵勝次 (DEBUCHI Katsuji) 130
寺内正毅 (TERAUCHI Masatake) 004, 071-072, 198
東郷茂徳 (TOGO Shigenori) 139
時永浦三 (TOKINAGA Urazo) 334
トロツキー，レフ (Лев Давидович Троцкий) 094

ナ

永井来 (NAGAI Kitaru) 073
長岡春一 (NAGAOKA Harukazu) 171-172
良子皇后 (香淳皇后) (Nagako) 301
中里重次 (NAKAZATO Shigeji) 095
ナポレオン (Napoléon Bonaparte) 315
ニコライ2世 (Nikolai II) 307
西村熊雄 (NISHIMURA Kumao) 140
新渡戸稲造 (NITOBE Inazo) 010, 075, 292
ネルー，ジャワハルラール (Jawaharlal Nehru) 329
野村吉三郎 (NOMURA Kichizaburo) 073

ハ

パーマー，ミッチェル (A. Mitchell Palmer) 063
ハウス，エドワード (Edward M. House) 063
萩原徹 (HAGIWARA Toru) 140
バジョット，ウォルター (Walter Bagehot) 295-296, 299, 303, 305
長谷川好道 (HASEGAWA Yoshimichi) 329
畑英太郎 (HATA Eitaro) 130
ハマーショルド，ヤルマル
(Hjalmar Hammarskjöld) 160-162
浜口雄幸 (HAMAGUCHI Osachi) 013, 304
原敬 (HARA Takashi) 069, 072, 076, 123, 138, 224-225, 227-228, 293-294, 299, 307
ハリス，タウンゼント (Townsend Harris) 075
バルフォア，アーサー (Arthur James Balfour) 125, 305, 328, 332, 335-336
ヒトラー，アドルフ (Adolf Hitler) 309, 337
ピャタコフ，ゲオルギー
(Георгий Леонидович Пятаков) 097, 106
ヒューズ，チャールズ・エヴァンズ
(Charles Evans Hughes) 222
ヒューズ，ビリー (William Morris "Billy" Hughes) 322
広田弘毅 (HIROTA Koki) 095, 140, 337
ファルーク1世 (Farouk I) 291, 307
藤岡萬蔵 (FUJIOKA Manzo) 072
布施勝治 (FUSE Katsuji) 108
ブハーリン，ニコライ
(Николай Иванович Бухарин) 094
フラー，ジョン・フリデリック・チャールズ
(John Frederick Charles Fuller) 249, 267
ブライアン，ウィリアム (William J. Bryan) 062
フルンゼ，ミハイル (Михаила Васильевич Фрунзе) 103-104
ポーク，フランク (Frank L. Polk) 070
ボーデン，ロバート (Robert Laird Borden) 331
ボールドウィン，スタンレー (Stanley Baldwin) 110
堀田正昭 (HOTTA Masaaki) 130
ポンソンビ，フレデリック (Sir Frederick Ponsonby) 302

マ

牧野伸顕 (MAKINO Nobuaki) 010, 073, 217-218, 299, 301, 303-304, 306
マクドナルド，ラムゼイ (James Ramsay MacDonald) 136-137
マコーミック，ヴァンス (Vance McCormick) 063
松井石根 (MATSUI Iwane) 130
松井慶四郎 (MATSUI Keishiro) 087-089, 092-093, 231

清浦奎吾 (KIYOURA Keigo) 087, 094, 231-232
クラーシン, レオニード
(Леонид Борисович Краси) 097
クラウゼヴィッツ, カール・フォン
(Carl von Clausewitz) 277
グリーン, ウィリアム
(Sir William Conyngham Greene) 064, 071
栗山茂 (KURIYAMA Shigeru) 120
グレイソン, キャリー (Cary Grayson) 076
郡司智麿 (GUNJI Tomomaro) 088
ケマル, ムスタファ (Mustafa Kemal Atatürk) 331
ゲイリー, エルバート (Elbert H. Gary) 066
ケロッグ, フランク (Frank Billings Kellogg) 127
顧維鈞 (KU Wei-chün) 013
後藤新平 (GOTO Shinpei) 067, 071, 087, 090
近衛文麿 (KONOE Fumimaro) 073
小村欣一 (KOMURA Kinichi) 123, 217-218
コルチャーク, アレクサンドル
(Александр Васильевич Колчак) 070-071, 201, 204

サ

西園寺公望 (SAIONJI Kinmochi) 009, 073, 293, 303, 306
斎藤実 (SAITO Makoto) 136, 306, 329
斎藤良衛 (SAITO Ryoe) 130
佐々木惣一 (SASAKI Soichi) 016
節子皇后 (貞明皇后) (Sadako) 293
佐藤庄三郎 (SATO Shozaburo) 131
佐藤尚武 (SATO Naotake) 139-140
佐分利貞男 (SABURI Sadao) 120
ジェリコ, ジョン (John Jellicoe) 040
塩崎観三 (SHIOZAKI Kanzo) 132-133
重光葵 (SHIGEMITSU Mamoru) 121, 128, 137, 139
幣原喜重郎 (SHIDEHARA Kijuro) 013, 035, 073-074, 077, 093-094, 101-102, 107-108, 110, 121, 128-135, 223, 226-228, 232-236
渋沢栄一 (SHIBUSAWA Eiichi) 074
下田武三 (SHIMODA Takezo) 140
ジャクソン, アンドリュー (Andrew Jackson) 062
蒋介石 (Chiang Kai-shek) 019, 051
勝田主計 (SYOUDA Kazue) 198-199
昭和天皇 (裕仁皇太子) (Hirohito) 016-018, 292-295, 297-309
ジョージ5世 (George V) 017, 292-293, 295-299, 302-303, 305-306, 308
ジョンソン, ハイラム (Hiram Johnson) 073
白鳥敏夫 (SHIRATORI Toshio) 121, 139
菅野尚一 (SUGANO Hisaichi) 255
杉村陽太郎 (SUGIMURA Yotaro) 139
鈴木率道 (SUZUKI Yorimichi) 270-271
スターリン, ヨシフ
(Иосиф Виссарионович Сталин) 094, 096-097, 106-107, 109-110
スティーヴンス, ジョン (John F. Stevens) 070
スティムソン, ヘンリー (Henry Lewis Stimson) 136
スマッツ, ヤン・クリスチャン
(Jan Christian Smuts) 321, 323, 332
セミョーノフ, グレゴリー
(Григóрий Семёнов) 070, 201
宋子文 (Sung Tzu-wen) 137

タ

大正天皇 (Yoshihito) 292, 299-300, 303
高尾亨 (TAKAO Toru) 130
高橋是清 (TAKAHASHI Korekiyo) 197, 224-225, 228, 230
高平小五郎 (TAKAHIRA Kogoro) 122
高峰譲吉 (TAKAMINE Jokichi) 075
竹下勇 (TAKESHITA Isamu) 123
立作太郎 (TACHI Sakutaro) 160-161, 164, 167, 175-176
タナー, ジョセフ (Joseph Robson Tanner) 295-297, 299, 305, 308
田中義一 (TANAKA Giichi) 019, 070, 123, 129-130, 133, 135, 2234-235, 263-264, 267-268, 303-304, 306
谷正之 (TANI Masayuki) 121

主要人名索引

ア

安達峰一郎 (ADACHI Mineichiro) 125, 139, 173-174
姉崎正治 (ANESAKI Masaharu) 075
天羽英二 (AMO Eiji) 138
荒木貞夫 (ARAKI Sadao) 136
有田八郎 (ARITA Hachiro) 121
石井菊次郎 (ISHII Kikujiro) 064-066
伊東巳代治 (ITO Miyoji) 123, 221
犬養毅 (INUKAI Tsuyoshi) 110, 136
井上準之助 (INOUE Junnosuke) 185, 193-195, 202
ヴィクトリア女王 (Queen Victoria) 297, 302, 305-307, 315
ウィルソン, ウッドロー (Thomas Woodrow Wilson) 006, 013, 059-063, 066, 068-070, 073-074, 076-077, 217, 321-323, 328-329
ヴィルヘルム2世 (Wilhelm II) 307
植原悦二郎 (UEHARA Etsujiro) 130
内田康哉 (UCHIDA Kosai) 069, 122, 124-125, 130, 136-137, 218, 222, 224, 231
ウッド, ヒュー・マキノン (Hugh McKinnon Wood) 162
ウンシリフト, ヨシフ (Иосиф Станиславович Уншлихт) 102-103
エイマリー, レオ (Leo Amery) 332
エドワード7世 (Edward VII) 295, 305
エドワード8世 (エドワード皇太子) (Prince Edward, later Edward VIII) 295, 301-302
エリオ, エドワード (Edouard Herriot) 095
エリオット, チャールズ (Charles W. Elliot) 062
袁世凱 (Yuán Shìkǎi) 315
王正廷 (Wang Cheng-t'ing) 089
大隈重信 (OKUMA Shigenobu) 317
大谷喜久蔵 (OTANI Kikuzo) 072
織田萬 (ODA Yorozu) 011
小畑敏四郎 (OBATA Toshiro) 271
小幡酉吉 (OBATA Yukichi) 225

カ

郭松齢 (Kuo Sung-ling) 110
ガスリー, ジョージ (George Guthrie) 062-063, 074
桂太郎 (KATSURA Taro) 122
加藤寛治 (KATO Hiroharu) 304
加藤高明 (KATO Takaaki) 013, 094, 098, 100-101, 107, 109
加藤友三郎 (KATO Tomosaburo) 230
金子堅太郎 (KANEKO Kentaro) 069, 075
金子直吉 (KANEKO Naokichi) 067
神川彦松 (KAMIKAWA Hikomatsu) 335-336
カラハン, レフ (Лев Михайлович Карахан) 086-087, 089, 091-094, 096-102, 105-110
カルボ, カルロス (Carlos Calvo) 166
河合操 (KAWAI Misao) 271
川上俊彦 (KAWAKAMI Toshitsune) 086
川村茂久 (KAWAMURA Shigehisa) 121
ガンディー, マハトマ (Mohandas Karamchand Gandhi) 329
カント, イマヌエル (Immanuel Kant) 277
甘露寺受長 (KANROJI Osanaga) 300
北澤楽天 (KITAZAWA Rakuten) 004
木村鋭市 (KIMURA Eiichi) 130, 225

齋藤大介（さいとう・だいすけ）：第8章執筆

陸上自衛隊教育訓練研究本部教育部戦史教育室、博士（安全保障学）、陸上自衛官

1970年生まれ、防衛大学校国際関係学科卒業、防衛大学校総合安全保障研究科博士後期課程修了。専門は日本陸軍戦史。

君塚直隆（きみづか・なおたか）：第9章執筆

関東学院大学国際文化学部教授、博士（史学）

1967年生まれ。立教大学文学部史学科卒業。英国オックスフォード大学セント・アントニーズ・コレッジ留学。上智大学大学院文学研究科史学専攻博士後期課程修了。神奈川県立外語短期大学教授などを経て現職。専攻はイギリス政治外交史、ヨーロッパ国際政治史。『イギリス二大政党制への道』（有斐閣）、『ヴィクトリア女王』（中公新書）、『立憲君主制の現在』（新潮選書）など著書多数。

種稲秀司（たねいね・しゅうじ）：第4章執筆

國學院大學文学部兼任講師、博士（歴史学）
1974年生まれ。佛教大学文学部史学科、國學院大學大学院文学研究科博士課程修了。広島大学文書館客員研究員などを経て現職。専攻は近現代日本政治外交史。主著に『近代日本外交と「死活的利益」』（芙蓉書房出版）、共著に『近代日本の対外認識II』（彩流社）などがある。

高橋力也（たかはし・りきや）：第5章執筆

日本大学国際関係学部助教、修士（法学）
1981年生まれ。慶應義塾大学法学部卒業後、イリノイ大学ロースクールおよびロンドン大学キングス・カレッジ大学院修士課程修了。国連日本政府代表部専門調査員を経て現職。専攻は国際法史。主要論文として「1930年ハーグ国際法典編纂会議における『妻の国籍』問題と日本」『国際政治』第188号（2017年）、「立作太郎以後」『国際法外交雑誌』第116巻3号（2017年）など。

小野圭司（おの・けいし）：第6章執筆

防衛省防衛研究所防衛政策研究室長
1963年生まれ。京都大学経済学部卒業。住友銀行勤務を経て現職。この間、青山学院大学大学院、ロンドン大学SOAS大学院の各修士課程修了。専攻は戦時財政・金融政策史、戦争経済思想。共著書に『検証 太平洋戦争とその戦略1 総力戦の時代』（中央公論新社）、*Russia's Great War and Revolution in the Far East*（Slavica）など。

西田敏宏（にしだ・としひろ）：第7章執筆

椙山女学園大学現代マネジメント学部准教授、博士（法学）
1975年生まれ。京都大学法学部卒業、同大学院法学研究科博士後期課程修了。また米国ボストン大学大学院歴史学科修士課程修了。京都大学大学院法学研究科助手、人間環境大学助教授などを経て現職。専攻は日本政治外交史、国際関係史。著書に『内田康哉関係資料集成』全3巻（共編、柏書房）、『日本政治史の中のリーダーたち』（共著、京都大学学術出版会）など。

編著者略歴

等松春夫（とうまつ・はるお）：編者、序章、第10章執筆

防衛大学校国際関係学科・総合安全保障研究科教授、博士（D.Phil. 国際関係論）
1962年生まれ。筑波大学人文学類、早稲田大学大学院法学研究科を経てオックスフォード大学大学院政治学・国際関係学科博士課程修了。玉川大学経営学部助教授、准教授、教授を経て現職。著書に『日本帝国と委任統治』（名古屋大学出版会）、訳書にウィルモット『大いなる聖戦』（国書刊行会）などがある。

大井知範（おおい・とものり）：第1章執筆

清泉女子大学文学部准教授、博士（政治学）
1977年生まれ。明治大学政治経済学部卒業。明治大学大学院政治経済学研究科博士後期課程修了。明治大学政治経済学部助教、ベルリン自由大学東アジア研究所客員研究員などを経て現職。専攻はドイツ・オーストリア近代史。主著に『世界とつながるハプスブルク帝国』（彩流社）がある。

高原秀介（たかはら・しゅうすけ）：第2章執筆

京都産業大学国際関係学部教授、博士（政治学）
1968年生まれ。関西学院大学文学部卒業。神戸大学大学院法学研究科博士後期課程修了。米国ペンシルベニア大学客員研究員、米国ハーバード大学客員研究員（フルブライト研究プログラム）などを経て現職。専攻はアメリカ外交史、日米関係史。主著に『ウィルソン外交と日本』（創文社）がある。

麻田雅文（あさだ・まさふみ）：第3章執筆

岩手大学人文社会科学部准教授、博士（学術）
1980年生まれ。学習院大学文学部史学科卒業。北海道大学大学院文学研究科博士課程単位取得後退学。日本学術振興会特別研究員、ジョージ・ワシントン大学客員研究員などを経て現職。専攻は近現代日中露関係史。著書に『中東鉄道経営史』（名古屋大学出版会）、『満蒙』（懇談社選書メチエ）、『シベリア出兵』（中公新書）など。

もうひとつの戦後史
第一次世界大戦後の日本・アジア・太平洋

二〇一九年三月二八日　初版第一刷発行

編者　「20世紀と日本」研究会
発行者　千倉成示
発行所　株式会社 千倉書房
〒一〇四－〇〇三一 東京都中央区京橋二－四－一二
電話 〇三－三二七三－三九三一（代表）
https://www.chikura.co.jp/

印刷・製本　精文堂印刷株式会社
造本装丁　米谷豪

ISBN 978-4-8051-1171-0 C1020